Themenseite:

Ein **Vorspann** weckt dein Interesse und bringt das Thema der Seite auf den Punkt.

Quellentexte stehen immer auf der rechten Seite.

Die **Verfassertexte** stehen immer auf der linken Seite.

Ein **Lexikon** klärt Begriffe, die im Text vorkommen. Begriffe aus dem Bildungsplan sind blau hervorgehoben. Sie werden auf der Seite erklärt oder → im Glossar (S. 180–184).

Schon gewusst-Kästen greifen Kurioses auf, bieten Informationen zu einer Person oder stellen Gegenwartsbezüge her.

Die Materialien der Seite werden mit den **Aufgaben** bearbeitet. Es gibt einen einfacheren und einen schwierigeren Lernweg (Aufgabenkonzept siehe die folgende Doppelseite).

Folgende Abkürzungen und Symbole solltest du dir merken:

Q steht für Quellen: Texte und Gegenstände, die aus vergangenen Zeiten übrig geblieben sind.

D bezeichnet Darstellungen von Geschichte: Berichte heutiger Forscher/ForscherInnen, Schaubilder oder Karten.

T steht für Verfassertext. Er wurde von einem Autor/einer Autorin dieses Schulbuches geschrieben und ist in Abschnitte gegliedert (T1, T2, …).

Bei diesem Text handelt es sich um eine Geschichtserzählung, die sich der Autor/die Autorin ausgedacht hat. Die Geschichte könnte aber so ähnlich passiert sein.

MB steht für Medienbildung. In Aufgaben oder auf Doppelseiten mit diesem Symbol übst du den Umgang mit verschiedenen Medien.

SP steht für Sprachbildung. Das Symbol steht bei den Lösungshilfen und den Hinweisen für das Lösen der Aufgaben. Hier findest du sprachliche Tipps, wie du über Geschichte sprechen und deine Antworten formulieren kannst.

Medien zum Schulbuch

D 📄 Dokumente, z.B. Kopiervorlagen

V ▶ Videos, z.B. Erklärvideos

A 🔊 Audios, z.B. Hörspiele

I ☝ Interaktives, z.B. Schaubilder

Alle Dokumente, Videos, Audios und Interaktives zum Schulbuch sind im **eBook** und in den **Medien zum Schulbuch** deiner Zeitreise-Ausgabe verfügbar.

DEIN Weg durch „Zeitreise"

Wegweiser-Seite:

Im Wegweiser dieser Seite werden die wichtigsten Stationen vorgestellt, die dich im Kapitel erwarten. Du kannst die Wegweiser-Seite einfach zur ersten **Orientierung** nutzen.

Oder du wählst einen der beiden Wege, um selbstständig auf Zeitreise zu gehen und die abgedruckten Fragen zu beantworten. Dazu wirst du einige Unterrichtsstunden benötigen. Weg A (grün) ist meist einfacher als Weg B (blau).

Material zur Beantwortung der Fragen findest du auf den Themenseiten, in der Bücherei oder im Internet.

Die **Aufgabenwege** umschließen den Wegweiser. Weg A (grün) ist meist einfacher als Weg B.

Die **Stationen** sind in Bildern auf dem Wegweiser dargestellt.

Am Ende präsentierst du deine **Ergebnisse** mit einem kleinen Produkt.

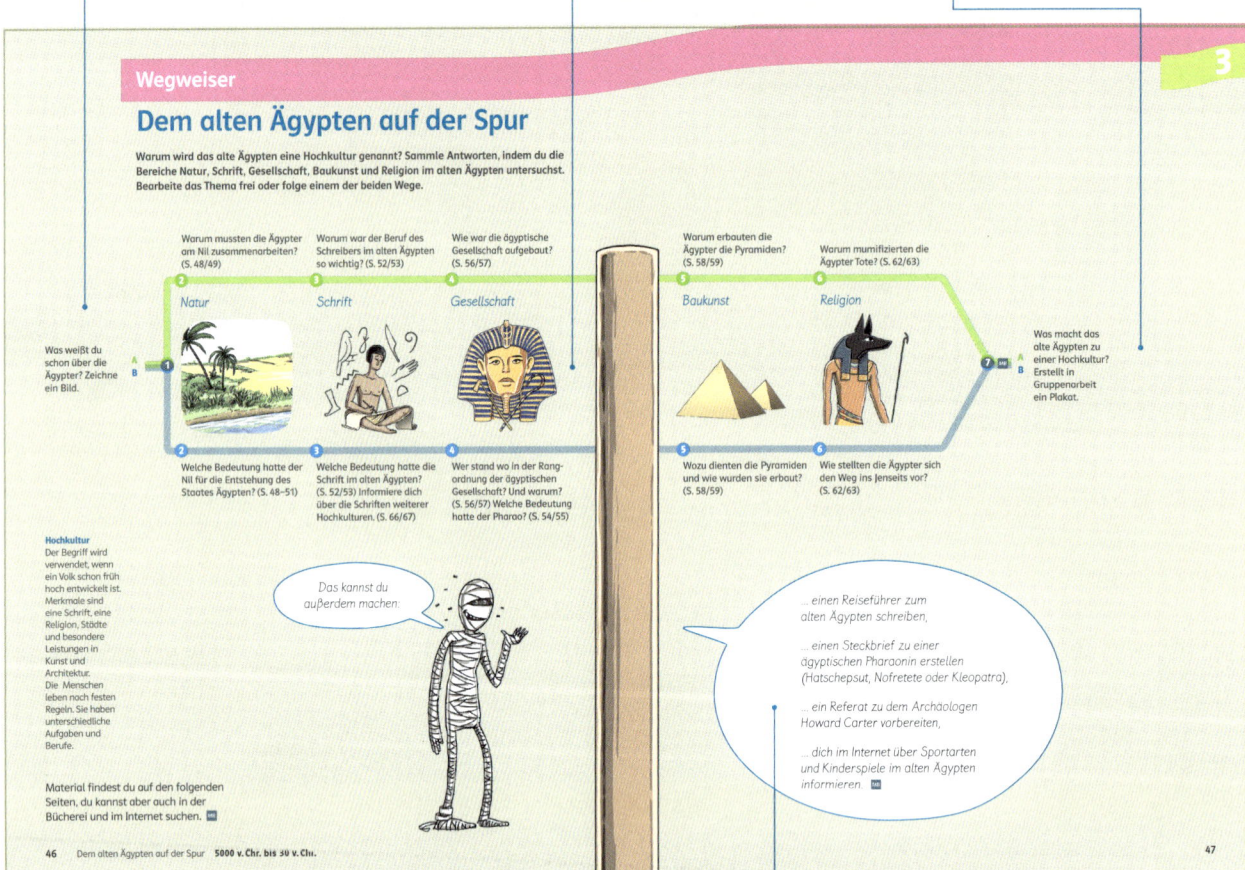

Mit den Tipps zum **offenen Lernen** kannst du deinen Vorlieben folgen.

Aufgaben:

Zeitreise bietet dir nicht nur zwei Wege durch das gesamte Kapitel an, sondern im **Aufgabenblock** auch zwei Lösungswege für jede einzelne Seite.

Du **startest** gemeinsam mit deinen Mitschülern/Mitschülerinnen, wählst dann Weg A (einfacher) oder Weg B (schwieriger).

Unterwegs kannst du von Weg A auf Weg B umsteigen.

Jeder Aufgabenblock endet mit einer gemeinsamen Schlussaufgabe.

Wer schneller ist oder besonders interessiert am Thema, kann zusätzlich die **EXTRA-Aufgaben** lösen.

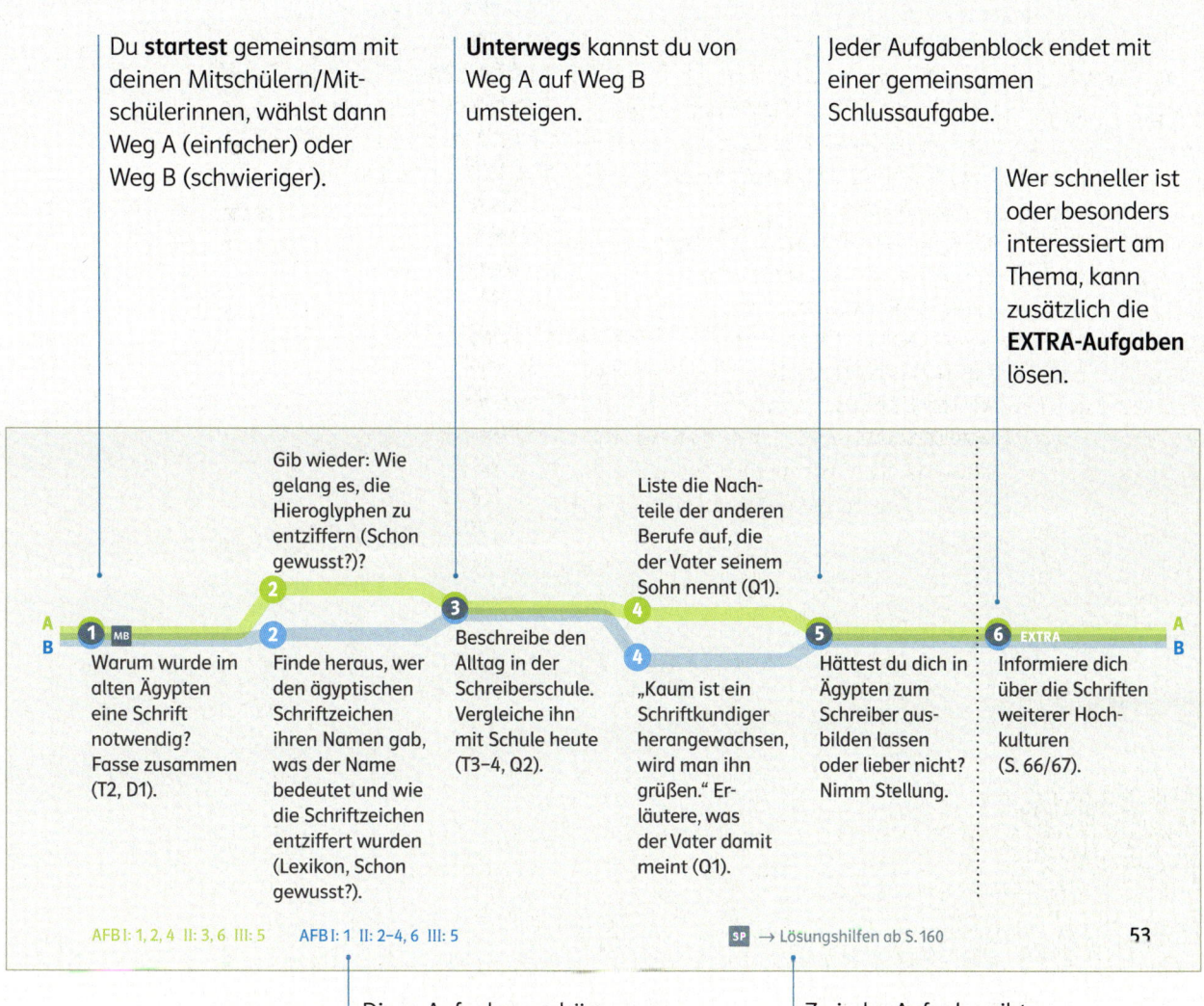

Gib wieder: Wie gelang es, die Hieroglyphen zu entziffern (Schon gewusst?)?

Liste die Nachteile der anderen Berufe auf, die der Vater seinem Sohn nennt (Q1).

1 MB

2

3

4

5

6 EXTRA

1 Warum wurde im alten Ägypten eine Schrift notwendig? Fasse zusammen (T2, D1).

2 Finde heraus, wer den ägyptischen Schriftzeichen ihren Namen gab, was der Name bedeutet und wie die Schriftzeichen entziffert wurden (Lexikon, Schon gewusst?).

3 Beschreibe den Alltag in der Schreiberschule. Vergleiche ihn mit Schule heute (T3–4, Q2).

4 „Kaum ist ein Schriftkundiger herangewachsen, wird man ihn grüßen." Erläutere, was der Vater damit meint (Q1).

5 Hättest du dich in Ägypten zum Schreiber ausbilden lassen oder lieber nicht? Nimm Stellung.

6 Informiere dich über die Schriften weiterer Hochkulturen (S. 66/67).

AFB I: 1, 2, 4 II: 3, 6 III: 5   AFB I: 1 II: 2–4, 6 III: 5   SP → Lösungshilfen ab S. 160   53

Diese Aufgaben gehören zum Anforderungsbereich (AFB) I, II oder III (siehe dazu S. 194/195).

Zu jeder Aufgabe gibt es 💡 **Lösungshilfen** im Anhang des Buches (ab S. 160).

zeitreise 1

Autorinnen und Autoren

Sven Christoffer
Christine Dzubiel (Sprachförderung)
Stephanie Harkcom
Klaus Leinen
Jörg Peter Müller
Ina Setzer-Lenz
Dr. Andreas Sommer
Dirk Zorbach (Aufgaben)
Gerd Wiesmann

Didaktischer Berater (Grundkonzeption)

Prof. Dr. Peter Gautschi

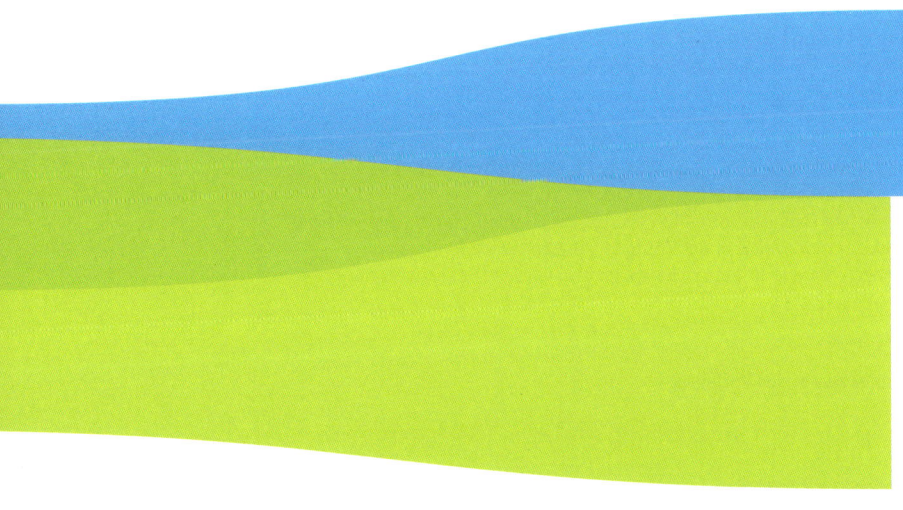

Ernst Klett Verlag
Stuttgart · Leipzig · Dortmund

Bildinformationen zu den Auftaktseiten

S. 10 f.: Ereignisse aus der Geschichte. Modell • S. 28 f.: Besucher im Ötzi-Dorf Umhausen (Österreich) lernen vom Mitarbeiter „Ötzi",
wie das Leben vor etwa 5 000 Jahren aussah. • S. 44 f.: Der Unterwasserarchäologe Franck Goddio mit einer Sphinx, deren Gesicht
Ptolemaios XII., den Vater von Kleopatra, zeigt. Die Sphinx wurde bei der Insel Antirhodos im antiken Osthafen von Alexandria
gefunden. • S. 70 f.: Olympia, Griechenland. „Apollo, schick uns deine Strahlen, um diese Flamme zu entzünden!" Mit diesen
traditionellen Worten wird heutzutage im Heiligen Hain von Olympia in Griechenland das Feuer für die Eröffnung der Olympischen
Spiele entzündet. Anschließend wird es mit einer Fackel zum Ort der Eröffnungsfeier getragen. Foto, 2004 • S. 92 f.: Römerfest in
Xanten. Als römische Legionäre verkleidete Männer ziehen durch das Amphitheater von Xanten (Nordrhein-Westfalen).
Das Römerfest wird alle zwei Jahre im Archäologischen Park der Stadt veranstaltet. Es treten Gladiatoren, Legionäre, Händler
und Handwerker auf. Im Jahr 2020 wurden rund 500 Teilnehmer aus sieben Ländern sowie bis zu 30000 Zuschauer erwartet.
Das Römerfest wird wissenschaftlich begleitet. Foto, undatiert • S. 132 f.: Szene aus dem Film „Karl der Große", 2013

1. Auflage

1 | 5 4 3 2 1 | 27 26 25 24 23

Alle Drucke dieser Auflage sind unverändert und können im Unterricht nebeneinander verwendet werden.
Die letzte Zahl bezeichnet das Jahr des Druckes.

Autorinnen und Autoren: Sven Christoffer, Christine Dzubiel (Sprachförderung), Stephanie Harkcom, Klaus Leinen,
Jörg Peter Müller, Ina Setzer-Lenz, Dr. Andreas Sommer, Dirk Zorbach (Aufgaben) Gerd Wiesmann
mit Beiträgen von: Elke Fleiter, Helmut Heimbach, Uwe Jabs, Matti Münch, Jörg Schelle, Dr. Helge Schröder

Didaktischer Berater: Prof. Dr. Peter Gautschi

Entstanden in Zusammenarbeit mit dem Projektteam des Verlages.

Umschlag und Gesamtgestaltung: normaldesign, Jens-Peter Becker, Schwäbisch Gmünd
Satz und Layout: Anne Lehmann, Leipzig
Reproduktion: Meyle & Müller, Medien-Management, Pforzheim
Druck: Mohn Media Mohndruck GmbH, Gütersloh

Printed in Germany
978-3-12-452046-3

Inhalt

* Nur die Seiten 32/33 , 36/37 und 38/39 sind verbindlich. Sie können auch zunächst weglassen und erst im Rahmen des Vergleichs „Mitteleuropa und das alte Ägypten" (S. 64/65) behandelt werden.

5

160 Anhang

Eine Reise durch die Zeit

vor 500 000 bis 400 000 Jahren
Die Menschen lernen, Feuer zu machen.

Stell dir vor, du könntest mit einer Maschine durch die Zeit reisen. In welche Zeit und an welchen Ort würdest du gerne reisen?

Wem würdest du am liebsten begegnen?

Was würdest du dort gerne herausfinden?

Welche Fragen hättest du an die Menschen dort?

Würdest du dort gerne leben? Begründe.

Jemand landet mit einer Zeitmaschine auf eurem Schulhof. Spielt die Begegnung nach.

Zeichne deine Zeitmaschine.

Geschichtlich denken lernen

Was macht man eigentlich im Fach Geschichte? Folgt den Schülerinnen und Schülern der Klasse 6b. Sie sind im Rahmen eines Geschichtswettbewerbs in Berlin und stehen vor dem Reichstagsgebäude. Beim Anblick des Gebäudes gehen ihnen viele Fragen durch den Kopf, denen sie nachgehen wollen.

> Das Gebäude kenne ich aus den Nachrichten. Ich glaube, es hat irgendwas mit Politik zu tun. Die Kuppel sieht irgendwie neuer aus. Ist die später eingebaut?

> Ich schaue mal im Netz nach ... Aber welche Seiten rufe ich da auf? Wen könnte ich hier in Berlin fragen?

D1 Die Klasse 6b bei ihrem Ausflug vor dem Berliner Reichstagsgebäude

Fragekompetenz
Du kannst Fragen an die Geschichte stellen, z. B: Welche Geschichte hat meine Familie/meine Umgebung? Wieso ist alles so geworden, wie es ist? Was ist an der Vergangenheit spannend?

Methodenkompetenz
Du kennst Methoden, mit deren Hilfe du dir gesicherte Informationen über die Vergangenheit beschaffen kannst.

Reflexionskompetenz
Du setzt dich mit unterschiedlichen Sichtweisen auf die Geschichte auseinander und kannst dir ein eigenes Urteil bilden. Dabei unterscheidest du zwischen einem Sach- und einem Werturteil.

Orientierungskompetenz
Du kannst die Geschichte nutzen, um die Gegenwart zu verstehen und zu gestalten.

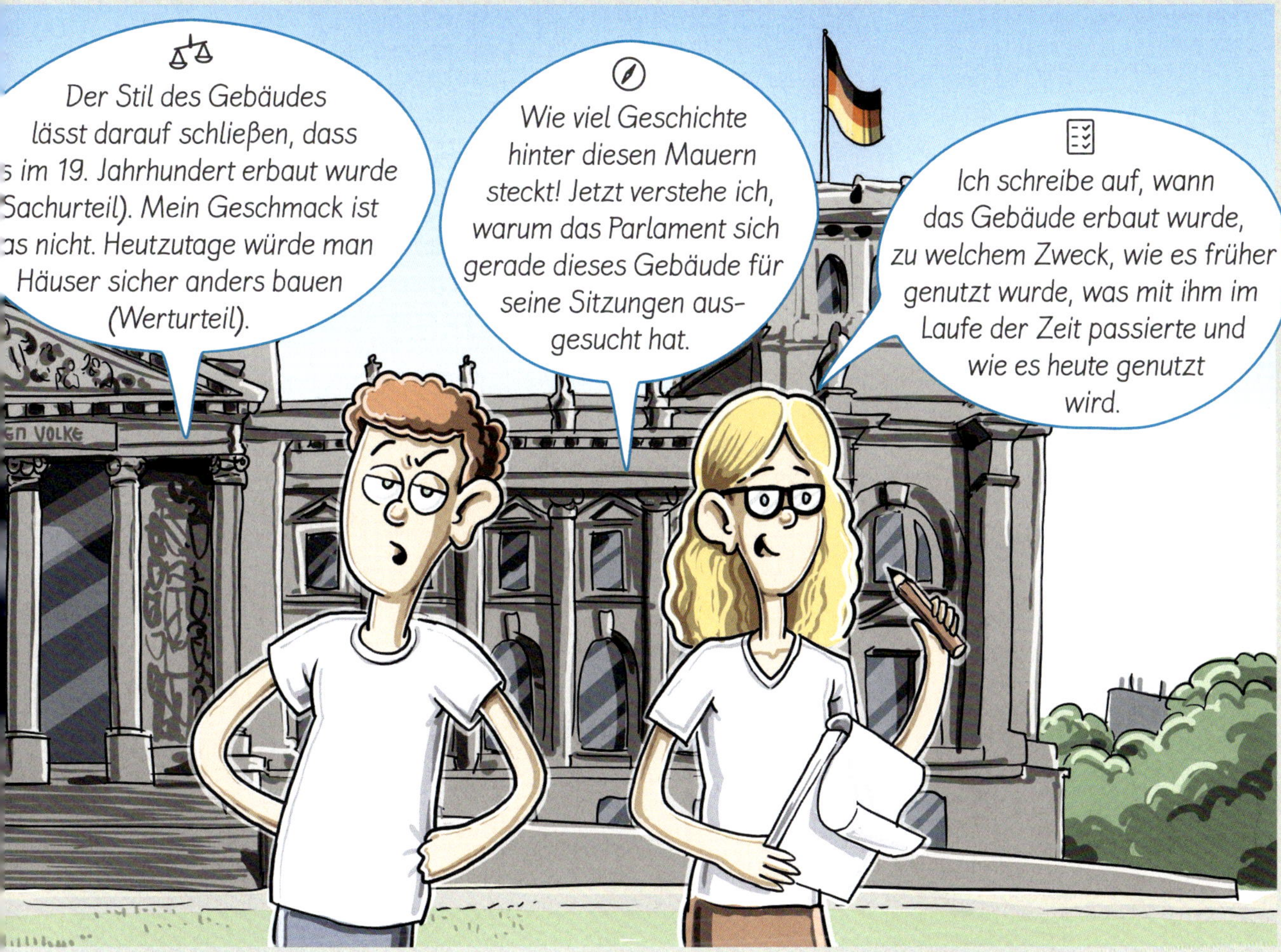

Sachkompetenz

Du kannst geschichtliche Themen mit eigenen Worten nacherzählen. Du kannst wichtige Begriffe erklären und die Fachsprache von Geschichtsforschern verstehen und benutzen.

Dieses Schulbuch soll dir dabei helfen, geschichtlich denken zu lernen. Dazu brauchst du Fähigkeiten und Fertigkeiten, die weit über das reine Geschichtswissen hinausgehen. Wie die Schülerinnen und Schüler in Berlin wirst du geschichtlichen Fragen begegnen und nach Antworten suchen. Du wirst im Fach „Geschichte" die Fähigkeit entwickeln, die Welt um dich herum besser zu verstehen. Wenn es um das Erlernen solcher Fähigkeiten und Fertigkeiten geht, spricht man von Kompetenzen. Welche Kompetenzen für das Fach Geschichte wichtig sind, siehst du auf dieser Seite.

Jeder Mensch hat Geschichte

Begib dich wie ein Detektiv auf Spurensuche in deine eigene Geschichte. Forsche nach Erinnerungsstücken aus der Vergangenheit und gestalte deinen ganz persönlichen Zeitstrahl.

T1   Auch du hast eine Geschichte

Erinnerst du dich noch an deinen ersten Schultag? Das ist schon recht lange her, aber bestimmt weißt du noch, wie du dich damals gefühlt hast. Warst du aufgeregt? Hast du dich auf deine Mitschülerinnen und Mitschüler und die Schule gefreut? Vielleicht fällt dir sogar noch ein, was du damals in der Schultüte hattest. Bestimmt hast du zu Hause ein Foto von diesem Tag. Das kann dir dabei helfen, deine Erinnerungen aufzufrischen. Von damals bis heute ist eine Menge Zeit vergangen und du hast viele Dinge erlebt. Du lernst gerade wieder eine neue Schule und neue Mitschülerinnen und Mitschüler kennen. Diese Erlebnisse sind alle Teil deiner eigenen Geschichte.

T2   In der Vergangenheit forschen

Deine Geschichte entdeckst du am besten, wenn du in der Vergangenheit forschst. Alte Fotoaufnahmen, Filme oder Erinnerungsstücke können dir dabei helfen. Vielleicht hast du ein Schulheft aus der ersten Klasse aufgehoben, hast eine Postkarte oder Fotos von einem früheren Urlaub. Natürlich kannst du dir auch von deinen Eltern oder Großeltern von früher erzählen lassen. Lass dir von ihnen deine Geburtsurkunde zeigen.

T3   Der Zeitstrahl

Mithilfe eines Zeitstrahls kannst du deine Geschichte in eine richtige zeitliche Reihenfolge bringen und dabei deutlich machen, was wann in deinem Leben passiert ist. Wie bei einem Lineal ist der Zeitstrahl in Abschnitte unterteilt. Jedoch gibt es keine Einteilung in Zentimeter und Millimeter, sondern in Tage, Monate, Jahre und Jahrzehnte und manchmal sogar noch größere Abschnitte.

Wenn du deine Geschichte darstellen möchtest, ist es sinnvoll, deinen Zeitstrahl in Jahre einzuteilen. Ein Jahr kann auf deinem Strahl zwei Zentimetern (2 cm) entsprechen. Trage ganz links dein Geburtsjahr ein, daneben das darauffolgende Jahr und so weiter, bis du bei der heutigen Jahreszahl angelangt bist. Wichtige Ereignisse aus deinem Leben schreibst du passend zu der entsprechenden Jahreszahl über oder unter den Zeitstrahl.

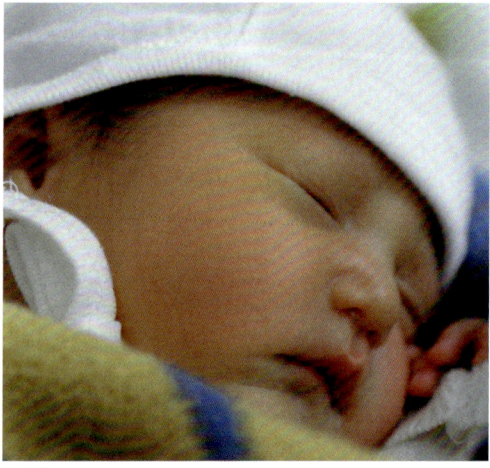

Q1   Leonie nach der Geburt 2013

Q2   Leonie heute

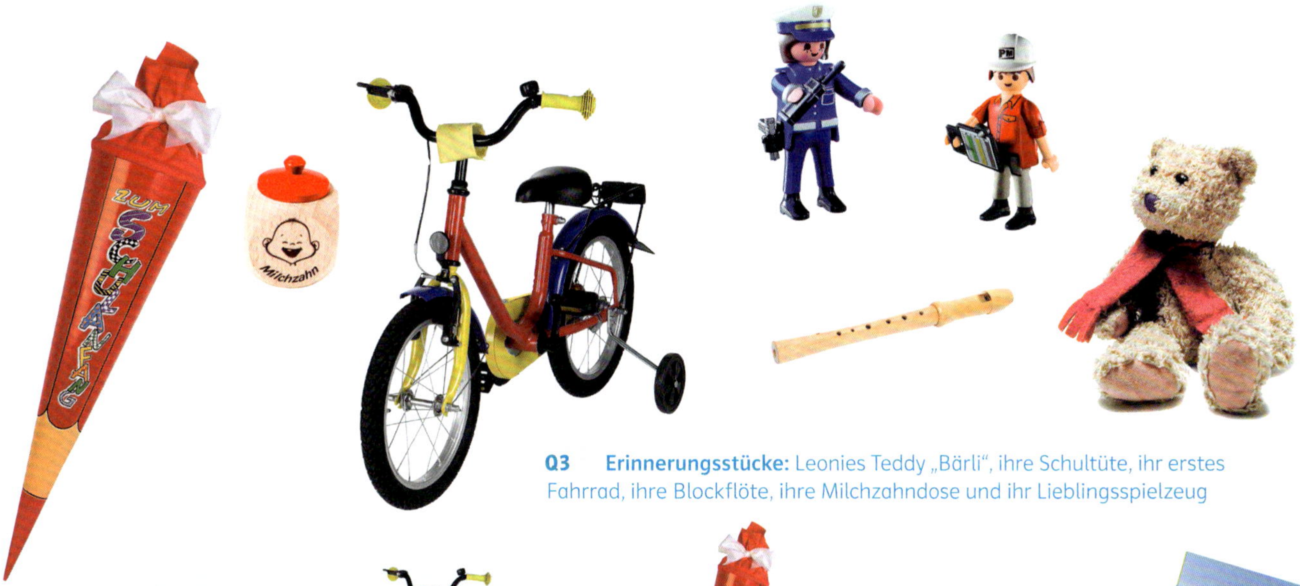

A 01 🔊
Hörspiel
Auf dem Dachboden

A 02 🔊
Hörspiel
Erich aus der Kiste

Q3 **Erinnerungsstücke:** Leonies Teddy „Bärli", ihre Schultüte, ihr erstes Fahrrad, ihre Blockflöte, ihre Milchzahndose und ihr Lieblingsspielzeug

2013			2017	2018	2019		2021		2023
Leonies Geburt			das erste Fahrrad	Der erste Milchzahn fällt heraus.	Leonie kommt in die Schule.		Flötenunterricht		Leoni kommt in die 5. Klasse.

D1 **Zeitstrahl zur Geschichte von Leonie**

A
B

1 Gib Leonies Geschichte (D1) in deinen eigenen Worten wieder.

2 Erstelle für deine Geschichte einen Zeitstrahl.

3 Ergänze zu deinen Eintragungen im Zeitstrahl, an welchem Ort und mit wem du diese Ereignisse erlebt hast.

3 **MB** Informiere dich (z. B. im Internet) über wichtige geschichtliche Ereignisse aus deinem Geburtsjahr. Trage sie in deinen Zeitstrahl ein.

4 Vergleiche deinen Zeitstrahl mit dem deines Tischnachbarn. Gibt es Gemeinsamkeiten oder Unterschiede? Welches waren die wichtigsten Ereignisse in eurem Leben?

5 **EXTRA** **A** Bringe Gegenstände und Fotos, mit denen du viele Erinnerungen verbindest, in die Schule. Berichte deinen Klassenkameraden darüber.

5 **EXTRA** **B** Manche Menschen führen ein Tagebuch. Prüfe, welche Art Informationen über die Vergangenheit man darin findet.

Vergangenheit, Gegenwart, Zukunft

Sie ist unsichtbar und doch umgibt sie uns überall. Wir können sie nicht anfassen, trotzdem wissen wir, dass sie da ist. Eine Uhr können wir anhalten, vor- oder zurückstellen. Aber es ist unmöglich, die Zeit anzuhalten.

Zeitrechnung
Die Zeitrechnung (Chronologie) ordnet die Vergangenheit durch eine Jahreszählung. Die meisten Zeitrechnungen zählen die Jahre von einem bestimmten Ereignis aus vor und zurück. Chronos war im alten Griechenland der Gott der Zeit.

T1 Was hat die Vergangenheit mit der Gegenwart zu tun?

Erinnere dich noch einmal an deine Einschulung. Dieser wichtige Tag gehört zu deiner Vergangenheit, so wie alle anderen Ereignisse, die bereits hinter dir liegen. In diesem Moment liest du in deinem neuen Geschichtsbuch. Das ist die Gegenwart. Und wenn du überlegst, wie dein Leben in 20 Jahren aussehen könnte, dann denkst du über die Zukunft nach.

Im Fach Geschichte wirst du dich vor allem mit Ereignissen aus der Vergangenheit beschäftigen. Außerdem erfährst du, wie sich diese Ereignisse auf die heutige Zeit ausgewirkt haben. So wirst du merken, dass du einiges in der Gegenwart besser verstehst, wenn du die Vergangenheit kennst.

T2 Zeit lässt sich messen

Schon sehr früh haben die Menschen die Natur beobachtet und dabei gelernt, die Zeit zu messen und einzuteilen: In einem Jahr läuft die Erde einmal um die Sonne.

Der Mond braucht rund 30 Tage, um einmal die Erde zu umkreisen. Und die Erde dreht sich innerhalb eines Tages einmal um die eigene Achse. Als die Menschen dies erkannten, erstellten sie die ersten Kalender. Später erfanden die Menschen verschiedene Uhren, mit denen sich der Tag in Stunden einteilen ließ. So gab es Sonnenuhren, Stundenkerzen und besondere Gefäße, durch die Wasser oder Sand liefen. Ganz genau konnte die Zeit gemessen werden, als vor rund 700 Jahren die Räderuhr erfunden wurde: Sie zählte sogar die Minuten und brauchte weder Sonne noch Wasser, um zu funktionieren.

T3 In der Zeit rechnen

Wir können Zeit nicht nur messen, sondern auch berechnen. Von einem Zeitpunkt an werden Jahre vor- und zurückgezählt. So lassen sich vergangene Ereignisse ordnen und in eine zeitliche Reihenfolge bringen. Unsere Zeitrechnung nimmt die Geburt von Jesus Christus als Ausgangspunkt. Wir teilen die Zeit daher in die Abschnitte „vor Christi Geburt" (v.Chr.) und „nach Christi Geburt" (n.Chr.) ein. Die Jahre 1–100 werden als „erstes Jahrhundert" bezeichnet – also leben wir heute, zwischen 2001 und 2100, im 21. Jahrhundert.

Unsere Zeitrechnung gilt aber nicht auf der ganzen Welt. In anderen Ländern und anderen Zeiten haben die Menschen verschiedene Anfangspunkte für ihre Zeitrechnung festgelegt.

Q1 Wie die Zeit „läuft", sieht man in einer Sanduhr besonders deutlich.

V 01 ▶
Erklärvideo: Was ist Geschichte?
Teil 1: Die Zeitrechnung

1

Q2 Mechanische Dosenuhr,
wie sie im 16. Jahrhundert
benutzt wurde

Q3 Ägyptische Auslaufuhr,
ca. 3500 Jahre alt

Q4 Sonnenuhr aus Vorderasien,
6. Jahrhundert v. Chr.

Kultur	Ausgangspunkt für die Zeitrechnung	Ereignis
jüdisch	3761 v. Chr.	Erschaffung der Welt
griechisch	776 v. Chr.	erste Olympische Spiele
römisch	753 v. Chr.	Gründung der Stadt Rom
christlich	1 n. Chr.	Geburt Jesu Christi
islamisch	622 n. Chr.	Mohammeds Flucht nach Medina

D1 Unterschiedliche Zeitrechnungen

Q5 Smartwatch,
21. Jahrhundert

2 Durch welche Beobachtungen in der Natur erkennt man, wie lange ein Tag, ein Monat und ein Jahr sind (T2)?

3 Überlege, wie die Auslaufuhr funktioniert haben könnte (Q3). Schreibe deine Vermutung auf.

4 Welche Uhr ist die älteste, welche die jüngste? Ordne Q2–5 chronologisch.

5 Würdest du lieber in der Vergangenheit, Gegenwart oder Zukunft leben? Diskutiere mit deiner Tischnachbarin/ deinem Tischnachbarn.

6 EXTRA MB
Trägst du eine Armbanduhr? Begründe. Welche Möglichkeiten bieten neue Uhren wie Smartwatches?

A
B

1 Ordne die Begriffe Vergangenheit, Gegenwart und Zukunft den verschiedenen Teilen der Sanduhr zu (Q1).

2 Berechne, in welchem Jahr du heute nach der jüdischen Zeitrechnung lebst (D1).

3 Erkläre, wie eine Sonnenuhr funktioniert. Fertige eine passende Skizze an (Q4).

4 Welche Nachteile haben die Auslaufuhr und Sonnenuhr gegenüber einer Räderuhr? Erkläre.

Einen Zeitstrahl erstellen

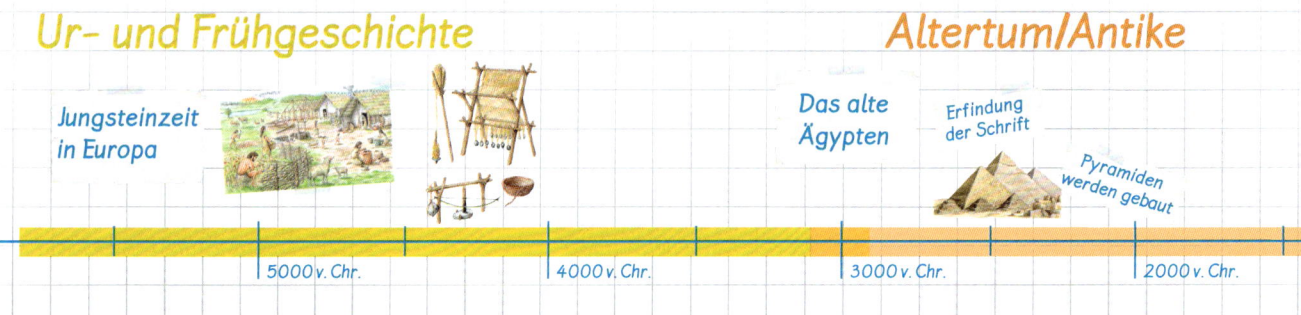

Ur- und Frühgeschichte

Jungsteinzeit in Europa

Altertum/Antike

Das alte Ägypten

Erfindung der Schrift

Pyramiden werden gebaut

5000 v. Chr.   4000 v. Chr.   3000 v. Chr.   2000 v. Chr.

D1   Zeitstrahl der Menschheitsgeschichte

Epoche

Das griechische Wort bezeichnet einen langen Zeitabschnitt, der von wichtigen Ereignissen geprägt wird.

T1   Die ganze Geschichte im Überblick

Wenn du nicht nur deine eigene Geschichte, sondern auch die der ganzen Menschheit darstellen willst, brauchst du einen weit zurückreichenden Zeitstrahl. So erhältst du einen guten Überblick über alle Themen deines Geschichtsunterrichts.

Einen Zeitstrahl erstellen

1 Überlege dir, welche Zeitspanne dein Zeitstrahl umfassen soll. In unserem Beispiel D1 haben wir mit dem Jahr 5500 v. Chr. begonnen.

2 Lege fest, wie viel Platz du für ein Jahr, ein Jahrzehnt, ein Jahrhundert brauchst (Vorschlag für einen Zeitstrahl der Menschheitsgeschichte: 1 cm = 1 Jahrhundert).

3 Beschaffe dir ein genügend breites Blatt Papier oder klebe mehrere Blätter aneinander. Du kannst das entstandene, breite Papierband dann so falten, dass es in dein Heft oder deinen Ordner passt.

4 Zeichne mit einem langen Lineal den Zeitstrahl ein.

5 Trage die Zeitabschnitte bzw. Epochen auf dem Zeitstrahl – am besten mit unterschiedlichen Farben – ein.

6 Trage die Ereignisse auf dem Zeitstrahl ein. Überlege auch, wie du die gewählten Ereignisse veranschaulichen kannst. Der Zeitstrahl wird übersichtlicher und schöner, wenn du auch passende Bilder darauf malst oder aufklebst.

T2   Einteilung der Geschichte in Abschnitte

Forscher haben die Geschichte der Menschheit in Abschnitte unterteilt. Immer, wenn ein neuer Abschnitt (Epoche) begann, änderte sich das Leben grundlegend. In der Epoche der Ur- und Frühgeschichte lebten Menschen z. B. als Sammler und Jäger oder in einfachen Hütten. Als vor 5 000 Jahren die Schrift erfunden und die ersten Staaten gegründet wurden, begann eine neue Epoche: das Altertum. Im Altertum errichteten die Ägypter, die Griechen und die Römer mächtige Reiche. Als das letzte dieser Reiche um das Jahr 500 zerfiel, endete auch die Epoche. Es folgte das Mittelalter. Um 1500 fuhr Kolumbus mit dem Schiff in Welten, die in Europa bislang unbekannt waren. Neue Erfindungen brachten vielen Menschen in Europa völlig neue Einsichten – die Neuzeit begann.

T3   Wann genau beginnt eine neue Epoche?

Über diese Frage sind sich die Forscher nicht immer einig. Oft haben mehrere Ereignisse Veränderungen bewirkt. In anderen Erdteilen ist die Geschichte anders verlaufen. Dort waren andere Ereignisse wichtig, deshalb unterscheiden die Menschen dort andere Epochen.

V02 ▷
Erklärvideo: Was ist Geschichte?
Teil 2: Die Epochen der Geschichte

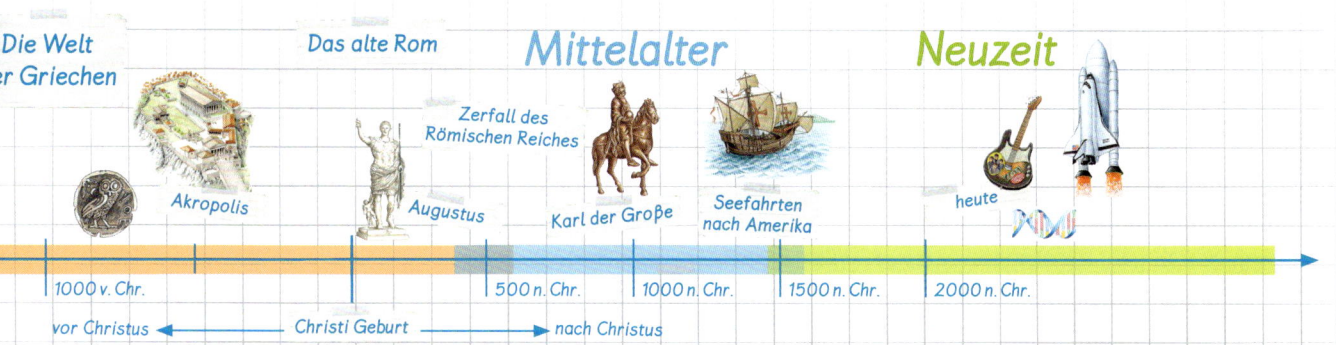

Die Welt der Griechen — Akropolis — Das alte Rom — Augustus — Zerfall des Römischen Reiches — Karl der Große — Mittelalter — Seefahrten nach Amerika — Neuzeit — heute

1000 v. Chr. — 500 n. Chr. — 1000 n. Chr. — 1500 n. Chr. — 2000 n. Chr.

vor Christus ← Christi Geburt → nach Christus

Tipp

Gestaltet auch gemeinsam z.B. auf einer Tapetenrolle einen großen **Zeitstrahl für euren Klassenraum** – wie in unserem Beispiel D1. Immer wenn ihr ein historisches Thema bearbeitet, könnt ihr die für euch wichtigsten Bilder und Stichwörter auf dem Zeitstrahl ergänzen. So erhaltet ihr mit der Zeit einen ganz persönlichen Überblick eures Geschichtsunterrichts.

D2 Arbeitsschritt 1   **D3** Arbeitsschritt 4   **D4** Arbeitsschritt 6

A

2 Finde heraus, wann folgende Epochen begannen: Altertum, Mittelalter, Neuzeit (T2).

3 Zeichne einen Zeitstrahl zur Menschheitsgeschichte (D1, Arbeitsschritte 1 bis 6).

4 Zeige auf D1 den Wechsel zwischen vor und nach Christus. In welche Epoche fällt der Wechsel?

6 EXTRA Zeichne zusätzlich ein: erste Olympische Spiele 776 v. Chr., Mondlandung 1969.

B

1 Nenne die vier großen Epochen (T2).

2 Finde heraus, wann folgende Epochen begannen: Altertum, Mittelalter, Neuzeit (T2). Nenne mindestens ein Merkmal dieser Epochen.

3 Erledige Aufgabe A3. Ergänze die Merkmale aus Aufgabe B2 sowie weitere Eintragungen und Bildsymbole, die dir wichtig sind.

4 Im Jahr 1000 reitet König Otto III. durch sein mittelalterliches Königreich – und in Ägypten wird ein Pharao begraben. Wie kann das sein? Begründe.

5 Wieso überlappen sich die Farben der einzelnen Epochen auf D1? Erkläre (T3).

6 EXTRA Zeichne ein Bildsymbol, das zum 21. Jahrhundert passt. Begründe deine Wahl.

Woher wir wissen, was früher war (1)

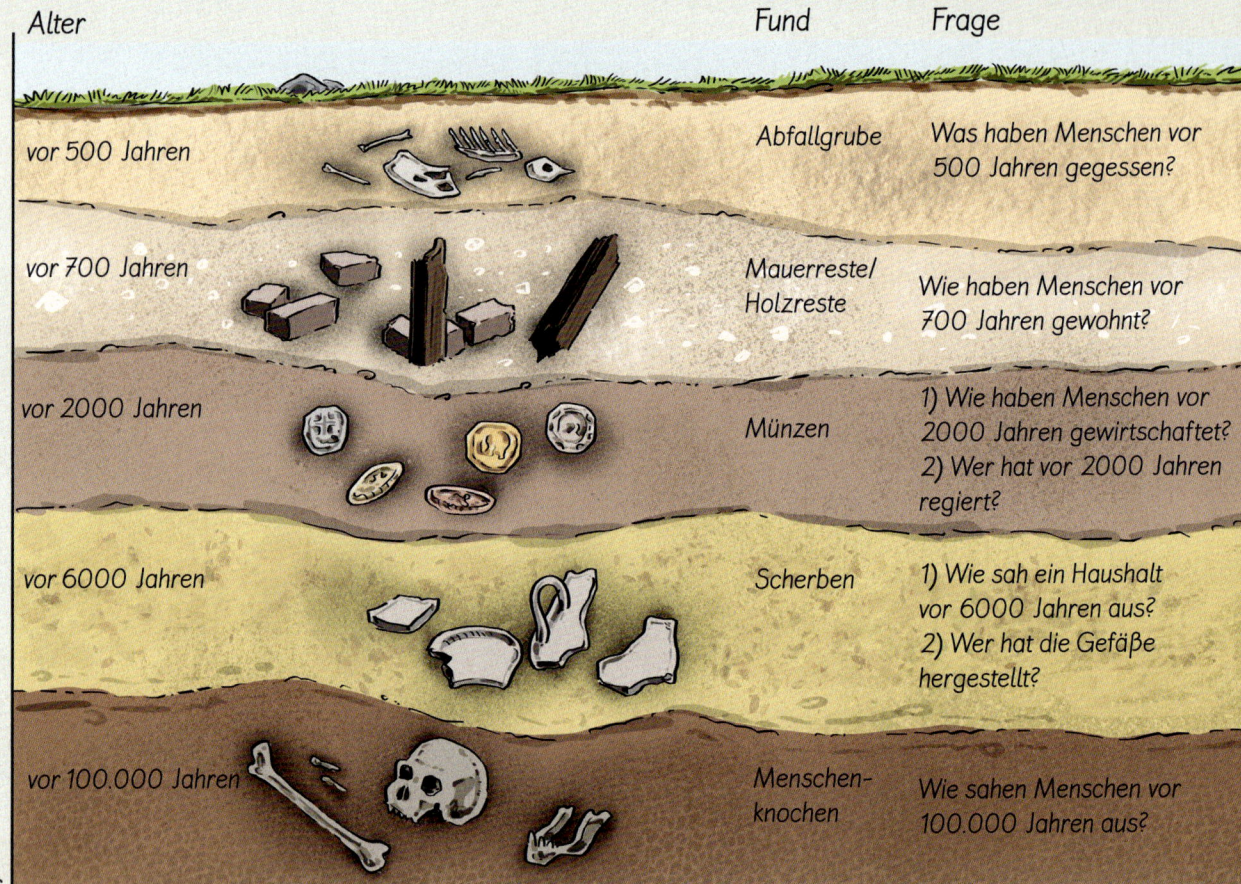

Alter	Fund	Frage
heute		
vor 500 Jahren	Abfallgrube	Was haben Menschen vor 500 Jahren gegessen?
vor 700 Jahren	Mauerreste/ Holzreste	Wie haben Menschen vor 700 Jahren gewohnt?
vor 2000 Jahren	Münzen	1) Wie haben Menschen vor 2000 Jahren gewirtschaftet? 2) Wer hat vor 2000 Jahren regiert?
vor 6000 Jahren	Scherben	1) Wie sah ein Haushalt vor 6000 Jahren aus? 2) Wer hat die Gefäße hergestellt?
vor 100.000 Jahren	Menschen- knochen	Wie sahen Menschen vor 100.000 Jahren aus?
früher		

Archäologinnen und Archäologen sind Wissenschaftler, die Fundstücke und Überreste aus vergangenen Epochen erforschen. Sie müssen historische Funde ausgraben und untersuchen. Archäologen müssen auch feststellen, wie alt ein Fund ist und ihn manchmal auch rekonstruieren (= nachbauen).

T1 Menschen hinterlassen Spuren

Wie erfahren wir etwas über Menschen, die lange vor unserer Zeit gelebt haben? Fragen können wir sie nicht mehr. Darum helfen uns Spuren, die sie bis heute hinterlassen haben: Waffen, Werkzeuge, Schmuck oder auch menschliche Überreste wie Knochen. Diese Dinge sind heute tief im Boden verborgen. Denn über einen menschlichen Knochen aus der Steinzeit hat sich Sand, Erde und Eis gelegt. Vielleicht wurde später im Mittelalter darüber ein Haus gebaut. Als das Haus verfiel, baute man auf dem Schutt eine Straße. Und heute steht an dieser Stelle vielleicht ein Parkhaus. Wie in einer „Schichttorte" liegen also an vielen Stellen die Überreste aus verschiedenen Epochen übereinander. Je tiefer man gräbt, desto älter werden die Funde.

T2 Die Arbeit der Archäologen

Wenn heute für ein Haus eine Grube ausgehoben wird, stoßen Bauarbeiter manchmal auf Überreste aus vergangenen Zeiten. Sie müssen sorgfältig freigelegt und untersucht werden. Das ist die Aufgabe von Archäologinnen und Archäologen. Oft sind die Fundstücke zerbrochen und kaum mehr erkennbar. Doch für einen Archäologen reicht manchmal schon eine kleine Scherbe, um viel über die Vergangenheit zu erfahren.

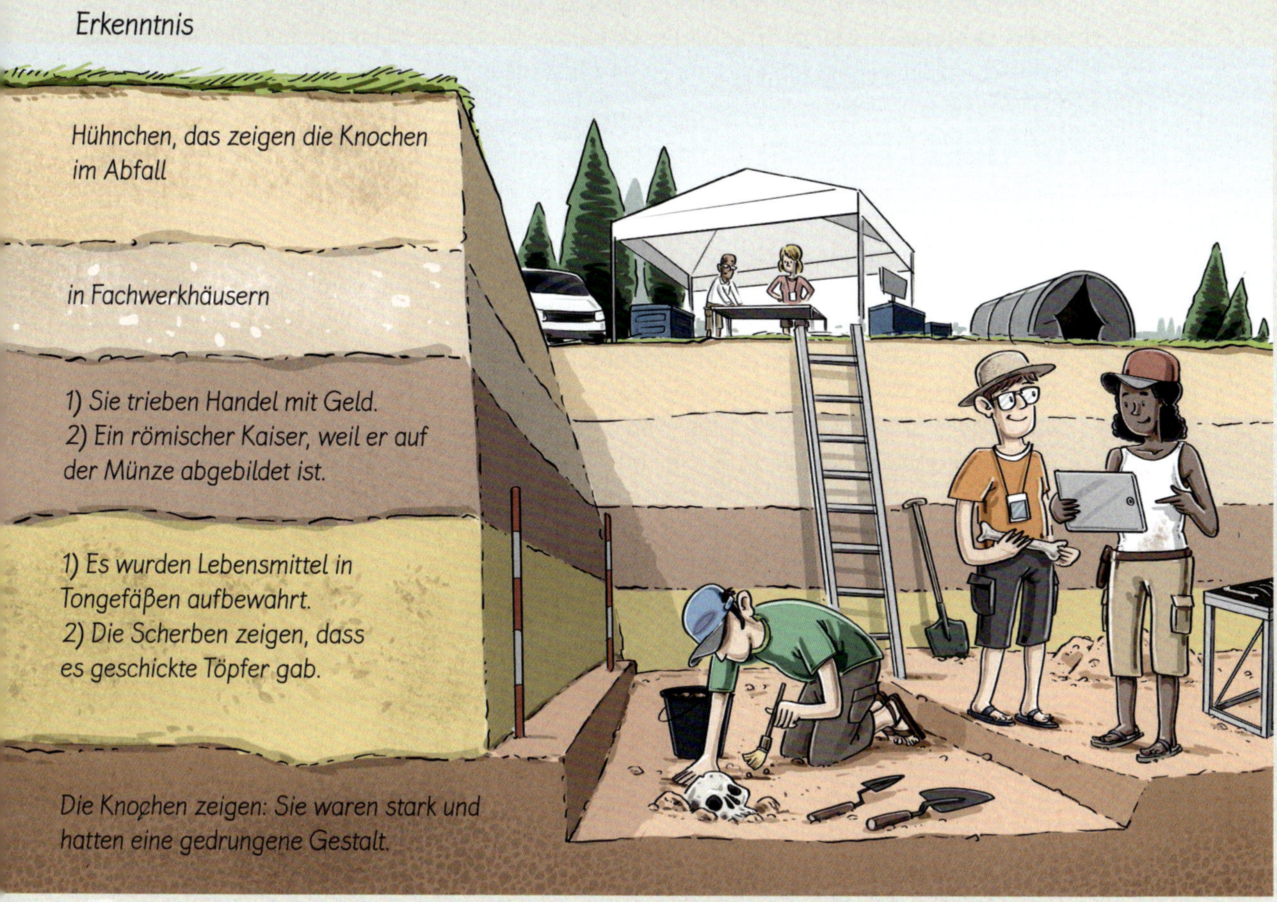

Erkenntnis

Hühnchen, das zeigen die Knochen im Abfall

in Fachwerkhäusern

1) Sie trieben Handel mit Geld.
2) Ein römischer Kaiser, weil er auf der Münze abgebildet ist.

1) Es wurden Lebensmittel in Tongefäßen aufbewahrt.
2) Die Scherben zeigen, dass es geschickte Töpfer gab.

Die Knochen zeigen: Sie waren stark und hatten eine gedrungene Gestalt.

D1 Erdschichtenmodell

1 Beschreibe die Aufgaben eines Archäologen/ einer Archäologin (T2, Lexikon).

2 Ordne die in D1 angegebenen Jahreszahlen den Epochen des Zeitstrahls zu (S. 18). Was fällt dir auf? Erkläre.

2 „Je tiefer ein Fundstück liegt, desto älter ist es." Erkläre diesen Satz mit T1 und D1.

3 Eine Archäologin findet eine Speerspitze, die ca. 100 000 Jahre alt sein soll. Welche Fragen könnte sie sich stellen? Schreibe auf.

3 Eine Archäologin findet eine Speerspitze, die ca. 100 000 Jahre alt sein soll. Welche Erkenntnisse kann sie daraus gewinnen? Schreibe auf.

4 Welche Funde könnten Archäologen in 500 Jahren vielleicht von uns ausgraben? Was würden diese Funde über unser Leben heute verraten? Diskutiert darüber in eurer Klasse.

5 EXTRA MB Informiere dich im Internet über bekannte Ausgrabungsorte. Wo bzw. in welchen Ländern liegen diese Orte? Was hat man dort Interessantes gefunden?

Woher wir wissen, was früher war (2)

Nicht nur eine Archäologin oder ein Archäologe kann uns wichtige Hinweise über das Leben in der Vergangenheit liefern. Es gibt noch andere Fachleute, die hauptberuflich die Geschichte erforschen. Sie heißen: Historikerinnen und Historiker.

Quelle
So werden alle Texte und Gegenstände genannt, die aus vergangenen Zeiten übrig geblieben sind. Quellen sind in diesem Buch mit einem **Q** gekennzeichnet.

Darstellung
Was wir über die Vergangenheit wissen, kann auf unterschiedliche Art dargestellt werden: in Büchern, Landkarten, Filmen, Schaubildern oder Tabellen. Darstellungen sind in diesem Buch mit einem **D** gekennzeichnet.

→ schriftliche/ nichtschriftliche Quelle

T1 Quellen

Historikerinnen und Historiker sind ebenfalls auf alte Gegenstände und Schriftstücke aus der Vergangenheit früherer Menschen angewiesen. Historikerinnen und Historiker sprechen von „Quellen".

Als Quellen bezeichnet man all das, was aus der Vergangenheit übrig geblieben ist. Das können sehr unterschiedliche Dinge sein: alte Fotografien und Gemälde, Briefe und Tagebücher, aber auch Burgen, Kirchen und Ruinen. Wer solche Quellen sorgfältig untersucht, erfährt viel über die Zeit, aus der sie stammen.

T2 Die Arbeit der Historiker

Historikerinnen und Historiker möchten herausfinden, wie die Menschen früher gelebt, was sie getan und gedacht haben. Sie forschen in Archiven, Bibliotheken oder auch an anderen Orten. Ihr Beruf ist es, schriftliche Quellen zu entziffern und ihren Inhalt zu bewerten. Historiker untersuchen aber auch Bild-, Ton- und Sachquellen, um herauszufinden, was diese über die Vergangenheit verraten.

Dabei arbeiten Historikerinnen und Historiker fast wie Detektive: Sie versuchen, aus unterschiedlichen Quellen so viele Informationen wie möglich zu sammeln und zu prüfen. Diese müssen sie dann wie die Teile eines Puzzles ordnen, damit am Ende ein möglichst genaues Bild von der Vergangenheit entsteht.

T3 Darstellungen

Die Ergebnisse ihrer Forschungsarbeit veröffentlichen Historikerinnen und Historiker in Büchern, Ausstellungen, Museen, Filmen oder auf Internetplattformen. Diese Zusammenfassungen von Forschungsergebnissen nennt man Darstellungen. Dabei sind sich die Historiker aber nicht immer einig. Denn selbst wenn alle Geschichtsforscherinnen und -forscher dieselben Quellen nutzen und dieselben Informationen haben, so können sie sie doch unterschiedlich bewerten. So entstehen dann manchmal Geschichtsdarstellungen, die sich widersprechen. Dass wir bei vielen historischen Ereignissen nicht genau wissen, wie es „wirklich" war, kannst du auch in deinem Geschichtsbuch an Formulierungen wie „vermutlich" oder „wahrscheinlich" erkennen. Das ist zwar schade, es macht Geschichte aber auch besonders spannend.

D1 Bewertungen können sich widersprechen. Szene aus dem Klett-Erklärfilm „Was ist Geschichte?" (V 04 ▷)

V03 ▷
Erklärvideo: Was ist Geschichte?
Teil 3: Quellen und Darstellungen

V04 ▷
Erklärvideo: Was ist Geschichte?
Teil 4: Warum Geschichte?

V05 ▷
Erklärvideo: Was ist Geschichte?
gesamter Film

_1 **Die „villa rustica" in Hechingen-Stein.** Links sind die ausgegrabenen Fundamente zu sehen. Die Gebäude rechts wurden auf den Fundamenten nachgebaut (rekonstruiert). Foto

Textquellen	Bild- und Tonquellen		Sachquellen
Akten	Fotos	Radio-sendungen	Bauwerke
Briefe	Gemälde	Lieder	Gräber
Gesetzes-texte	Höhlen-malereien	Reden/Ansprachen	Kleidungs-stücke
Inschriften	Karikaturen	Videos	Möbel
Tagebücher	Mosaike		Münzen
Urkunden			Statuen
Verträge			Waffen
Zeitungen			Werkzeuge

rekonstruieren einen Gegenstand nachbauen, der nicht mehr (vollständig) vorhanden ist. Forscher/innen stützen sich dabei auf Quellen, Überreste und Vermutungen .

D2 Übersicht über verschiedene Quellenarten

Ein Historiker arbeitet ähnlich wie ein Detektiv. Was macht ein Historiker? Beschreibe seine Aufgaben (T2).

Welche Gegenstände bei euch zu Hause geben Auskunft über die Vergangenheit? Sammelt Quellen und stellt sie der Klasse vor.

A
B

1 Nenne mindestens fünf verschiedene Quellen, die eine Historikerin/ein Historiker untersuchen könnte.

2 Welche Quellenarten sind in dem Bild zu D2 zu sehen? Ordne zu.

3 Erkläre den Unterschied zwischen einer Quelle und einer Darstellung (Lexikon, T1, T3).

4 Zwei Berufe, unterschiedliche Aufgaben. Was unterscheidet eine Historikerin von einer Archäologin? Fertige eine Tabelle an.

5 Warum gibt es nicht nur „eine richtige Geschichte" (T3, D1)? Begründe.

6 EXTRA A

6 EXTRA B Schau dir das Bild der Villa rustica genau an. Handelt es sich um eine Quelle oder um eine Darstellung? Begründe.

Viele Menschen – viele Geschichten

Bei deinem Geschichtsbuch handelt es sich um eine Darstellung von Geschichte (siehe S. 22/23). Doch was ist „die" Geschichte? Ein Beispiel aus dem Alltag zeigt, dass die Beantwortung dieser Frage nicht so einfach ist.

→ **Perspektive**

T1 Unterschiedliche Erinnerungen

Auf S. 14/15 hast du dich mit deiner eigenen Geschichte befasst. Du hast dich z.B. an den Tag deiner Einschulung erinnert – wie die Kinder aus der Klasse 6B in D2. Dabei zeigt sich: Jedes Kind erinnert sich anders, jedem Kind sind andere Dinge wichtig. Woran liegt das? Das kann natürlich Zufall sein, jedes hat einen anderen Charakter und interessiert sich für andere Dinge. Manchmal spielt aber auch eine Rolle, dass jedes Kind andere Erfahrungen mitbringt: Bin ich ein Mädchen oder ein Junge, in welcher Kultur bin ich aufgewachsen, habe ich Geschwister, lebe ich mit einer Behinderung oder nicht, ist meine Familie arm oder wohlhabend?

T2 Ost und West – zweierlei Erinnerungen

Auch in der Geschichte spielen unterschiedliche Erfahrungen und Sichtweisen eine Rolle. Ein Beispiel: Deutschland war viele Jahrzehnte geteilt.

Zwei völlig verschiedene Staaten entwickelten sich – die BRD im Westen, die DDR im Osten. In der BRD gab es mehr Wohlstand, und die Menschen lebten frei. Viele DDR-Bürger gingen daher in die BRD. Um das zu verhindern, verbot die DDR-Regierung Reisen in den Westen. Sie bewachte die Grenze scharf. In Berlin baute sie 1961 sogar eine Mauer. Jahrzehnte waren die Deutschen getrennt. 1989 protestierten die DDR-Bürger und setzten ihre Regierung ab. Die beiden Staaten wuchsen wieder zusammen. Doch das war gar nicht so einfach. Die Menschen hatten unterschiedliche Erfahrungen gemacht. In vielen Familien in Deutschland wird bis heute über die Teilung und das Zusammenwachsen gesprochen – vielleicht auch in deiner Familie. Wie wird an diese Zeit erinnert? Wie wird das Zusammenwachsen beurteilt? Das hängt sicherlich auch davon ab, ob deine Eltern oder Großeltern in der BRD oder der DDR gelebt haben.

T3 Weitere Erinnerungen

Für andere Familien ist diese Zeit möglicherweise gar nicht wichtig. Vielleicht bist du nicht in Deutschland aufgewachsen. Deine Eltern erzählen andere Geschichten. Dann erscheint dir das Thema fern. Aber vielleicht hast du selbst an einem anderen Ort Erfahrungen mit Grenzen gemacht, die unüberwindlich schienen. Vielleicht ist das Thema für dich wichtig – aber anders als für deine Mitschülerinnen und Mitschüler.

T4 Eine Geschichte – viele Geschichten

Du siehst an diesen Beispielen: Es gibt nicht „die" Geschichte, sondern viele Sichtweisen auf die Geschichte. Geschichte ist nichts Festes und Abgeschlossenes. Geschichte lebt von denen, die sie erzählen – und von denen, die sie hören.

D1 Viele verschiedene Menschen – viele verschiedene Sichtweisen auf die Gegenwart und die Geschichte. Zwei Jugendliche vor den Überresten der Berliner Mauer.

Ich war glücklich, dass Papa und Mama beide bei meiner Einschulung waren. Sie hatten sich nämlich kurz vorher getrennt.

Meine Großeltern sind extra aus Süddeutschland gekommen. Wir waren 40 Leute im Restaurant. Opa war abends ein bisschen betrunken.

Mein erster Schultag war in einer Integrationsklasse. Wir sind geflüchtet und ich musste erst einmal Deutsch lernen. Nach zwei Jahren bin ich dann in eine Klasse an der Grundschule gewechselt.

Ich war stolz, in die Schule zu kommen! Meine Lehrerin war total nett.

Wir sind eine Woche vorher umgezogen. Mir war alles fremd und ich hatte Angst, keine Freunde zu finden.

Die Rektorin hat in ihrer Rede Tipps gegeben, wie wir gut lernen.

Meine großen Geschwister sind auf die gleiche Schule gegangen. Sie meinten: „Du hast die blödeste Lehrerin erwischt."

Zum Glück war genug Platz im Klassenraum, sodass ich meinen Rolli manövrieren konnte.

Wir haben im kleinen Kreis zuhause gefeiert.

Die Mädchen waren voll albern!

Ich weiß nicht mehr, was die Rektorin gesagt hat. Ich weiß nur noch, dass es total langweilig war.

In unserer Kirchengemeinde gab es am gleichen Tag einen Einschulungsgottesdienst.

Der Imam hat an dem Tag allen Schulkindern aus unserer muslimischen Gemeinde in der Moschee aus dem Koran vorgelesen.

Zusammen mit anderen jüdischen Schülern habe ich einen Gottesdienst in der Synagoge besucht.

Die Schultüte war das Beste!

D2 **Kinder aus der Klasse 6B erinnern sich an ein Ereignis:** die Einschulung.

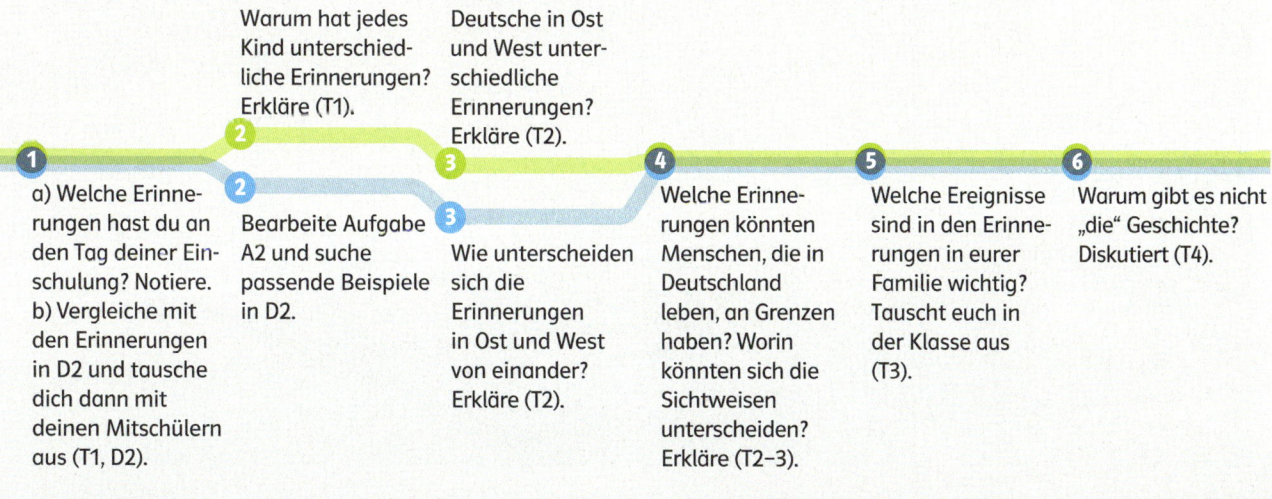

Warum hat jedes Kind unterschiedliche Erinnerungen? Erkläre (T1).

Warum haben Deutsche in Ost und West unterschiedliche Erinnerungen? Erkläre (T2).

1 a) Welche Erinnerungen hast du an den Tag deiner Einschulung? Notiere.
b) Vergleiche mit den Erinnerungen in D2 und tausche dich dann mit deinen Mitschülern aus (T1, D2).

2 Bearbeite Aufgabe A2 und suche passende Beispiele in D2.

3 Wie unterscheiden sich die Erinnerungen in Ost und West von einander? Erkläre (T2).

4 Welche Erinnerungen könnten Menschen, die in Deutschland leben, an Grenzen haben? Worin könnten sich die Sichtweisen unterscheiden? Erkläre (T2–3).

5 Welche Ereignisse sind in den Erinnerungen in eurer Familie wichtig? Tauscht euch in der Klasse aus (T3).

6 Warum gibt es nicht „die" Geschichte? Diskutiert (T4).

Eine Reise durch die Zeit

D 01 📄
Arbeitsblatt
Wiederholung

D 02 📄
Arbeitsblatt
Wiederholung (Lösungen)

I 02 ✍
interaktive Übungen
Eine Reise durch die Zeit

Mittelalter • Neuzeit

Quellen & Darstellungen • Archäologie • Historiker

? Ich kann Fragen stellen, was mich an der Geschichte interessiert, z. B. . . .

✓ Ich kann die Begriffe Quellen und Darstellungen erklären.

✓ Ich weiß, wie die vier großen Epochen heißen.

✓ Ich weiß, was die Abkürzungen „v. Chr." und „n. Chr." bedeuten.

✓ Ich kann erklären, warum es schwierig ist, die Anfangs- und Enddaten der vier Epochen genau festzulegen.

Ich weiß, worauf ich bei der Gestaltung eines Zeitstrahls achten muss.

⚖ Ich kann beurteilen, ob der Beruf der Historikerin/ des Historikers ein wichtiger Beruf ist.

∅ Ich kann beurteilen, ob die Vergangenheit etwas mit der Gegenwart zu tun hat.

∅ Ich kann erklären, warum es in verschiedenen Erdteilen unterschiedliche Epochen gibt.

2

4,4 Mio. v. Chr. bis 50 v. Chr.

Vom Leben der frühen Menschen

vor 4,4 Millionen Jahren
In Afrika entwickeln sich die Vormenschen.

vor 800 000 Jahre
In Europa beginnt die Altsteinzeit.

vor 100 000 bis 12 000 Jahren
Während der Eiszeit sind Teile Europas mit Eis bedeckt.

vor 40 000 Jahren
In Europa breitet sich der Jetztmensch aus.

vor 7 500 Jahren
In Europa beginnt die Jungsteinzeit.

vor 2 800 Jahren
Die Menschen in Mitteleuropa stellen erstmals Werkzeuge aus Eisen her.

?

Spielt die Szene in der Vergangenheit oder in der Gegenwart? Stelle Vermutungen an und begründe.

Was denken die Menschen auf dem Foto? Zeichne eine Denkblase zu jeder Person in dein Heft und beschrifte sie.

Du bist Reporter/in und befragst die Menschen auf dem Foto zu ihrer Kleidung. Spielt die Szene nach.

Wie könnte das Bild oben und unten sowie rechts und links weitergehen? Fertige eine Zeichnung an.

Vom Leben der frühen Menschen

In diesem Kapitel erfährst du, wie die Frühmenschen in der Altsteinzeit lebten.
Du untersuchst, wie der Mensch vor 10 000 Jahren seine Lebensweise grundlegend
veränderte: wie er Häuser baute, Tiere zähmte und Getreide aussäte.
Der Mensch passte sich nicht mehr länger nur an die Natur an, sondern gestaltete
sie selbst – und das tut er bis heute.

Wie lebten die Menschen als
Jäger und Sammler? (S. 32/33)

Wieso wurden die Menschen
sesshaft? (S. 36/37)

2

3

Nimm dir fünf
Minuten Zeit und
schreibe alles auf,
was du schon
über die frühen
Menschen weißt.
Trage deine
Kenntnisse in
einer Mindmap
zusammen.

A
B

1

Jäger/Sammler

Ackerbau/Viehzucht

2

3

Wie lebten die Menschen
als Jäger und Sammler?
(S. 32/33)

Wieso bezeichnen manche
Forscherinnen und Forscher
die Erfindung von Ackerbau
und Viehzucht als Revolution?
(S. 36/37)

*Das kannst du
außerdem machen:*

Material findest du auf den folgenden
Seiten, du kannst aber auch in der
Bücherei und im Internet suchen. MB

Welche Erfindungen erleichterten in der Jungsteinzeit das Leben? (S. 38/39)

4

Wieso ging „mit Metall vieles besser"? (S. 40/41)

5

Erfindungen

Metallzeit

6

A
B

Ergänze deine Mindmap aus Aufgabe 1. So siehst du, was du dazugelernt hast.

4

Welche Erfindungen erleichterten in der Jungsteinzeit das Leben? Wie entstanden die ersten Handwerke? (S. 38/39)

5

Kann man mit dem Beginn der Metallzeit von einem neuen Zeitalter sprechen? (S. 40/41)

… die Geschichte einer Mammutjagd schreiben,

… recherchieren, was wir heute über den „Ötzi" wissen, **MB**

… Werkzeuge mitbringen, die die frühen Menschen erfunden haben und die es heute noch gibt,

… das Archäologische Landesmuseum in Konstanz (ALM) im Internet besuchen. Über eine Suchmaschine kannst du das digitale Angebot des ALM finden. In Filmclips wird erklärt, wie Archäologinnen und Archäologen arbeiten, wie ein Boot aus der Steinzeit (ein Einbaum) nachgebaut wurde oder wie man mit Spielzeugfiguren Geschichte darstellen kann. Berichte in deiner Klasse von einem Clip deiner Wahl. **MB**

Jäger und Sammler der Altsteinzeit

Wenn wir Hunger haben, schauen wir, was der Kühlschrank an Essbarem hergibt. Nachschub kaufen wir einfach im Supermarkt. Die Frühmenschen, die vor 800 000 Jahren nach Europa kamen, hatten es nicht so leicht.

Altsteinzeit
In Europa dauerte die Altsteinzeit 800 000 Jahre und endete ungefähr vor 12 000 Jahren. Die Menschen stellten Steinwerkzeuge her.

T1 Sammeln und Jagen

Die Frühmenschen lebten in Gruppen von etwa 25 Personen. Sie ernährten sich von dem, was sie in der Natur fanden. Sie sammelten Beeren, Früchte, essbare Wurzeln, Nüsse, Pilze. Außerdem jagten sie Tiere, z.B. Hirsche, Rentiere oder Bären. Weil sich die Frühmenschen ihre Nahrung durch Sammeln und Jagen beschafften, nennen wir sie Sammler und Jäger.
Sie wohnten vermutlich in einfachen Hütten aus Ästen und Zweigen. Die Frühmenschen lebten aber nicht ständig an einem Ort. Wenn sie im Umkreis ihres Lagers nicht mehr genügend zu essen fanden, zogen sie weiter, um an einem neuen Ort ihr Lager aufzuschlagen.

T2 Feuer – überlebenswichtig!

Für das Überleben in der freien Natur war das Feuer unverzichtbar. Es spendete Wärme und Licht an kalten Tagen und in der Nacht. Es hielt aber auch wilde Tiere vom Lager fern. Außerdem konnte man Nahrung über dem Feuer erwärmen oder braten – so war sie besser verträglich und länger haltbar. Die Frühmenschen waren noch darauf angewiesen, dass das Feuer auf natürliche Weise entstand, z.B. durch einen Blitzschlag. Eine ihrer wichtigsten Aufgaben war, darauf aufzupassen, dass das Feuer niemals ausging.

T3 Wie die Steinzeit zu ihrem Namen kam

Die Frühmenschen stellten zunächst sehr einfache Werkzeuge und Waffen her. Dazu benutzten sie Holz, Knochen und Stein. Später fertigten sie auch kunstvolle Faustkeile an. Da meist nur die Werkzeuge aus Stein erhalten sind, nennen wir diese Zeit Steinzeit.

D1 **Lagerplatz von Frühmenschen.** Rekonstruktionszeichnung

Steckbrief

Name: Frühmensch

Alter: 1,8 Millionen – 250 000 Jahre

Größe: bis 1,65 m

Gewicht: bis 65 kg

Wohnort: Afrika, Asien, Europa

Ernährung: Pflanzen und Fleisch

Kennzeichen: stellt planvoll Werkzeuge her, nutzt das Feuer, ernährt sich immer öfter von gejagten Tieren

D2   Der Frühmensch

Q1   **Faustkeil.** Faustkeile waren wichtige Werkzeuge in der Altsteinzeit, die für verschiedene Arbeiten verwendet wurden. Mit ihnen konnte man schneiden, bohren, schaben und harte Gegenstände brechen oder spalten. Mit dem Faustkeil konnte man z. B. Knochen zerschlagen, um an das nahrhafte Knochenmark zu gelangen.

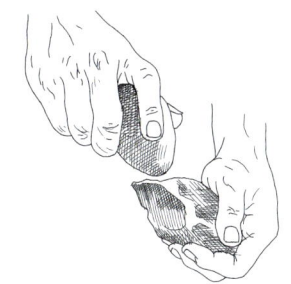
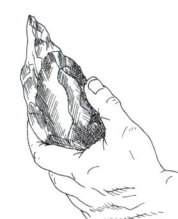

D3   **Herstellung eines Faustkeils.** Er wurde so behauen, dass er an den Rändern und an der Spitze scharf war. Das runde Ende lag gut in der Hand.

A

Arbeite heraus, was die Frühmenschen sammelten und jagten (T1).

Welche Vorteile brachte das Feuer den Menschen (T2)? Erkläre.

Schreibe eine Geschichte über die Jagd.

① MB   **②**   **④**   **⑥** EXTRA **A**

①   **②**   **③**   **④**   **⑤**   **⑥** EXTRA **B**

B

① Beschreibe den Lagerplatz der Frühmenschen (D1). Du kannst dir dazu auch den Erklärfilm ansehen (V 07 ⊙).

② „Sammler und Jäger ernähren sich von dem, was die Natur ihnen bietet." Erläutere, was mit diesem Satz gemeint ist (T1).

③ Warum lebten die Frühmenschen nicht an einem Ort, sondern zogen umher? Erkläre (T1).

④ Stell dir vor, ein starker Regenschauer hätte das Feuer im Lager der Frühmenschen gelöscht. Erkläre, was das für sie bedeutet hätte (T2).

⑤ Beurteile die Bedeutung des Faustkeils (T3, Q1, D3).

⑥ Übertrage den Steckbrief D2 in dein Heft. Ergänze die Spalten „Fortbewegung" und „Werkzeuge".

Überleben in der Eiszeit

Heute bedroht die Erhitzung des Klimas den Lebensraum vieler Menschen. Vor etwa 100 000 Jahren stand die Bevölkerung in Europa ebenfalls vor großen Problemen: Es wurde kalt. Eine Eiszeit begann, die gut 90 000 Jahre dauerte.

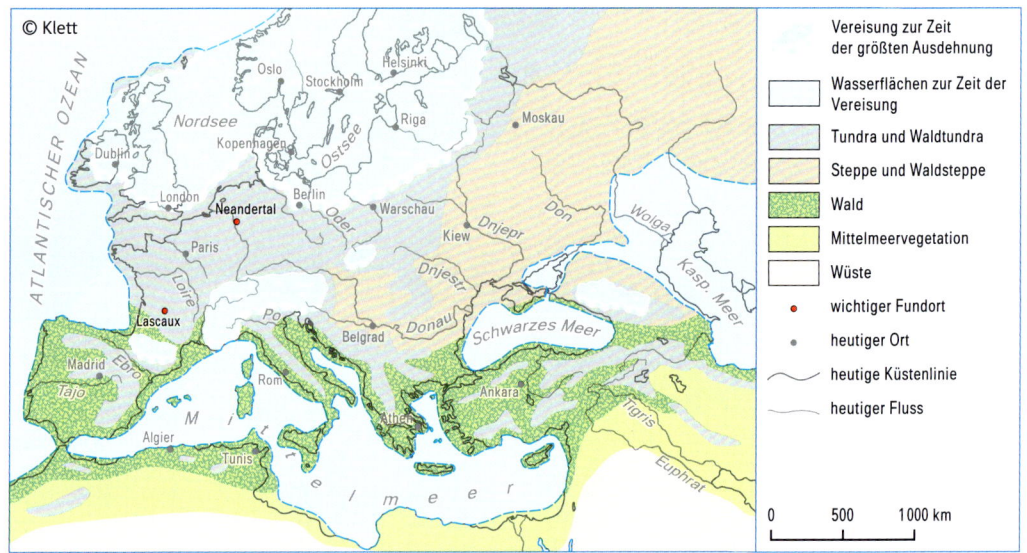

D1   Europa während der letzten Eiszeit. Sie begann vor 100 000 Jahren.

Legende:
Vereisung zur Zeit der größten Ausdehnung
Wasserflächen zur Zeit der Vereisung
Tundra und Waldtundra
Steppe und Waldsteppe
Wald
Mittelmeervegetation
Wüste
• wichtiger Fundort
• heutiger Ort
heutige Küstenlinie
heutiger Fluss
0   500   1000 km

T1   Schutz vor Kälte

Die Eiszeit erreichte ihren Höhepunkt vor etwa 21 000 Jahren. Die Winter waren lang und brachten eisige Kälte. Die Menschen mussten sich an das Klima anpassen. Um sich vor der Kälte zu schützen, nähten sie Kleidung aus Fellen und Leder. Aus Ästen und Knochen, Gras, Laub und Tierfellen bauten sie einfache Hütten. Wenn sie eine Höhle fanden, schlugen sie dort ihr Lager auf. Außerdem hatten die Menschen gelernt, selbst Feuer zu entzünden. Nun konnten sie sich an Feuerstellen auf ihren Lagerplätzen wärmen.

T2   Die Jagd sichert das Überleben

In dem kalten Klima fanden die Sammler nicht mehr genug zu essen. So waren die Menschen auf die Jagd angewiesen, um nicht zu verhungern. Große Wildtiere gab es genug: Mammuts, Rentiere, Wildpferde, Bären und Wollnashörner hatten sich an die Kälte gewöhnt und fanden in der Steppe vom Frühjahr bis zum Herbst genügend Nahrung. Die Jäger errichteten ihre Lager nah an den Wanderwegen dieser Tiere. Ein erlegtes Tier wurde vollständig verwertet: Das Fleisch, aber auch Hirn und Knochenmark wurden gegessen. Das Fell lieferte wärmende Kleidung: Aus der Haut fertigten die Menschen Riemen, aus den Sehnen Schnüre und Nähgarn. Aus Knochen, Stoßzähnen oder Geweihen stellten sie Werkzeuge aller Art her. Nichts wurde vergeudet.

T3   Unsere Vorfahren

Vor etwa 40 000 Jahren kam ein neuer Menschentyp nach Europa. Forscher bezeichnen ihn als „klugen Menschen" (Homo sapiens). Er ist unser direkter Vorfahre und wird deshalb auch „Jetztmensch" genannt. Die Jetztmenschen erfanden neue Waffen: Harpunen mit Widerhaken erleichterten es, Fische zu fangen. Und mit Speerschleudern konnten die Jäger ihre Speere aus sicherer Entfernung auf die Beutetiere abwerfen.

Steckbrief

Name: Jetztmensch
(Homo sapiens)

Alter: 150 000 bis heute

Größe: etwa 1,60–1,90 m

Gewicht: etwa 50–90 kg

Wohnort: zunächst Ostafrika, dann allmählich Ausbreitung auf alle Erdteilen

Ernährung: Pflanzen und Fleisch

Kennzeichen: entwickelt alle Arten von Werkzeugen, Kleidung und Kunstgegenstände, kann sprechen und hat religiöse Vorstellungen, teilt die Arbeit mit anderen Menschen, findet Spezialisten für bestimmte Tätigkeiten

D2   Der Jetztmensch

D3   Solche Werkzeuge haben die Menschen der Eiszeit für die Jagd und im Alltag benutzt.
Rekonstruktionszeichnung

Schon gewusst?

Rentierzüchter fanden im Jahr 2007 den Körper eines **Mammutbabys**, das vor 40 000 Jahren gelebt hatte. Es erhielt den Namen Ljuba – benannt nach der Frau des Finders. Das Mammutkalb war 85 Zentimeter groß, 130 Zentimeter lang und wog 50 Kilogramm. Der Körper war tiefgefroren und ungewöhnlich gut erhalten: Sogar die Wimpern des Tieres waren noch zu erkennen.

D4   **Mammutjagd im Eis.** Rekonstruktionszeichnung

Wie passten sich die Menschen an das Klima an? Erläutere (T1–3).	Jäger haben ein Rentier erlegt. Liste auf, welche Teile sie wofür verwenden konnten (T2).

A
B ① Beschreibe D1. Welche heutigen Länder waren von Eis bedeckt? Wie veränderten sich die Küstenlinien? Wo wuchsen Pflanzen?

② Wie passten sich die Menschen an das Klima an? Erläutere und begründe, warum diese Menschen „kluge Menschen" genannt werden (T1–3).

③ Jäger haben ein Rentier erlegt. Erkläre, warum es in der Eiszeit praktisch keinen Abfall gab (T2).

④ Gestalte ein Plakat, auf dem du die Menschen der Eiszeit vorstellst (D2, D3).

④ Gestalte ein Plakat, auf dem du die Menschen der Eiszeit mit uns heute vergleichst (D2, D3).

⑤ Beurteile die Leistung des Menschen, im Eis zu überleben.

⑥ **EXTRA**
Schreibe einen Bericht über eine Mammutjagd (D4).
A
B

Die ersten Bauern

Vorderasien vor etwa 10 000 Jahren: Die Menschen hören auf, als Sammler und Jäger umherzuziehen. Stattdessen lassen sie sich an einem Ort nieder. Was geschieht dort Ungewöhnliches?

Jungsteinzeit
In Mitteleuropa begann die Jungsteinzeit um 5500 v. Chr. und endete um 2200 v. Chr. Die Menschen lebten jetzt überwiegend von Ackerbau und Viehzucht.

→neolithische Revolution

T1 Vom Sammler zum Bauern

Lange Zeit waren die Menschen von Ort zu Ort gezogen. Um sich zu ernähren, hatten sie unter anderem die Körner von wild wachsendem Getreide gesammelt und gegessen. Doch dann fanden sie heraus: Wenn man einen Teil der Körner wieder aussät, wächst aus ihnen neues Getreide. Da legten die Menschen Felder an und bauten Getreide darauf an. Dies begann in dem besonders fruchtbaren Gebiet in der Nähe der Flüsse Euphrat und Tigris (siehe D1).

T2 Menschen werden sesshaft

Die Menschen mussten die Felder mehrmals im Jahr bearbeiten. Deshalb blieben sie an einem Ort. Um im Winter genug zu essen zu haben, mussten sie Vorräte anlegen und ihr Getreide trocken lagern. Also bauten sie Häuser und gründeten Dörfer. Sie lernten auch, Tiere zu züchten. Schafe, Ziegen, Schweine und Rinder lieferten ihnen Fleisch, Milch, Felle und Wolle. Nur wenige Menschen wollten jetzt noch von Ort zu Ort ziehen.

Forscher sprechen davon, dass die Menschen „sesshaft" wurden. Aus Sammlern und Jägern wurden Ackerbauern und Viehzüchter. Das war eine so bedeutende Veränderung der Lebensweise, dass wir von einer neuen Epoche sprechen: der Jungsteinzeit. In Mitteleuropa begann die Jungsteinzeit später als in Vorderasien: Erst ab 5500 v. Chr. lebten die Menschen hier von Ackerbau und Viehzucht.

T3 Der Mensch verändert die Natur

Mitteleuropa war zu dieser Zeit von dichten Urwäldern aus Eichen und Linden bedeckt. Um dort bauen zu können, mussten die Menschen Bäume und Büsche beseitigen. Erst dann konnten sie Getreidefelder und Dörfer anlegen. Nach 15 bis 20 Jahren waren die Häuser in den Dörfern baufällig. Auch der Ackerboden war weitgehend erschöpft, sodass die Menschen in einiger Entfernung wieder Wald roden und ein neues Dorf anlegen mussten. In der Jungsteinzeit begann der Mensch, die Natur zu verändern. Diese Entwicklung hält bis heute an.

D1 Der Ackerbau breitet sich aus.
Wahrscheinlich wanderten die ersten Bauern aus Vorderasien nach Europa ein. Mit den Einwanderern gelangte auch ihre Lebensweise – Ackerbau und Viehzucht – nach Europa.

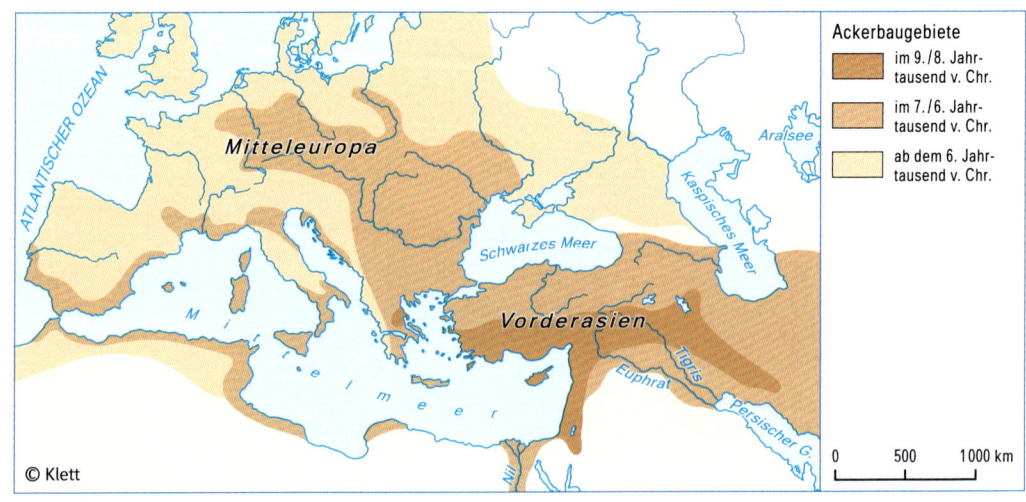

Ackerbaugebiete
- im 9./8. Jahrtausend v. Chr.
- im 7./6. Jahrtausend v. Chr.
- ab dem 6. Jahrtausend v. Chr.

© Klett

spiel
Entdeckung mit Folgen

V 08 ▷
Erklärvideo: Die Menschen werden sesshaft
Teil 2: Die Jungsteinzeit

V 09 ▷
Erklärvideo: Die Menschen werden sesshaft
gesamter Film

2

D2 **Siedlung in der Jungsteinzeit.** Die Menschen errichteten feste Häuser, in denen sie längere Zeit wohnen konnten. Dort bewahrten sie auch ihr gesamtes Hab und Gut auf. Mehrere Familien lebten in großen Häusern zusammen. Rekonstruktionszeichnung

Schon gewusst?

Schon in der Jungsteinzeit haben die Menschen **Kaugummis** benutzt. Diese wurden aus Birkenpech hergestellt und waren deshalb schwarz. Das Birkenpech hat eine beruhigende Wirkung und wurde damals vermutlich gekaut, um Schmerzen zu lindern. Am Bodensee hat man bei der Ausgrabung von Pfahlbau-Siedlungen Kaugummis gefunden, auf denen sogar noch Zahnabdrücke zu erkennen waren. Anhand der Speichelreste an den Kaugummis können Forscherinnen und Forschern viel Neues über Menschen aus der Jungsteinzeit herausfinden.

Finde heraus, wann in der Gegend, in der du heute lebst, zum ersten Mal Ackerbau betrieben wurde (D1).

Eine Jägerin trifft einen Ackerbauern. Sie unterhalten sich, wer das bessere Leben führt. Stelle das Streitgespräch dar.

A
B

1 Wie kamen die Menschen dazu, Getreide anzubauen? Fasse zusammen (T1).

2 Nenne die Gebiete, in denen sich die ersten jungsteinzeitlichen Bauern niedergelassen haben (D1).

3 Nenne die Aufgaben von sesshaften Bäuerinnen und Bauern (T2).

4 MB Wie lebten die Sammler und Jäger (S. 32/33, D1)? Wie lebten die ersten Bauern (D2)? Vergleiche beide Lebensweisen in einer Tabelle (siehe auch V08 ▷).

5 „Jäger und Sammler lebten von der Natur, die Bauern veränderten die Natur." Erläutere diese Aussage (T3).

6 „Der Übergang zur bäuerlichen Lebensweise war einer der wichtigsten Schritte in der Menschheitsgeschichte." Nimm Stellung zu diesem Urteil.

A
B

Erfindungen in der Jungsteinzeit

Wer heute ein Haus baut, hat es mit vielen Fachleuten zu tun: Die Architektin plant das Haus, der Maurer errichtet die Wände, der Elektriker verlegt die Stromleitungen. Das nennt man Arbeitsteilung. Praktiziert wurde sie schon in der Jungsteinzeit.

Arbeitsteilung
Sie begann schon in der Jungsteinzeit. Unterschiedliche Spezialisten arbeiteten als Bauern, stellten Werkzeuge her, bauten Feuerstein in Bergwerken ab oder trieben Handel.

Tauschwirtschaft
Handel zu den Zeiten, als noch nicht mit Geld bezahlt wurde. Lebensmittel und Rohstoffe wurden auf Märkten gegen andere Waren getauscht.

T1   Erfindungen erleichtern das Leben

Für ihr sesshaftes Leben entwickelten die Menschen neue Werkzeuge: Mit Steinbeilen rodeten sie ein Waldstück. Dann lockerten sie mit Hacken im Frühjahr den Boden. Im lockeren Boden konnten die ausgesäten Samenkörner am besten keimen. Das reife Getreide wurde im Sommer mit Sicheln mit Feuersteinklingen geerntet. Nach der Ernte wurde das Getreide zu Mehl gemahlen und daraus Brot gebacken. Dafür brauchte man einen Mahlstein und einen Backofen. Oder ein Teil des Getreides wurde für die nächste Aussaat aufbewahrt. Um die Vorräte trocken zu lagern, brauchten die Menschen geeignete Gefäße. Dafür töpferten sie Schalen und Krüge aus Ton. Tongefäße hatten außerdem den Vorteil, dass sie feuerfest waren. Darum wurden sie auch als Töpfe benutzt, um über dem Feuer das Essen zu kochen.

T2   Die ersten Handwerker

Die Menschen stellten das meiste selbst her, was sie zum Leben benötigten. Doch es entwickelte sich eine gewisse Arbeitsteilung: Manche konnten besonders gut Kleidung weben. Das war in Dörfern der Fall, die viel Flachs anbauten (denn aus Flachsfasern spann man Garn). Anderswo verstand man es, Steinbeile oder Klingen herzustellen. Und an Orten mit gutem Lehm und Ton fertigten die Menschen vor allem Gefäße. Indem man sich auf bestimmte Arbeiten spezialisierte, entstanden die ersten Handwerke.

T3   Handel und Tauschwirtschaft

Wer ein spezielles Produkt brauchte, besorgte es sich auf Märkten – im Tausch gegen Getreide, ein Brot oder ein Ferkel. Manchmal zogen auch Händler von Dorf zu Dorf und boten ihre Waren an.

D1   Häuser. In Unteruhldingen haben Archäologen Gebäude auf Pfählen nachgebaut, wie sie in der Jungsteinzeit und in der Bronzezeit am Bodensee ausgesehen haben.

D2 **Sichel** zum Ernten von Getreide. Die Steine stammen aus der Jungsteinzeit. Den Holzgriff haben Archäologen so nachgebaut, wie er in der Steinzeit vermutlich ausgesehen hat.

D3 **Backofen.** Archäologen haben den Backofen so nachgebaut, wie er wahrscheinlich in der Jungsteinzeit ausgesehen hat.

D4 **Steinklingen und zwei nachgebildete Steinbeile.** Sie dienten als Arbeitsgeräte, z. B. zum Bäumefällen. Die Klingen sind echt und stammen aus der Nähe von Stuttgart.

Q1 **Tongefäß** aus dem 4. Jahrtausend v. Chr. Viele Gefäße wurden mit Mustern verziert. Dabei hatte jedes Gebiet einen eigenen Stil für die Verzierungen.

D5 **Wagen.** Vor etwa 5 000 Jahren haben die Menschen das Rad erfunden. Einzelteile eines Wagens haben Archäologen im Moor gefunden und danach den Holzwagen rekonstruiert.

D6 **Webstuhl.** Stoffreste, Webgewichte aus Ton und Felszeichnungen gaben den Archäologen Hinweise darauf, wie die Menschen in der Jungsteinzeit gewebt haben. Wissenschaftler haben einen Webstuhl nachgebaut und ausprobiert – er funktioniert.

A
B

1 Lege eine Tabelle an. Liste darin wichtige Erfindungen auf und erkläre, wozu sie gebraucht wurden (T1, Q1, D2–6).

2 Beschreibe, wie die Menschen die neuen Geräte einsetzten (T1, Q1, D1–6, S. 37: D2).

2 Gestalte eine Werbeanzeige, in der du eine sensationelle Erfindung der Jungsteinzeit anpreist.

3 Entscheide dich für ein Handwerk, auf das du dich spezialisierst. Erkläre deine Arbeit an einem Tag (T2, D1 oder S. 37: D2).

3 Du bist Bäuerin oder Bauer und möchtest mit einem Handwerker Waren tauschen. Was kannst du anbieten, was brauchst du von ihm?

4 Beurteile die Bedeutung von Arbeitsteilung und Tauschwirtschaft (Vorspann, T2–3, Lexikon):
a) für die Menschen damals,
b) für uns heute.

5 **EXTRA** Fertige ein Plakat an, auf dem du die Erfindungen der Jungsteinzeit vorstellst, die im Prinzip heute noch in Gebrauch sind.

A
B

Mit Metall geht vieles besser

Stein war für lange Zeit das wichtigste Material für Werkzeuge und Waffen. Aber vor etwa 6000 Jahren entdeckten die Menschen einen neuen Werkstoff: das Metall.

Q1 Werkzeuge aus der Eisenzeit

T1 Ein neuer Werkstoff

Wahrscheinlich hatten Handwerker Kupferstücke im Geröll aufgesammelt und anschließend festgestellt, dass sie sich durch Hitze verformen und sogar schmelzen lassen. Nun suchten die Menschen in Vorderasien gezielt nach Kupfer, um es zu verarbeiten. Händler brachten dieses Wissen nach Europa. Bald darauf wurde auch hier in Bergwerken kupferhaltiges Gestein abgebaut.

T2 Besser als Stein?

Aus Kupfer stellten die Menschen Waffen, Geräte und Schmuck her. Kupfer sah schön aus, aber es verbog schnell. So wurden Kupferbeile beim Bäumefällen schon nach kurzer Zeit stumpf und mussten mühsam nachgeschärft werden. Darum benutzten die Menschen für ihre Arbeiten oft auch noch Werkzeuge aus Stein, auch wenn sie leichter zerbrachen.

Bald fanden die Menschen heraus, dass ein festerer Werkstoff entstand, wenn man zum Kupfer ein Zehntel Zinn dazugab: Bronze. Sie ließ sich in verschiedene Formen gießen – ein ideales Material für Werkzeuge und Waffen.

T3 Handwerk und Handel

Metall abzubauen und zu verarbeiten war eine komplizierte Arbeit, die spezielles Wissen erforderte. So entwickelten sich spezielle Handwerke: Bergmann, Bronzegießer oder Schmied. Sie waren Spezialisten für die Arbeit mit Metall. Gegenstände aus Metall waren wertvoll und begehrt, denn im Norden und Westen Europas gab es kaum Kupfervorkommen. Darum machten sich Händler auf den Weg, die die neuen Erzeugnisse tauschten und so in ganz Europa verbreiteten.

T4 Eisenzeit

Um 800 v. Chr. entdeckten die Menschen ein Metall, das häufiger vorkam als Kupfer und deshalb billiger war. Außerdem war es noch härter als Bronze: Eisen. Die Eisenzeit war der letzte Abschnitt der Frühgeschichte.

Q2 Die Himmelsscheibe von Nebra ist etwa 4000 Jahre alt. Die Scheibe aus Bronze mit Goldeinlagen ist die älteste Darstellung des Himmels, die wir kennen. Als die Scheibe 1999 in der Nähe von Nebra in Sachsen-Anhalt gefunden wurde, war das eine Sensation.

D1   Kupfergewinnung

1 Der Fels wird mit Feuer erhitzt. Dann wird kaltes Wasser über den Fels gegossen.
Durch die schnelle Abkühlung entstehen Risse im Gestein.

2 Mit Schlägel und Hacke lassen sich nun einzelne Felsstücke abschlagen.

3 Dann werden die Felsstücke auf einem Mahlstein zermahlen, um das Kupfererz herauszusammeln.

4 Ein Ofen aus Stein wird unten mit Holzkohle gefüllt. Darüber kommt das Kupfererz. Mit Blasebälgen wird das Feuer angefacht, bis eine Temperatur von über 1000 °C erreicht ist. So heiß muss der Ofen sein, damit das Metall schmilzt.

5 Das so gewonnene Kupfer wird noch einmal geschmolzen und in eine Form gegossen. Wenn es abkühlt, wird es hart. Dann kann man das fertige Gerät aus der Form herausnehmen.

Q4   **Bronzeräder** eines Kultwagens. Ein solcher Wagen wurde für religiöse Feiern benutzt.

Schon gewusst?

Die Kelten lebten während der Eisenzeit in Europa. Sie bestatteten angesehene Persönlichkeiten unter großen Erdhügeln. In ihrem Inneren war eine Kammer, in der die Toten mit prunkvollen Gegenständen und wertvollen Kleidungsstücken bestattet wurden. 1978 entdeckten Archäologinnen und Archäologen in Eberdingen-Hochdorf (Kreis Ludwigsburg) ein solches Grab. Die Grabbeigaben (Q3) kann man heute im Landesmuseum in Stuttgart bestaunen. In Eberdingen-Hochdorf wurde ein Museum gebaut mit einer originalgetreuen Nachbildung des **keltischen Fürstengrabes**.

Q3   **Grabbeigaben aus dem Fürstengrab von Hochdorf.** Der Tote wurde mit Halsreif, Schuhen, Gewandspangen, Reiterfiguren und Dolch (alles aus Gold) bestattet, außerdem mit einem Gürtelblech aus Bronze und einem Hut aus Birkenrinde. Fundstücke, ca. 530 v. Chr.

Liste auf, was die Menschen aus Metall herstellten (Q1–4, T2).

Erkläre, welche Vorteile der Werkstoff Metall für die Menschen hatte (T2, T4).

A
B

1 Versetze dich in den Mann auf den Bildern (D1). Erzähle, wie du Kupfer abbaust und daraus Geräte herstellst.

2 Liste auf, was die Menschen aus Metall herstellten und zu welchen Zwecken die verschiedenen Metalle verwendet wurden (Q1–4, T2, T4).

3 Erläutere den Fortschritt der Metallverarbeitung von Kupfer über Bronze zu Eisen (T2, T4).

4 Diskutiert, ob man mit dem Beginn der Metallzeit von einem neuen Zeitalter sprechen kann.

A
B

Vom Leben der frühen Menschen

Jäger & Sammler

Ackerbau & Viehzucht

D 03 📄
Arbeitsblatt
Wiederholung

D 04 📄
Arbeitsblatt
Wiederholung (Lösungen)

I 03 ✋
interaktive Übungen
Vom Leben der frühen Menschen

 Ich kann Fragen stellen zu Themen der Frühgeschichte, die mich besonders interessieren, z. B. . . .

 Ich kann erklären, inwiefern die Menschen der Altsteinzeit auf die Natur angewiesen waren.

Ich kann darstellen, wie sich vor etwa 7 500 Jahren die Lebensweise der Menschen in Europa änderte.

Ich kann die Lebensweise der Frühmenschen/ der ersten Bauern mit meiner eigenen vergleichen. Dabei nenne ich Gemeinsamkeiten und Unterschiede.

 Ich kann beurteilen, ob die ersten Bauern ein leichteres Leben als die Sammler und Jäger hatten.

 Ich kann erläutern, welche Bedeutung die Entdeckung des Metalls hatte.

findungen   Metallzeit

3

5000 v. Chr. bis 30 v. Chr.

Dem alten Ägypten auf der Spur

ca. 5000 v. Chr.
Menschen aus Nordafrika lassen sich im Niltal nieder.

ca. 3000 v. Chr.
Die Ägypterinnen und Ägypter entwickeln eine eigene Schrift.

ca. 2500 v. Chr.
Die Pyramiden von Gise werden gebaut.

30 v. Chr.
Kleopatra ist die letzte ägyptische Herrscherin. Ägypten wird vom Römischen Reich erobert.

1922
Der Archäologe Howard Carter entdeckt im Tal der Könige die Grabkammer des Pharaos Tutanchamun.

2007
Der Architekt Jean-Pierre Houdin veröffentlicht eine neue Theorie zum Pyramidenbau.

?

Welche Fragen könnten dem Taucher durch den Kopf gehen, als er die Statue entdeckt?

Wie lange liegt die Statue wohl schon auf dem Meeresgrund? Stelle Vermutungen an und begründe sie.

Die Statue ist eine Sphinx. Sie besteht aus einem Löwenkörper mit Menschenkopf. Hast du eine solche Sphinx schon einmal gesehen?

Der Taucher ist ein Unterwasser-Archäologe. Was erzählt ihm der Fund über das alte Ägypten?

Dem alten Ägypten auf der Spur

Warum wird das alte Ägypten eine Hochkultur genannt? Sammle Antworten, indem du die Bereiche Natur, Schrift, Gesellschaft, Baukunst und Religion im alten Ägypten untersuchst. Bearbeite das Thema frei oder folge einem der beiden Wege.

Warum mussten die Ägypter am Nil zusammenarbeiten? (S. 48/49)

Warum war der Beruf des Schreibers im alten Ägypten so wichtig? (S. 52/53)

Wie war die ägyptische Gesellschaft aufgebaut? (S. 56/57)

2 *Natur*

3 *Schrift*

4 *Gesellschaft*

Was weißt du schon über die Ägypter? Zeichne ein Bild.

A
B

1

2 Welche Bedeutung hatte der Nil für die Entstehung des Staates Ägypten? (S. 48–51)

3 Welche Bedeutung hatte die Schrift im alten Ägypten? (S. 52/53) Informiere dich über die Schriften weiterer Hochkulturen. (S. 66/67)

4 Wer stand wo in der Rangordnung der ägyptischen Gesellschaft? Und warum? (S. 56/57) Welche Bedeutung hatte der Pharao? (S. 54/55)

Hochkultur
Der Begriff wird verwendet, wenn ein Volk schon früh hoch entwickelt ist. Merkmale sind eine Schrift, eine Religion, Städte und besondere Leistungen in Kunst und Architektur. Die Menschen leben nach festen Regeln. Sie haben unterschiedliche Aufgaben und Berufe.

Material findest du auf den folgenden Seiten, du kannst aber auch in der Bücherei und im Internet suchen. **MB**

Das kannst du außerdem machen:

Warum erbauten die
Ägypter die Pyramiden?
(S. 58/59)

Warum mumifizierten die
Ägypter Tote? (S. 62/63)

5  **6**

Baukunst

Religion

7 MB A Was macht das
B alte Ägypten zu
einer Hochkultur?
Erstellt in
Gruppenarbeit
ein Plakat.

5 **6**

Wozu dienten die Pyramiden
und wie wurden sie erbaut?
(S. 58/59)

Wie stellten die Ägypter sich
den Weg ins Jenseits vor?
(S. 62/63)

... einen Reiseführer zum
alten Ägypten schreiben,

... einen Steckbrief zu einer
ägyptischen Pharaonin erstellen
(Hatschepsut, Nofretete oder Kleopatra),

... ein Referat zu dem Archäologen
Howard Carter vorbereiten,

... dich im Internet über Sportarten
und Kinderspiele im alten Ägypten
informieren. MB

Ist Ägypten ein Geschenk des Nils?

Das behauptete jedenfalls der griechische Geschichtsschreiber Herodot. Aber welche Geschenke konnte ein Fluss den Menschen im alten Ägypten machen?

D1 **Das Schaduf.** Mit diesem Gerät bewässerten die Ägypter seit ca. 1400 v.Chr. ihre Felder und Gärten. Rekonstruktionszeichnung

→ **Nilschwemme**

→ **Vorratshaltung**

→ **Kalender**

→ **Arbeitsteilung**

→ **Staat**

→ **Geometrie**

T1 Das Volk am Fluss

Fast ganz Ägypten besteht aus heißer, trockener Wüste. Für Menschen und Tiere ist es schwierig, dort zu überleben. Doch es gibt einen schmalen Streifen mit fruchtbarem Ackerland und reichlich Wasser – das Niltal (Q2). Menschen aus Nordafrika besiedelten um 5000 v.Chr. die Ufer des Nils. Sie legten Sümpfe trocken und bauten Deiche gegen Hochwasser, um Getreide, Obst und Gemüse anbauen zu können.

T2 Das Niljahr

Jedes Jahr im Sommer führte der Nil Hochwasser, wenn es in seinen Quellgebieten in Ostafrika stark geregnet hatte. Für die Menschen im Niltal war es wichtig, sich darauf vorzubereiten. Denn sie mussten z.B. ihr Vieh in Sicherheit bringen. Bald lernten die Menschen, das Hochwasser vorherzusagen: Es kam immer, nachdem der Stern Sirius zum ersten Mal am Horizont erschien. Dieser Tag war für die Ägypter der Beginn eines neuen „Niljahres". Das hatte 365 Tage. Damit hatten sie einen Kalender erfunden.

T3 Der Nil schenkt reiche Ernten

Der Nil brachte aus Ostafrika fruchtbaren schwarzen Schlamm mit. Wenn die Überschwemmung zurückging, blieb der Schlamm auf den Feldern liegen. Deshalb erwarteten die Ägypter das Wasser jedes Jahr mit großer Hoffnung. Blieb die Überschwemmung jedoch aus, war eine schlechte Ernte die Folge. Die Wasserstände des Nils bestimmten also das Leben in Ägypten.

T4 Der Nil stellt Aufgaben

Um immer genügend Wasser für die Felder zu haben, bauten die Bauern ein Bewässerungssystem aus Dämmen, Kanälen und Schöpfgefäßen wie dem Schaduf. So konnten sie Wasser auf höher gelegene Felder transportieren. Dabei erkannten die Ägypter, dass sie die vielen Aufgaben nur gemeinsam bewältigen konnten. Keiner von ihnen konnte etwa einen Kanal allein graben. Nach und nach teilten sie die Arbeit auf: War das Getreide reif, kam der Schreiber. Er führte Buch über die Ernte und legte die Steuern fest. Der oberste Scheunenverwalter kümmerte sich um die Vorratshaltung: Er ließ Getreide in Kornkammern einlagern – davon lebten die Menschen in schlechten Jahren. Ein anderer hoher Beamter überwachte die Bewässerungsanlagen und trieb Abgaben ein. Die Feldvermesser berechneten nach den Überschwemmungen die Ackerfläche und teilten dann den Bauern ihre Felder zu. So entstand im Laufe der Zeit ein Staat mit verschiedenen Berufsgruppen.

A 05 🔊)
Hörtrack
Mein Großvater, ein echter Fellache

A 06 🔊)
Hörspiel
Nisir im Kanal

V 10 ▷
Tutorial
Eine Tabelle erstellen

3

Q1 Nach einem Besuch im Niltal schrieb der griechische Geschichtsschreiber Herodot im 5. Jahrhundert v. Chr.:

Es gibt kein Volk auf der Erde, auch keinen Landstrich in Ägypten, wo die Früchte des Bodens so mühelos gewonnen werden wie hier. Sie haben nicht nötig, mit dem Pflug
5 Furchen in den Boden zu ziehen, ihn umzugraben und die anderen Feldarbeiten zu machen, mit denen die übrigen Menschen sich abmühen. Sie warten einfach ab, bis der Fluss kommt, die Äcker bewässert und
10 wieder abfließt. Dann besät jeder sein Feld und treibt die Schweine darauf, um die Saat einzustampfen, wartet ruhig die Erntezeit ab, drischt das Korn mithilfe der Schweine aus und speichert es.

Q2 Der bewässerte Uferstreifen des Nils

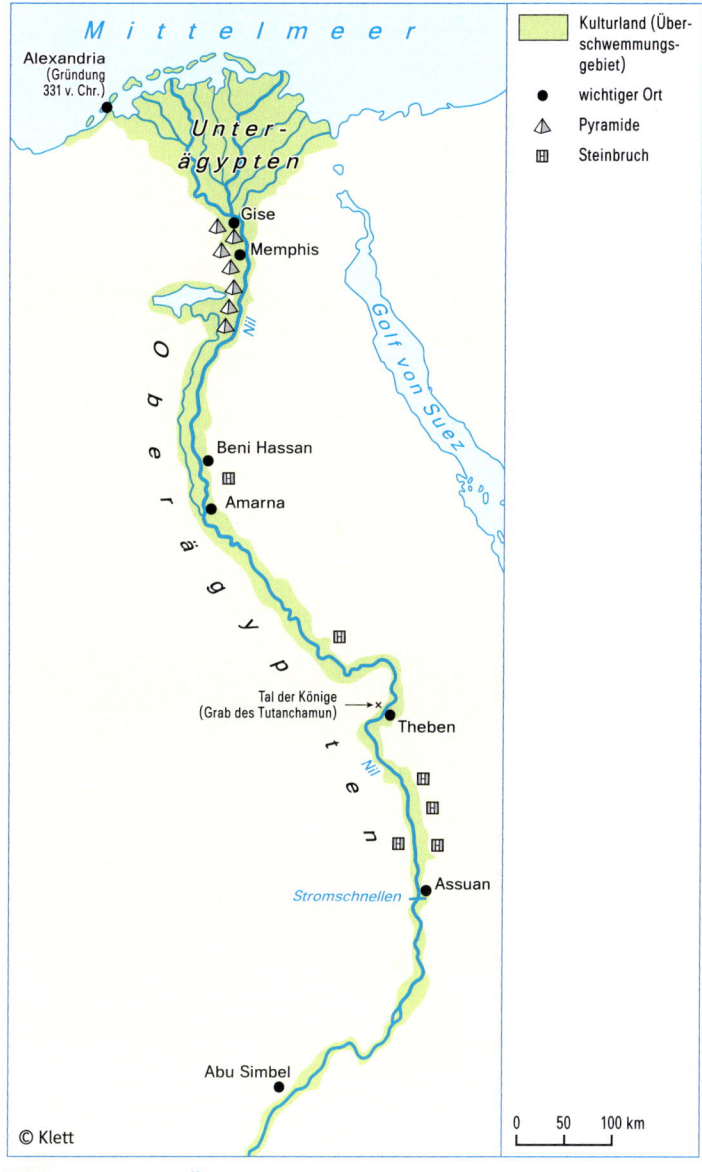

D2 Das Niltal in Ägypten

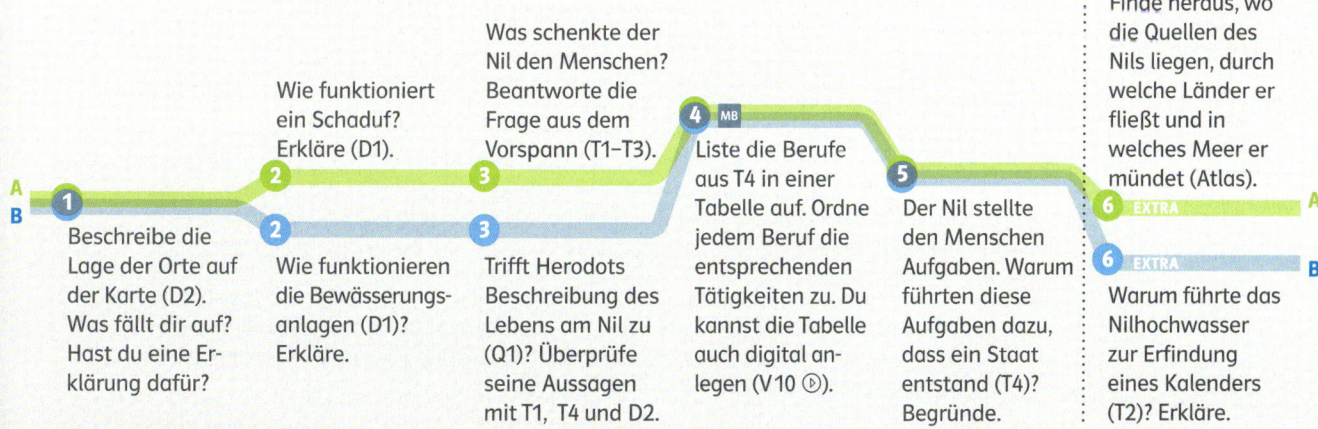

A Wie funktioniert ein Schaduf? Erkläre (D1).

Was schenkte der Nil den Menschen? Beantworte die Frage aus dem Vorspann (T1–T3).

4 MB Liste die Berufe aus T4 in einer Tabelle auf. Ordne jedem Beruf die entsprechenden Tätigkeiten zu. Du kannst die Tabelle auch digital anlegen (V 10 ▷).

Finde heraus, wo die Quellen des Nils liegen, durch welche Länder er fließt und in welches Meer er mündet (Atlas).

A 1 B Beschreibe die Lage der Orte auf der Karte (D2). Was fällt dir auf? Hast du eine Erklärung dafür?

2 Wie funktionieren die Bewässerungsanlagen (D1)? Erkläre.

3 Trifft Herodots Beschreibung des Lebens am Nil zu (Q1)? Überprüfe seine Aussagen mit T1, T4 und D2.

5 Der Nil stellte den Menschen Aufgaben. Warum führten diese Aufgaben dazu, dass ein Staat entstand (T4)? Begründe.

6 EXTRA A

6 EXTRA B Warum führte das Nilhochwasser zur Erfindung eines Kalenders (T2)? Erkläre.

Das Niljahr

D1a

D1b

Nilometer
Messgerät für den Pegelstand des Nils. Anhand der Messungen wurden die Steuern und Abgaben berechnet.

→ **Bewässerungs-system**

T1   **Der Nil bestimmt das Leben**

Die drei Computerrekonstruktionen zeigen dir, wie der Nil das Leben der Menschen im Verlauf eines Jahres bestimmte. Das Niljahr lässt sich in drei Phasen einteilen: Die Zeit der Überschwemmung („Achet") begann Mitte Juli und endete Mitte November. Darauf folgte die Zeit der Aussaat („Peret") von Mitte November bis Mitte März. „Schemu", die Zeit der Trockenheit und der Ernte, schloss sich von Mitte März bis Mitte Juli an.

Schon gewusst?

Um sich vorzustellen, wie Menschen in früheren Zeiten gelebt haben, arbeiten Archäologen oft mit **Computerrekonstruktionen** (Rekonstruktion = Nachbildung). Archäologen oder Historiker liefern die wissenschaftlichen Erkenntnisse; Architekten oder Handwerker helfen mit ihrem Fachwissen zu Gebäuden oder Werkzeugen. Programmierer erstellen aus diesen Informationen eine Animation oder einen Film. Gebäude können am Computer „wiederaufgebaut" oder das Leben auf einer Burg nachgestellt werden. Auch Bewegungen lassen sich nachbilden, um zu zeigen, wie Werkzeuge, Maschinen oder Fahrzeuge funktioniert haben. Computerrekonstruktionen sind Darstellungen von Geschichte (in diesem Buch mit **D** gekennzeichnet). Nicht immer lässt sich erkennen, was Forscher über das Thema sicher wissen, was sie vermuten oder was nur der Ausschmückung dient. Die Computerrekonstruktionen zum Niljahr (D1) und zu den Pyramiden (S. 58–61) wurden extra für dieses Schulbuch angefertigt. **MB**

D1c

D1 **Phasen eines Niljahres.** Computerrekonstruktion MB

Ordne die Begriffe
Achet, Peret und
Schemu den Computer-
rekonstruktionen
D1a–c zu.

Die Ägypter nannten
ihr Land „kehmet" –
schwarzes Land. Hast
du eine Erklärung
dafür?

A
B

1 MB   **2**   **3**   **4**   **5**
     2   **3**

A
B

1 Beschreibe die drei
Phasen des Niljahres
mithilfe von D1a–c
möglichst genau
(I04 ✋).

2 Ordne den Ziffern 1–7
in D1a–c folgende
Begriffe zu: Gärten,
Nilometer, Bewässe-
rungsgräben,
Schaduf, Getreide,
archimedische
Schraube, Wohn-
häuser.

3 In einem Lobgesang
auf den Nil hieß es:
„Wenn er faul ist,
dann werden die
Nasen verstopft, und
jedermann verarmt.
Wenn er habgierig
ist, ist das ganze
Land krank." Erkläre.

4 Erkläre mithilfe von
D1a–c, warum der Nil
für die Ägypter eine
so große Bedeutung
hatte.

5 Der griechische
Geschichtsschreiber
Herodot bezeichnete
Ägypten als ein
„Geschenk des Nils".
Teilst du seine
Einschätzung?
Begründe deine
Meinung.

Schule, Schrift und Schreiber

Wer heute auf die Frage nach seinem Beruf antwortet, er sei „Schreiber", würde wahrscheinlich ausgelacht. Nicht so im alten Ägypten: Menschen, die schreiben konnten, waren im ganzen Land besonders anerkannt. Darum will auch Phiops Schreiber werden.

Hieroglyphen
Diese Schriftzeichen entwickelten die Ägypter seit ca. 3000 v.Chr. Der Name Hieroglyphen („heilige Zeichen") stammt von den Griechen. Sie fanden die ägyptischen Schriftzeichen an Tempeln, konnten sie aber nicht lesen.

Papyrus
Schreibmaterial, das aus der Papyruspflanze hergestellt wurde. Sie wuchs am Nilufer. Unser Wort „Papier" geht auf diese Pflanze zurück.

→ **Schrift**

→ **Kultur**

T1 Phiops muss in die Schule

An einem Sommertag im Jahr 1250 v.Chr. segelt Phiops mit seinem Vater Duauf auf dem Nil nach Süden. Sie reisen nach Theben. Dort soll Phiops in eine Schule am Tempel gehen und zum Schreiber ausgebildet werden. Phiops ist acht Jahre alt. Natürlich ist er nicht davon begeistert, für einige Jahre von zu Hause weg zu sein. Doch er weiß, dass sich die harte Zeit lohnen wird: Schreiber sind in Ägypten sehr angesehen.

T2 Eine Schrift wird notwendig

Die Ägypter brauchten Schreiber, um wichtige Dinge aufzuschreiben: Listen über Vorräte und Abgaben der Bauern, Berichte von Beamten, Aufträge und Befehle. Die ägyptischen Schreiber entwickelten hierfür besondere Zeichen: die Hieroglyphen. Sie erfanden eine eigene Schrift. Auch deshalb nennen wir das alte Ägypten heute eine Hochkultur.

T3 In die Schule darf jeder

Kehren wir zurück zu Phiops. Der Vater erklärt ihm, dass es neben den Hieroglyphen auch eine einfachere Schrift für den täglichen Gebrauch gibt. Für sie verwendet man als Schreibmaterial den Papyrus. Immer wieder fragt Phiops, was ihn in der Schule erwartet. Dort wird er Mitschüler aus allen Gruppen der Bevölkerung treffen. Mädchen wird er nur selten sehen. Sein Vater kennt aber Frauen, die als Beamtinnen, Ärztinnen und Priesterinnen das Schreiben beherrschen. In die Schreiberschule zu gehen, ist jedem gestattet. Der Vater berichtet von einem Priester, der arm gewesen war. Dank seiner Klugheit wurde er aber in die Schule aufgenommen und stieg zum „Dolmetscher für jedes Ausland" auf.

T4 Schläge und Gehorchen

Der Vater erzählt Phiops außerdem, dass er auch Mathematik, Bildhauerei, Malerei, Geographie und Sport zu lernen habe. Nicht alles verrät er seinem Sohn. Denn er weiß, dass die Lehrer strengen Gehorsam verlangen und die Schüler oft schlagen.

Übrigens: Phiops und seinen Vater hat es wirklich gegeben. Das wissen wir aus einem alten Brief, der bis heute erhalten ist (siehe Q1).

D1 Ägyptische Beamte begutachten das Vieh.
Die Schreiber zählen die Tiere und erfassen sie in Listen.

Q1   Ein Vater schreibt seinem Sohn Phiops, der Schreiber werden soll (um 1250 v. Chr.):

Ich lasse dich die Schriften mehr lieben als deine Mutter. Ich führe dir die Schönheit vor Augen; sie ist größer als die aller anderen Berufe.

5 Kaum ist ein Schriftkundiger herangewachsen, wird man ihn grüßen. Der Steinmetz graviert mit dem Meißel in allerlei harten Steinen. Hat er die Arbeit vollendet, so versagen ihm seine Arme und er ist müde.

10 Der Töpfer steckt in seinem Lehm; der beschmiert ihn mehr als ein Schwein. Wenn der Weber den Tag vollbracht hat ohne zu weben, wird er mit 50 Peitschenhieben geschlagen. Siehe, es gibt keinen Beruf, in dem

15 einem nicht befohlen wird, außer dem des Schreibers; da ist er es, der befiehlt. Wenn du schreiben kannst, wird dir das mehr Nutzen bringen als alle Berufe, die ich dir genannt habe.

Q2   Schultag eines Jungen (ca. 1200 v. Chr.):

Mit einem „Wach auf, an deinen Platz!" wird der Junge geweckt. „Die Bücher liegen schon vor deinen Kameraden. Bring deine Kleider in Ordnung (der Junge schläft in seiner

5 Kleidung) und zieh die Sandalen richtig an!", so fing der Tag an. Dann hieß es: „Du legst deine Aufgaben täglich ordnungsgemäß vor. Sei nicht faul! Man gibt auf: 3 + 3 (…). Dann fängst du an ein Buch zu lesen, rechnest und

10 bist dabei still. Lass keinen Laut aus deinem Mund hören! Schreibe mit deiner Hand und lies mit deinem Mund! Faulenze nie oder wehe deinen Gliedern! Suche zu verstehen, was dein Lehrer will, höre auf seine

15 Mahnungen; werde ein Schreiber!"

Dolmetscher
eine Person, die von einer Sprache in eine andere Sprache übersetzt

Dem französischen Sprachforscher Jean-François Champollion gelang es 1822, die ägyptischen **Schriftzeichen** zu entziffern. Er entdeckte auf einem Stein aus dem Niltal einen Text, der in Hieroglyphen und Griechisch gleich lautend geschrieben war. Champollion ging vom bekannten Text in Griechisch aus, entdeckte dort den Namen des Königs Ptolemaios und fand ihn im Hieroglyphentext wieder – der Schlüssel zur Lösung des Rätsels war gefunden.

D2   Beispiele für Hieroglyphen.
Nachzeichnung

---

2 Gib wieder: Wie gelang es, die Hieroglyphen zu entziffern (Schon gewusst?)?

4 Liste die Nachteile der anderen Berufe auf, die der Vater seinem Sohn nennt (Q1).

A / B

1 MB Warum wurde im alten Ägypten eine Schrift notwendig? Fasse zusammen (T2, D1).

2 Finde heraus, wer den ägyptischen Schriftzeichen ihren Namen gab, was der Name bedeutet und wie die Schriftzeichen entziffert wurden (Lexikon, Schon gewusst?).

3 Beschreibe den Alltag in der Schreiberschule. Vergleiche ihn mit Schule heute (T3–4, Q2).

4 „Kaum ist ein Schriftkundiger herangewachsen, wird man ihn grüßen." Erläutere, was der Vater damit meint (Q1).

5 Hättest du dich in Ägypten zum Schreiber ausbilden lassen oder lieber nicht? Nimm Stellung.

6 EXTRA Informiere dich über die Schriften weiterer Hochkulturen (S. 66/67).

Der Pharao – Gott und König

Gise im Jahr 2457 v.Chr.: Der Bauer Menes sitzt mit seiner Enkeltochter Taheb in einer kleinen Lehmhütte am Rande der Stadt. Taheb muss immer an ihren Vater denken, den sie schon lange nicht mehr gesehen hat.

→ **Pharao**

→ **Herrschaft**

→ **Monarchie**

→ **Religion**

T1   „Unser Gottkönig"

Taheb: „Weißt du, wann mein Vater endlich zurückkehren wird? Er ist doch schon über zwei Monate fort."

Menes: „In der Regenzeit gibt es für deinen Vater hier bei uns keine Arbeit, denn alle Felder sind überschwemmt. Er muss deshalb beim Bau der Pyramide mithelfen. Die Grabstätte unseres Pharaos soll noch in diesem Jahr fertig werden."

Taheb: „Alle reden über den Pharao, dabei habe ich ihn noch nie gesehen. Außerdem verstehe ich nicht, warum ein einzelner Mensch ein so riesiges Grab benötigt."

Menes: „Der Pharao ist kein normaler Mensch, er ist unser König und unser Gott."

Taheb: „Der Pharao ist ein Gott?"

Menes: „Er ist der Sohn des Sonnengottes und unser Oberster Priester. Durch ihn sprechen die Götter zu uns. Deshalb kann der Pharao auch niemals einen Fehler machen. Nach seinem Tod wird er dann selbst ein Gott. Vom Totenreich aus schaut er auf Ägypten und beschützt seine ehemaligen Untertanen."

Taheb: „Und wozu dient die Pyramide?"

Menes: „Sie soll seinen toten Körper schützen, den er zum Weiterleben im Totenreich braucht."

Taheb: „Aber warum muss mein Vater beim Bau der Pyramide mithelfen?"

Menes: „Nun, der Pharao ist unser König. Du und ich und alle anderen Menschen in Ägypten gehören ihm. Auch das ganze Land ist sein Eigentum. Deshalb müssen die Befehle des Pharaos immer befolgt werden."

Taheb: „Niemand darf einem König widersprechen?"

Menes: „Niemand. Der König bestimmt alle Gesetze und entscheidet als höchster Richter über Leben und Tod seiner Untertanen. Wenn gegen ein anderes Land Krieg geführt wird, ist er Oberster Heerführer."

Taheb: „Der Pharao ist unser König, der Pharao ist unser Gott. Das ist mir zu schwierig. Ich werde ihn nur noch Gottkönig nennen!"

Q1   **Eingeweidesarg des Tutanchamun**, 14. Jahrhundert v.Chr., in dem seine Organe bestattet wurden. Geier und Kobra auf der Stirn waren Zeichen seiner Herrschaft. Krummstab und Geißel, eine Art Peitsche, waren Symbole für Macht und verliehen Kraft und Schutz. Der umgebundene Bart und das Kopftuch waren ebenfalls Kennzeichen der Macht.

Q2 Pharao Meri-Ka-Rê schrieb um 2150 v. Chr. folgende Ratschläge an seinen Sohn:

Sei geschickt im Reden, damit du die Oberhand behältst; Reden ist erfolgreicher als Kämpfen. Ahme deine Väter nach, die vor dir gestorben sind. Sei nicht böse; freundlich sein
5 ist gut. Zeige dich deinem Land gütig, man preist deine Güte und betet für deine Gesundheit. Mache deine Beamten vermögend, damit sie nach deinen Gesetzen handeln. Wer reich ist, ist nicht parteiisch. Sag die Wahrheit in
10 deinem Hause, dann haben die Großen vor dir Respekt. Tu du als Pharao das Rechte, quäle keine Witwe. Hüte dich davor, ungerechterweise zu strafen. Mache keinen Unterschied zwischen dem Sohn eines Vornehmen
15 und dem niedriger Herkunft; hole dir einen Mann wegen seiner Fähigkeiten.

D1 Die Götterwelt der Ägypter

Für die Ägypter war alles, was auf der Erde geschah oder am Himmel zu sehen war, ein Werk der Götter. Auf Bildern sind diese Gottheiten häufig als Menschen mit Tierköpfen
5 oder sogar nur als Tiere dargestellt. Die Ägypter verehrten auf diese Weise die besonderen Fähigkeiten der Tiere, beispielsweise das scharfe Auge des Falken. Die Götterwelt war von der Welt der Menschen streng ge-
10 trennt. Die einzige Verbindung zwischen Göttern und Menschen war der Pharao.

→ **Götterwelt**

→ **Polytheismus**

Q3 **Anubis** beschützt die Toten. Vielleicht stellten ihn die Ägypter als Schakal dar, weil Schakale häufig auf Friedhöfen nach Knochen suchten. Skulptur, um 1337 v. Chr.

Q4 **Horus** ist der Himmels- und Königsgott. Oft wird er als Falke abgebildet, weil Falken hoch am Himmel fliegen. Auf dieser Darstellung schmückt die Sonnenscheibe seinen Kopf. Skulptur, um 1337 v. Chr.

Q5 **Thot**, Gott der Weisheit und der Schreibkunst, wird mit dem Kopf eines Ibis oder eines Affen dargestellt. Skulptur, um 600 v. Chr.

Zeichne eine Göttin:
• Bastet, Göttin der Freude/Liebe (Katzenkopf)
• Toeris, Göttin der Schwangeren (Pferd)
• Sachmet, Göttin von Krieg/ Krankheit (Löwenkopf)

Trage mithilfe von Q3 bis Q5 in eine Tabelle ein:
• Name des Gottes
• Gestalt
• verehrt als …

Warum haben die Ägypter viele Götter als Tiere oder mit Tierköpfen dargestellt (D1, Q3–5)? Erkläre.

A
B

1 Beschreibe Q1. Was sagt der Sarg über die Bedeutung des Pharaos im alten Ägypten aus?

2 Erstelle eine Tabelle zu T1. Trage alle Textstellen ein, in denen der Pharao
• als Gott beschrieben wird (links)
• als König beschrieben wird (rechts).

3 Trage mithilfe von Q3 bis Q5 in eine Tabelle ein

3 Liste alle Ratschläge des Pharaos auf (Q2).

4 Warum haben die Ägypter viele Götter...

4 Sollte der Sohn die Ratschläge seines Vaters aus Q2 befolgen? Beurteile.

5 Welche Eigenschaften müsste ein gerechter Herrscher haben? Begründe deine Meinung.

5

6
A
B
Die Ägypter verehrten den Pharao als Gott und König. Wäre so viel Macht in den Händen einer Person heute wünschenswert? Diskutiert.

Ein Schaubild verstehen

Ein Schaubild soll Informationen aus der Geschichte übersichtlich darstellen. Hier zeigen wir dir, wie du es richtig lesen und ihm wichtige Informationen entnehmen kannst.

Hierarchie
Jeder Mensch nahm in seiner Gesellschaft einen Platz ein. Oft gab es dafür feste Regeln. Der Platz konnte abhängen von der Stellung der Eltern, vom Vermögen, von der Bildung oder vom Geschlecht. So entstand eine Rangordnung. Die Griechen nannten sie „Hierarchie" (heilige Ordnung).

→ **Gesellschaft**

Der Aufbau der ägyptischen Gesellschaft
Die Menschen am Nil mussten viele Aufgaben gemeinsam erledigen. Dafür gab es feste Regeln. Und es gab Personen, die darauf achteten, dass sich alle an die Regeln halten. So entstand eine Gesellschaft mit verschiedenen Berufen.

Doch nicht alle Berufe hatten das gleiche Ansehen.
Das Schaubild informiert dich über die Hierarchie in der ägyptischen Gesellschaft: Wer stand wo in der Rangordnung? Und welche Rechte und Pflichten waren damit verbunden?

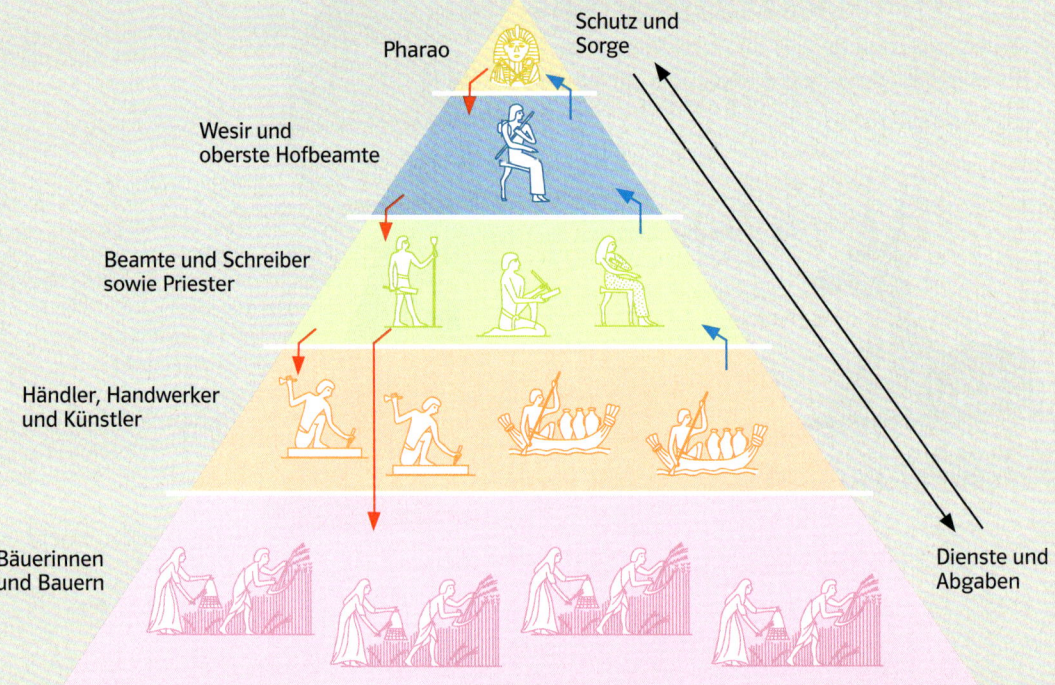

Pharao — Schutz und Sorge

Wesir und oberste Hofbeamte

Beamte und Schreiber sowie Priester

Händler, Handwerker und Künstler

Bäuerinnen und Bauern — Dienste und Abgaben

befehlen und überwachen

berichten und beraten

D1 **Die ägyptische Gesellschaft** um 2200 v. Chr. Schaubild MB

D2 Mein Vater fährt für den Pharao und seine Beamten und Priester mit dem Boot in ferne Länder. Er bringt Gold, Edelsteine, Weihrauch, Parfüm und Gewürze mit. Die wertvolleren Waren gehören natürlich dem Pharao. Den Rest verkauft meine Mutter auf dem Markt. Bald darf ich mit meinem Vater mitfahren.

D3 Mein Vater ist sehr geachtet und wichtig für den Pharao. Sein Vorgesetzter ist der Wesir. Mein Vater kann lesen und schreiben, er treibt Steuern ein, kontrolliert die Arbeit der Bauern und notiert den Bestand an Vieh und Getreide. Bei guter Arbeit kann er in der Beamtenlaufbahn aufsteigen. Wir leben sehr angenehm. Nach zwölf Jahren Schreiberschule kann auch ich den Beruf meines Vaters ausüben.

I05 ✋
interaktives Schaubild
Die ägyptische Gesellschaft um 2200 v. Chr.

D4 Mein mächtiger Vater sorgt dafür, dass die Befehle des Pharaos ausgeführt werden. Er legt Steuern fest und schlichtet Streit. Der Pharao sucht vor wichtigen Entscheidungen Rat bei meinem Vater. Ich werde im Palast von einem eigenen Lehrer unterrichtet, weil ich sein Nachfolger werden soll.

Ein Schaubild verstehen

Beschreiben

1 Welches Thema behandelt das Schaubild? Die Bildunterschrift hilft dir weiter.

2 Welche Angaben zu Ort und Zeit werden gemacht?

Untersuchen

3 Welche Bestandteile enthält das Schaubild (z. B. Kästchen, Pfeile, Farben, Begriffe) und was bedeuten sie?

4 Welchen Zusammenhang zwischen dem Thema und der Form des Schaubildes gibt es?

Deuten

5 Was ist die Aussage des Schaubildes?

D5 Meine Eltern haben großen Einfluss. Sie beraten sogar den Pharao. Sie sorgen dafür, dass die Götter in richtiger Weise verehrt werden. Wenn der Pharao stirbt, bereiten sie ihn für die Fahrt ins Totenreich vor. Ich lerne im Lebenshaus alle heiligen Handlungen, Gebete und geheimen Künste, weil ich später dieses Amt selber ausüben werde.

D6 Unsere ganze Familie bestellt die Äcker des Pharaos. Unser Dorf muss den größten Teil der Ernte bei den Beamten des Pharaos abliefern. Für uns bleibt nur wenig zum Leben. Wer seine Abgaben nicht entrichtet, wird in die Kupferbergwerke geschickt. Bei Hochwasser arbeitet mein Vater im Auftrag der Beamten auf der Pyramidenbaustelle.

D7 Meine Mutter stellt Parfüm her. Duftstoffe sind begehrt. Wir leben ganz gut, obwohl wir einen Teil des Parfüms als Steuer an die Schreiber abgeben müssen. Den Rest tauschen wir gegen Brot, Bier und manchmal Fleisch ein. Für eine Schreiberlehre reicht es aber nicht.

Lass jede Figur berichten, was sie zum Wohl der ägyptischen Gesellschaft beiträgt (D2–7).

Zu welcher Personengruppe in Ägypten hättet ihr gern gehört, zu welcher nicht (D1–7)? Diskutiert.

A
B

1 Arbeite heraus, welche Personen und Berufe vorgestellt werden (D2–7). Ordne sie anschließend in das Schaubild (D1) ein.

2 Vergleiche das Leben der Familien in D4 und D7. Erstelle dazu eine Tabelle mit den Spalten: „Besitz", „Bildung" sowie „Rechte und Pflichten".

3 „Die Bauern standen in der Hierarchie zwar unten, dennoch sind sie für den ägyptischen Staat sehr wichtig." Nimm Stellung zu diesem Satz (D1, D6).

4

4 Diskutiert die Vor- und Nachteile von Hierarchien.

5 Erkläre das Schaubild D1 mithilfe der methodischen Arbeitsschritte (Kasten).

6 **EXTRA**

Erkundige dich nach heutigen Hierarchien, z.B. am Arbeitsplatz deines Vaters oder deiner Mutter oder einer anderen Person, die du kennst. Fertige dazu ein Schaubild an.

A
B

Das Geheimnis der Pyramiden

Die geheimnisvollen Pyramiden faszinieren die Menschen bis heute. Warum nahmen die Ägypter die Mühen auf sich, solch riesige Bauwerke zu schaffen? Und welche Technik wandten sie an?

D1 **Die Pyramiden der Herrscher Mykerinos, Chephren und Cheops** (von links nach rechts). Sie wurden zwischen 2510 und 2457 v. Chr. erbaut. Die Rekonstruktion bildet auch einige spätere Bauten mit ab (I 06 👆). **MB**

→ **Pyramide**

T1 Pyramiden – Häuser für die Ewigkeit

Die Ägypter glaubten, dass sie nach ihrem Tod im Jenseits weiterlebten. Das galt natürlich auch für den Pharao. Für die Ägypter war es daher selbstverständlich, dass er für sein Leben im Totenreich bestens ausgestattet sein musste. Dazu gehörte auch eine gewaltige Grabanlage – eine Pyramide. Im Innern der Pyramide befanden sich die Grabkammern. Dem Toten legten sie Speisen, Kleider, Möbel, Schmuck, Geschirr, Waffen und sogar Spiele zum Zeitvertreib mit ins Grab.

T2 Die Cheops-Pyramide

Die größte Pyramide wurde für den Pharao Cheops gebaut. Sie ist mehr als 146 Meter hoch, eine Seite ist 230 Meter lang. Zum Bau benötigte man ca. 2,5 Millionen Steinblöcke, von denen jeder 2,5 Tonnen wog. Ungefähr 20 Jahre lang waren tausende Ziegelmacher, Maurer, Zimmerleute, Bildhauer, Maler und Steinmetze beschäftigt. Die Bauern mussten die Steine in den Wochen transportieren, in denen sie wegen des Hochwassers nicht auf ihren Feldern arbeiten konnten. Die Arbeit der Pyramidenbauer war hart und ihr Leben kurz. Aber sie wurden für ihre Tätigkeit geachtet und nahmen die Mühen auf sich, weil sie den Pharao verehrten.

Schon gewusst?

Bis heute ist es ein **Rätsel, wie die Steine auf die Pyramiden kamen**. Archäologen vermuten, dass Rampen angelegt wurden, auf denen Arbeiter die Steinblöcke mit Schlitten herbeischafften. Der Architekt Jean-Pierre Houdin geht von einem zweistufigen Bau der Cheops-Pyramide aus. Baustufe 1: Die Ägypter sollen für die ersten 43 Meter der Pyramide eine Außenrampe genutzt haben (unten links). Baustufe 2: Die weiteren 103 Meter nach oben wurden dann durch eine innere Rampe ermöglicht (rechts). Die Steinblöcke wurden demnach über leicht ansteigende Gänge innerhalb der Pyramide nach oben geschleppt. An den Endpunkten jedes Ganges sei die Pyramide nach außen offen gewesen. Dort habe man die Blöcke gedreht, um sie anschließend im nächsten Gang weiter nach oben zu befördern. Diese Theorie würde erklären, warum an der Pyramide keine Reste einer Rampe zu finden sind: Ihr Material wurde komplett zum weiteren Bau der Pyramide selbst verwendet.

D2 **Theorie vom zweistufigen Pyramidenbau.** Computerrekonstruktion

Q1 **Herodot um 450 v. Chr. über den Bau der Cheops-Pyramide:**

(Cheops) zwang alle Ägypter für ihn zu arbeiten. Die einen mussten Steinblöcke aus den Steinbrüchen im arabischen Gebirge bis an den Nil schleifen. Über den Strom wurden sie
5 auf Schiffe gesetzt. Andere mussten die Steine weiterziehen (…). So wurde das Volk bedrückt.
Es dauerte 10 Jahre, ehe nur die Straße gebaut war, auf der die Steine dahergeschleift wurden.
10 Dieses Werk finde ich fast ebenso gewaltig wie den Bau der Pyramide selber. Denn die Straße ist 890 m lang, 18 m breit, an der höchsten Stelle 14 m hoch und aus geglätteten Steinen hergestellt.

A
B

2 Gib wieder, wie Herodot sich den Transport der Materialien zur Pyramide vorstellte (Q1).

3 „Cheops zwang alle Ägypter, für ihn zu arbeiten." Überprüfe Herodots Aussage (Q1) mithilfe von T2.

4 Pyramiden = Häuser für die Ewigkeit. Was ist mit dieser Überschrift gemeint (T1)? Erkläre.

5 EXTRA Pyramiden gehören zu den „Sieben Weltwundern". Informiere dich über die anderen sechs.

A
B

1 Stelle die wichtigsten Daten zur Cheops-Pyramide zusammen (T2, D1).

2 Wie schilderte Herodot den Bau der Pyramiden (Q1)? Gib wieder und prüfe, wie verlässlich seine Angaben sind.

3 Erläutere die Theorie vom zweistufigen Bau der Cheops-Pyramide (Schon gewusst?, D2).

Im Innern der Cheops-Pyramide

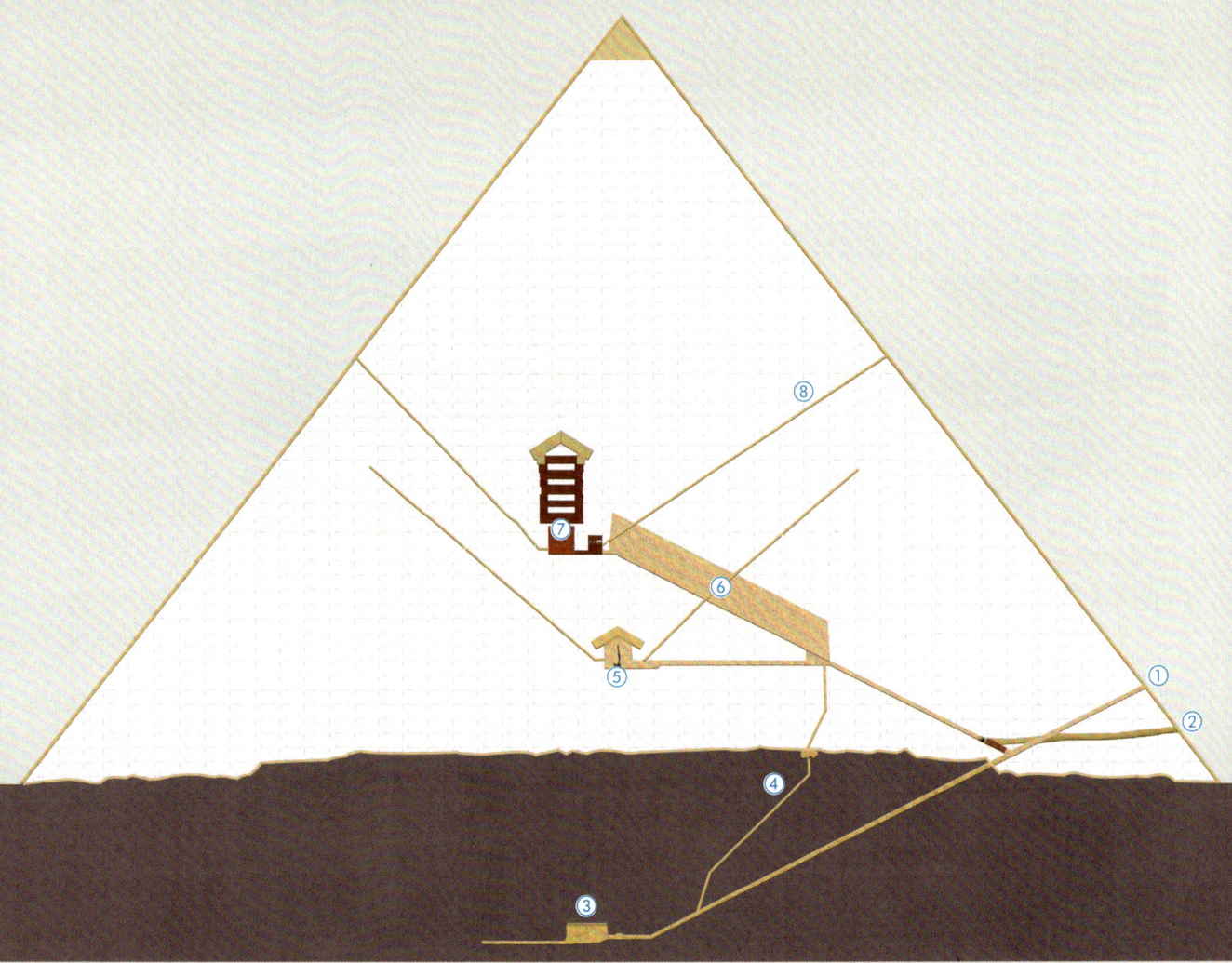

D1   **Querschnitt durch die Cheops-Pyramide.** Computerrekonstruktion (I06 ✋). **MB**
① ursprünglicher Eingang, ② heutiger Eingang und „Grabräubertunnel", ③ Felsenkammer, ④ Verbindungsgang, möglicherweise von Grabräubern angelegt, ⑤ Königinnenkammer (der Name ist irreführend, eine Königin wurde hier nie bestattet), ⑥ Große Galerie, ⑦ Königskammer, ⑧ Schächte (Zweck unklar). Nähere Infos findest du in der Animation (I06 ✋).

T1   **Hinein „ins Herz" der Pyramide**

Besucherinnen und Besucher betreten die Pyramide heute durch den „Grabräubertunnel" (Q1). Nach knapp 30 Metern trifft er auf ein Gangsystem. Durch den absteigenden Gang erreicht man eine Felsenkammer, der aufsteigende Gang führt ins Innere, „ins Herz" der Pyramide hinein. Er mündet in die Große Galerie – einen Raum, der durch seine Länge und Höhe beeindruckt. Über die Große Galerie wurden möglicherweise große Steine transportiert. Dahinter liegt die Königskammer. Hier steht noch heute ein Sarkophag (Q3). Die Ägypter haben den Raum nachträglich um den Sarkophag herumgebaut, denn er passt nicht durch die Tür. Ein Rätsel aber bleibt bis heute ungelöst: Wurde Cheops überhaupt in seiner Pyramide bestattet? Forscherinnen und Forscher vermuten dies, aber weder der Leichnam noch die Grabbeigaben wurden jemals gefunden.

Q2   Gang in der Cheops-Pyramide. Die Gänge sind teilweise nur 1,20 Meter hoch und einen Meter breit.

Q1   Früherer und heutiger Eingang in die Cheops-Pyramide. Die Erbauer versteckten den ursprünglichen Eingang (oben) hinter einer Schicht aus Steinen. Grabräuber konnten sie damit trotzdem nicht abhalten: Sie schlugen einige Meter tiefer einen Gang in die Steine. Der „Grabräubertunnel" wird heute als Eingang benutzt.

Q3   Königskammer. Hier steht heute nur noch ein Sarkophag aus rotem Granit.

Die Pyramiden faszinieren die Menschen bis heute. Schreibe auf, was dich an ihnen besonders interessiert.

Wie haben die Erbauer versucht, ihre Pyramide vor Grabräubern zu schützen? Erkläre (Q1).

A
B

1 Zeige, wo sich die in T1 farbig gedruckten Begriffe in D1 befinden.

2 Die Pyramiden geben Forschern bis heute Rätsel auf. Schreibe auf, welche Fragen die Forscher haben könnten.

3

3 Wurde Cheops in seiner Pyramide bestattet? Stelle gegenüber, was dafür und was dagegen spricht.

4 MB Berichte als Reporter/in für einen Radiosender live aus dem „Herzen" der Cheops-Pyramide. Nutze die Animation (I06 ☝).

5 Was sagt die Cheops-Pyramide über die Baukunst der Ägypter aus? Beurteile.

6 EXTRA MB Suche im Internet nach Gebäuden mit einer ähnlichen Höhe (ca. 140 Meter) oder Länge (230 Meter).

Der Weg ins Jenseits

Mumien kennst du vielleicht aus Gruselgeschichten. Im alten Ägypten wurden tatsächlich Verstorbene mumifiziert, d. h. ihr Leichnam wurde einbalsamiert in den Sarg gelegt. Warum taten die Ägypter das?

→ **Mumie**

→ **Totenkult**

T1 Mumien – Körper für die Ewigkeit

Forscherinnen und Forscher haben in den letzten 200 Jahren nicht nur in Pyramiden, sondern auch in einfachen Gräbern einbalsamierte Körper gefunden. Die Ägypter haben mit großem Aufwand die Körper von verstorbenen Menschen und Tieren haltbar gemacht. Damit waren sie vor Verwesung geschützt. Diese sogenannten Mumien legten sie in Särge – manche waren aus edlem Holz, andere sogar aus Gold gefertigt. Die Ägypter waren überzeugt, dass es ein Weiterleben nach dem Tod gab. Damit die Seele des Verstorbenen in den Körper zurückkehren konnte, musste er erhalten bleiben. Für einen Pharao kam deshalb nur ein Mumien-Begräbnis infrage. Anders sah es bei den Toten der armen Leute aus: Sie wurden nur in Binsenmatten gewickelt und in der Erde verscharrt.

T2 Das Begräbnis

Die Mumie wurde in einen Sarg gelegt und in einem Trauerzug zum Nil getragen. Ein Boot fuhr ihn dann zum Westufer zur Stadt der Toten. Hier wurde der Sarg ins Grab gelassen. Jetzt stand der Tote auf der Schwelle zum Jenseits. Bevor er es aber betreten durfte, musste er sich vor dem Totengericht verantworten.

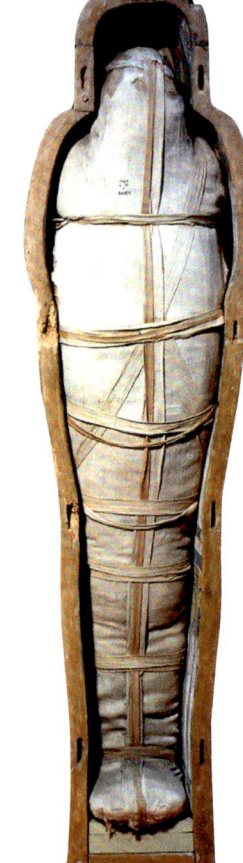

Schon gewusst?

Die Vorbereitungen einer **Mumifizierung** dauerte bis zu 70 Tagen. Dem Verstorbenen wurden alle Organe mit Ausnahme des Herzens aus dem Körper genommen und in besonderen Gefäßen einzeln einbalsamiert. Die Ägypter rieben das Innere des Leichnams mit Natronsalz ein. Das Salz entzog dem toten Körper das Wasser. Nur so konnte er vor dem Verwesen bewahrt werden. In einem weiteren Schritt füllten sie den Körper mit duftendem Harz. Nach etwa 40 Tagen war der Leichnam ausgetrocknet. Die Ägypter stopften dann Füllmaterial (z. B. Papyrus) in den Körper, damit der Tote wieder die natürliche Form erhielt. Zum Schluss wurde er mit langen Leinenstreifen umwickelt.

D1 Mumifizierung. Rekonstruktionszeichnung

Q1 Mumie in einem reich bemalten Sarg.
Diese Priesterin aus Theben wurde in einem Sarg in Menschengestalt bestattet (1,83 m lang, um 1000 v. Chr.).

Q2 **Das Totengericht.** Ausschnitt aus dem Totenbuch des Schreibers Hunefer. So stellten die Ägypter sich den Weg ins Jenseits vor. Das Bild zeigt den verstorbenen ägyptischen Schreiber Hunefer beim Totengericht. Es ist wie ein Comic zu „lesen" und besteht aus insgesamt fünf Szenen. Bemalte Papyrusrolle aus Theben, 1285 v.Chr.

e) Das Herz des Verstorbenen wird auf der Waage gewogen. Anubis überwacht die Waage. Wenn die Feder (Zeichen für Wahrheit) auf der Waagschale das gleiche Gewicht hat wie das Herz, ist das der Beweis: Der Verstorbene hat ein gutes Leben geführt. Andernfalls wäre er von einem Ungeheuer verschlungen worden und für immer tot gewesen.

d) Der Gott Anubis mit dem Schakalkopf, der Wächter der Toten, führt Hunefer zum Gericht.

a) Der Gott Thot notiert das Ergebnis des Wägens auf einer Tafel.

D2 **Beschreibung der fünf Szenen im Bild „Totengericht".** Die Reihenfolge ist allerdings durcheinandergeraten.

c) Der Verstorbene muss die Götter davon überzeugen, dass er in seinem Leben ausschließlich Gutes getan hat.

b) Der falkenköpfige Gott Horus führt den Verstorbenen nun vor den Thron des Osiris, des obersten Totenrichters und Herrschers über das Jenseits.

A
1 Beschreibe Q1.

2 Warum betrieben die Ägypter diesen hohen Aufwand für ihre Toten (T1)? Erkläre.

3 Beschreibe die Mumifizierung eines Toten (Schon gewusst?, D1, Q1).

4 Ordne jedem Bildabschnitt (1–5) einen Textabschnitt (a–e) zu. Formuliere anschließend für jeden Abschnitt eine Überschrift (Q2, D2).

5 Erzähle aus Hunefers Sicht „dein" Erlebnis vor dem Totengericht.

6 Könnte der Glaube an ein Totengericht das Verhalten der Ägypter beeinflusst haben? Diskutiert.

B
2 Mumien = Körper für die Ewigkeit. Was ist mit dieser Überschrift gemeint (T1)? Erkläre.

3 Beschreibe die Mumifizierung und die sich anschließende Totenzeremonie (Schon gewusst?, D1, T2, Q1).

5 Zeichne eine Bilderfolge, die zeigt, wie du dir die Zeit nach dem Tod vorstellst.

Mitteleuropa und das alte Ägypten

Als Steinzeitexperten und Kenner der altägyptischen Hochkultur könnt ihr jetzt das Leben im alten Ägypten mit dem Leben im jungsteinzeitlichen Europa (z. B. um 2500 v. Chr.) vergleichen.

T1 Mitteleuropa

1. Landwirtschaft: Die Bauern waren sesshaft. Nach ca. 15 bis 20 Jahren mussten die Bauern aber … weil … Die Menschen bauten Häuser, um einen Teil des Getreides … So hatten sie im Winter …

2. Eingriff in die Natur: Wollten sich die Menschen an einem Ort niederlassen, mussten sie die Bäume … Wenn der Ackerboden erschöpft und die Häuser baufällig waren, mussten sie in einiger Entfernung wieder …

3. Zusammenleben: Die Menschen lebten in Dörfern. Es entwickelte sich eine gewisse Arbeitsteilung. Die Menschen spezialisierten sich auf bestimmte Arbeiten. Es entstanden die ersten … z. B. …

4. Schrift: Es ist keine Schrift überliefert. Unser Wissen über die Kultur der Steinzeitmenschen ist deshalb sehr lückenhaft.

5. Häuser/Bauwerke: Die Menschen errichteten … Nach 15 bis 20 Jahren …

6. Religion: Wahrscheinlich waren Fruchtbarkeitskulte und Naturphänomene von großer Bedeutung. Es gab wahrscheinlich eine Vorstellung vom Jenseits: Die Menschen wurden bestattet, teilweise in Hügelgräbern und mit Grabbeigaben.

T2 Ägypten

1. Landwirtschaft: Die Bauern waren sesshaft. Fruchtbares Ackerland wurde jährlich vom Nil … Somit mussten die Bauern nicht … Mithilfe von Kornkammern …

2. Eingriff in die Natur: Die Menschen legten Sümpfe trocken und bauten Deiche … Nach dem Nilhochwasser teilten die Feldvermesser … Der Bau von Schadufs und Kanälen veränderte die Landschaft. So konnten größere Flächen …

3. Zusammenleben: Die Menschen lebten in Dörfern und Städten. Die Ägypter erkannten, dass sie die Aufgaben, die der Nil stellte, nur … Es entstand ein Staat mit verschiedenen Berufsgruppen … In diesem Staat herrschte eine klare Hierarchie, das bedeutet …

4. Schrift: Die Bedeutung von Schrift und Schreibern war … Die Schrift war notwendig für z. B. … In Schulen lernten die jungen Menschen … Da die Ägypter eine Schrift hatten, ist unser Wissen über diese Kultur …

5. Häuser/Bauwerke: Es entstanden berühmte Bauwerke, die heute noch bewundert werden können …

6. Religion: Es gab eine umfangreiche Götterwelt … Es gab eine Vorstellung vom Jenseits. Die Ägypter glaubten …

Q1 **Die Schülerinnen und Schüler nehmen einen Vergleich vor.** Siehe dazu auch die Satzanfänge zum Operator „vergleiche" auf S. 194.

V08 ▷
Erklärvideo: Die Menschen werden sesshaft
Teil 2: Die Jungsteinzeit

I04 🖐
Animation
Niloase

I06 🖐
Animation
Cheopspyramide

3

D1 **Landwirtschaft:** So könnte das Leben im jungsteinzeitlichen Europa (links) und im alten Ägypten (rechts) um 2500 v. Chr. ausgesehen haben. Szenen aus einem Klett-Erklärfilm V08 ▷ und einer Animation I04 🖐

D2 **Häuser/Bauwerke:** So könnte das Leben im jungsteinzeitlichen Europa (links) und im alten Ägypten (rechts) um 2500 v. Chr. ausgesehen haben. Szenen aus einem Klett-Erklärfilm V08 ▷ und einer Animation I06 🖐

A
B

1 Bildet sechs Gruppen. Jede Gruppe bearbeitet ein Thema: „Landwirtschaft" oder „Schrift" oder …

2 Listet für euer Thema Gemeinsamkeiten und Unterschiede in Ägypten und Mitteleuropa auf.

3 Gestaltet zu eurem Thema ein Plakat.

4 Hängt die Plakate in der Klasse auf. Nun habt ihr einen guten Überblick über das Leben im alten Ägypten und in Mitteleuropa zur gleichen Zeit.

5 Warum gilt das alte Ägypten als Hochkultur, Mitteleuropa aber nicht? Beurteilt und begründet anhand eurer Ergebnisse.

A
B

Recht und Schrift im Zweistromland

Nicht nur am Nil haben sich Hochkulturen entwickelt. Im heutigen Irak, Iran und Syrien entstand zwischen den Flüssen Euphrat und Tigris das „Zweistromland" (Mesopotamien).

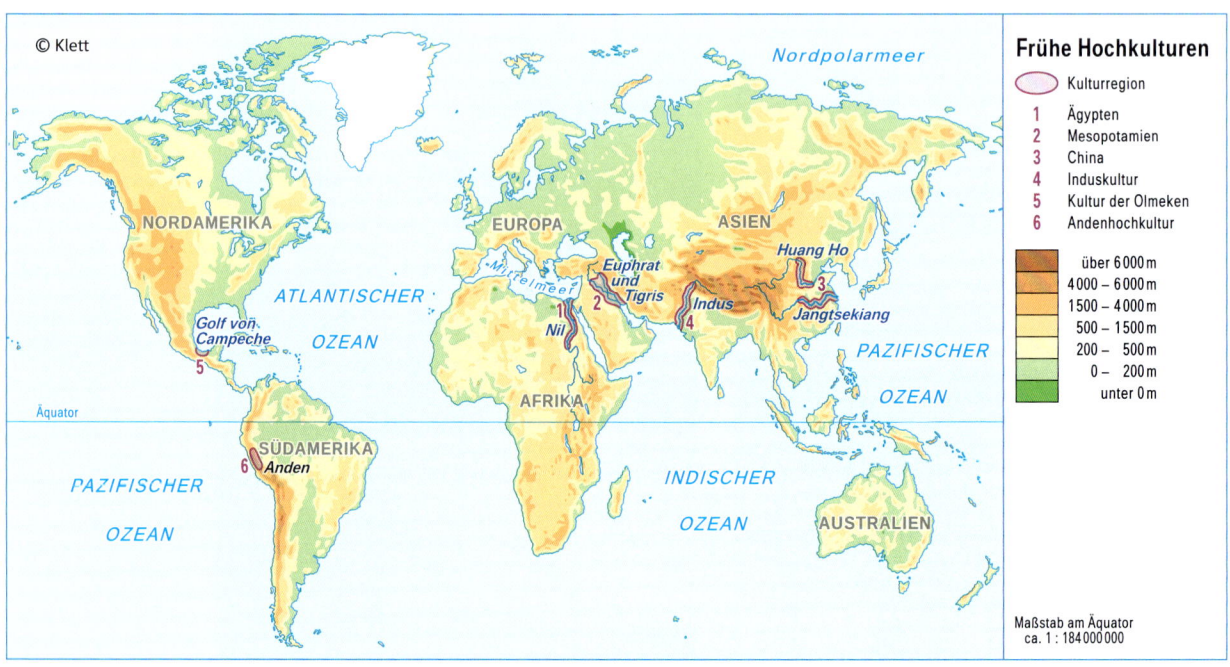

Frühe Hochkulturen

Kulturregion

1 Ägypten
2 Mesopotamien
3 China
4 Induskultur
5 Kultur der Olmeken
6 Andenhochkultur

über 6 000 m
4 000 – 6 000 m
1 500 – 4 000 m
500 – 1 500 m
200 – 500 m
0 – 200 m
unter 0 m

Maßstab am Äquator
ca. 1 : 184 000 000

D1 Frühe Hochkulturen

Keilschrift

Schrift aus waagerechten, senkrechten oder schrägen Keilen. Geschrieben wurde meist auf Tontafeln, dabei wurden die Keile in den noch weichen Ton eingedrückt. Die Keilschrift zählt neben den ägyptischen Hieroglyphen zu den ältesten bekannten Schriften.

→ **Schrift**

→ **Recht**

T1 König Hammurapis Gesetzessammlung
Von der Stadt Babylon aus errichtete König Hammurapi etwa 1700 Jahre v. Chr. ein Großreich (Babylonien). Es umfasste alle Städte und Siedlungen des Zweistromlandes. Berühmt wurde er aber als Auftraggeber für eine der ältesten aufgeschriebenen Gesetzessammlungen: den „Codex des Hammurapi". Auf einer Steinsäule (Stele) sind in Keilschrift Regeln und Gesetze eingraviert. Sie wurde zu Beginn des 20. Jahrhunderts im heutigen Iran ausgegraben.

T2 Warum Gesetze aufgeschrieben wurden
Zunächst gaben die Menschen ihre Regeln mündlich weiter. Seit circa 2200 v. Chr. schrieben sie gemeinsame Gesetze auf, eingeritzt auf Tontafeln in Keilschrift. Zusätzlich wurden sie öffentlich bekannt gemacht. Wo man auch wohnte, überall sollten die gleichen Regeln gelten. Jeder konnte sich nun selbst über die Gesetze informieren und seine Rechte einfordern (wenn er lesen konnte oder jemanden kannte, der lesen konnte). Die Richter mussten sich an die nachlesbaren Gesetze halten.

T3 Vorteile für den Herrscher?
König Hammurapi ließ Rechtsgrundsätze sammeln und sie auf mehreren Stelen (wie Q2) im babylonischen Reich verbreiten. Er wollte wohl ein gerechter König sein. Quellen belegen, dass er sich tatsächlich um die Anliegen seiner Untertanen gekümmert hat – ohne Rücksicht auf deren Stellung. Gleichzeitig war die Gesetzgebung aber auch ein Mittel der Herrschaftssicherung. Sie schrieb die vorhandene Ungleichheit (drei Schichten) gesetzlich fest. Heute ist umstritten, ob Hammurapis Gesetze tatsächlich alle galten. Dennoch erlauben uns die überlieferten Regeln einen Blick auf das Leben und die Gesellschaft in Mesopotamien vor fast 4 000 Jahren.

Q1 Aus der Gesetzessammlung von König Hammurapi, ca. 1700 v. Chr.:

§ 1: Wenn ein Bürger einen Bürger des Mordes bezichtigt, ihn aber nicht überführt, so wird der, der ihn bezichtigt hat, getötet. (…)

§ 6: Wenn ein Bürger Besitz eines Gottes oder
5 eines Palastes gestohlen hat, so wird dieser Bürger getötet; auch wird der, welcher das Diebesgut aus seiner Hand angenommen hat, getötet. (…)

§ 22: Wenn ein Bürger Raub begangen hat
10 und ergriffen wird, so wird dieser Bürger getötet. (…)

§ 53: Wenn ein Bürger bei der Befestigung seines Felddeiches die Hände in den Schoß gelegt und seinen Deich nicht befestigt hat,
15 in seinem Deiche eine Öffnung entsteht, er gar die Flur vom Wasser wegschwemmen lässt, so ersetzt der Bürger, der in seinem Deich die Öffnung hat entstehen lassen, das Getreide (…);

20 § 54: Wenn er das Getreide nicht zu ersetzen vermag, so verkauft man ihm und seine Habe für Silber, und die Bebauer des Feldes, deren Getreide das Wasser weggeschwemmt hat, teilen (den Erlös). (…)

25 § 195: Wenn ein Sohn seinen Vater geschlagen hat, so schneidet man seine Hand ab.

§ 196: Wenn ein Bürger das Auge eines Bürgersohnes zerstört hat, so zerstört man sein Auge;

30 § 197: Wenn er den Knochen eines Bürgers gebrochen hat, so bricht man seinen Knochen;

§ 198: Wenn er das Auge eines Untergebenen zerstört hat oder den Knochen eines Untergebenen bricht, so zahlt er 1 Mine Silber[1];

35 § 199: Wenn er das Auge des Knechts eines Bürgers zerstört oder den Knochen des Knechts eines Bürgers gebrochen hat, so zahlt er die Hälfte von dessen Kaufpreis. (…)

1 1 Mine = 60 Schekel. Ein Sklave kostete 10 bis 30 Schekel, eine Sklavin weniger als 10.

Q2 Stele mit dem Codex Hammurapi (um 1700 v. Chr.). Die Darstellung zeigt links König Hammurapi mit erhobener Hand. Rechts auf dem Thron sitzt Sonnengott Schamasch (erkennbar an den Sonnenstrahlen aus seinen Schultern). Schamasch galt auch als Gott der Gerechtigkeit und Rechtsprechung. Unter dem Bild beginnt der Gesetzestext in Keilschrift.

Stele
Steinplatte oder Steinsäule mit einer Inschrift

Codex
(lat.) Ein Codex ist eine Sammlung von Regeln oder Gesetzen.

Flur
Land, Landschaft

---

2 Nenne die Themen der in Q1 aufgeführten Gesetze.

3 Was verraten §53 und § 54 über das Leben in Mesopotamien? Arbeite heraus (Q1).

4 Welche Vor- und Nachteile haben schriftlich und mündlich überlieferte Gesetze? Vergleiche (T2–3).

5 Sind schriftliche Gesetze ein wichtiges Merkmal einer Hochkultur? Beurteile.

5 „Hammurapis Reich war eine Hochkultur." Finde weitere Belege für diese Aussage (Q1–2, D1).

6 Welche Bedeutung haben schriftliche Gesetze für heutige Gesellschaften? Beurteile.

1 Beschreibe die Darstellung auf dem Oberteil der Stele des Hammurapi (Q2).

2 a) Löse Aufgabe A2.
b) Nenne jeweils die Strafen, die angedroht wurden.

3 a) Löse Aufgabe A3.
b) Hätten diese Regeln auch in Ägypten gelten können? Überprüfe.

Dem alten Ägypten auf der Spur

Natur | Schrift | Gesell

3

D 05 📄
Arbeitsblatt
Wiederholung

D 06 📄
Arbeitsblatt
Wiederholung (Lösungen)

I 07 👆
interaktive Übungen
Dem alten Ägypten auf der Spur

? Ich kann Fragen stellen zu Themen des alten Ägyptens.

☑ Ich kann beschreiben, wie die Menschen in Ägypten Ackerbau betreiben konnten.

☑ Ich weiß, wie und warum die Pyramiden gebaut wurden.

☑ Ich kann beschreiben, wie in Ägypten ein Staat entstand.

🧩 Ich kann einem Schaubild zur ägyptischen Gesellschaft Informationen entnehmen.

☑ Ich kann erläutern, warum in Ägypten eine Schrift notwendig wurde.

🧩 Ich kann auf einem Plakat darstellen, was Ägypten zu einer Hochkultur machte.

⚖ Ich kann Hochkulturen an bestimmten Merkmalen erkennen.

⚖ Ich kann beurteilen, ob die Gesellschaftsordnung gerecht war.

🧭 Ich weiß, welche Spuren die Ägypterinnen und Ägypter bis heute hinterlassen haben.

Zusammenleben in der Polis

776 v. Chr.
Erste Sieger in Olympia werden genannt.

ca. 750–550 v. Chr.
Die Griechen vergrößern ihren Siedlungsraum an den Küsten des Mittelmeeres und des Schwarzen Meeres.

um 500 v. Chr.
Die Athener entwickeln die Demokratie.

?

Was passiert zwischen den beiden Frauen im Vordergrund? Stelle Vermutungen an und begründe sie.

Kennst du eine Situation, in der Feuer weitergegeben wird? Welche Bedeutung hat das Weitergeben?

Wo könnte das Foto gemacht worden sein?

Du stehst hinter einer Säule und beobachtest die Szene. Schreib einen Bericht in dein Tagebuch.

Zusammenleben in der Polis

In der Welt der Griechen begegnest du verschiedenen Personen, die typisch für eine bestimmte Entwicklung in der Zeit der antiken Griechen sind. In diesem Kapitel kannst du lernen, was das Besondere an der Welt der Griechen war und welche Bedeutung ihre Erfindungen für uns heute haben.

Wie und wo lebten die Griechen? (S. 76/77)

Welche Götter kannten sie und welche Aufgaben hatten diese? (S. 78/79)

Wie verliefen die Olympischen Spiele und welche Bedeutung hatten sie für die Griechen? (S. 80/81)

2 **3** **4**

Leben und Land *Götter und Helden* *Olympia*

Nimm dir zehn Minuten Zeit und schreibe in einem Cluster auf, was du schon zur Welt der Griechen weißt. Du kannst auch Fragen notieren.

A
B **1**

2 **3** **4**

Wie und wo lebten die Griechen? Woher wissen wir das? (S. 76/77)

Wovon erzählt eine griechische Sage und welche typischen Merkmale (Ereignis, Personen, Lösungen) hat sie? (S. 78/79)

Welche Bedeutung hatten die Olympischen Spiele und welche Meinungen hatten die Griechen damals zu diesen Spielen? (S. 80/81)

Das kannst du außerdem machen:

Material findest du auf den folgenden Seiten, du kannst aber auch in der Bücherei und im Internet suchen. **MB**

Wie sah der Alltag der
Jungen und Mädchen in
Athen aus? (S. 82/83)

Wie funktionierte die
Demokratie in Athen?
Wie unterschied sie sich
von unserer Demokratie
heute? (S. 86/87)

5

Alltag

6

Demokratie

7

A
B

Ergänze dein
Cluster aus
Aufgabe 1 und
ordne deine
Informationen zu
einer Mindmap.
So siehst du, was
du dazugelernt
hast.

5

Wie sah der Alltag der
„Fremden" und Sklaven,
Bürger, Jungen und
Mädchen in Athen aus?
(S. 82–85)

6

Wie entwickelte sich die
Demokratie in Athen?
Warum ist die athenische
Demokratie eine Wurzel
unseres Staates? (S. 86/87)

... eine Szene aus der Geschichte
Trojas auswählen und nachspielen,

... recherchieren, was das Theater mit den alten
Griechen zu tun hat, und darüber berichten, MB

... Informationen zu einem griechischen Philosophen
recherchieren und in einem Kurzvortrag vorstellen, MB

... Informationen zur Akropolis im antiken Athen
recherchieren und auf einem Plakat präsentieren. MB

→ **Theater**

→ **Philosophie**

Einen Portfolio-Bogen erstellen

MB

Die Spuren und die Geschichte der alten Griechen sind vielfältig. Was interessiert dich?
Wähle dir ein Thema aus, das du besonders erkundest und dokumentierst.

T1 Was ist ein Portfolio-Bogen?

Auf dieser Doppelseite lernst du eine Möglichkeit kennen, mit einem Portfolio zu arbeiten. Falte dazu einen DIN-A3-Bogen, den Portfolio-Bogen. Knick ihn so, dass links ein Rand von 1,5 cm zum Lochen bleibt. Auf den vier Seiten stellst du dein ausgewähltes Thema dar.

Du präsentierst,
– was du herausgefunden hast,
– warum es für dich interessant war,
– wie du es bearbeitet hast und
– wie du deine Arbeit beurteilst.

Du kannst dich mit Mitschülerinnen und Mitschülern beraten und dir Rückmeldungen von einer ausgewählten Person holen. Abschließend bewertet deine Lehrerin/dein Lehrer, was du herausgefunden hast und wie du es gestaltet hast.

T2 Was ist ein geeignetes Thema für einen Portfolio-Bogen?

Wähle ein Thema aus der Welt der Griechen aus, das dich besonders interessiert. Es kann ein Thema aus der „Zeitreise" sein, z.B. „Die Bedeutung der Olympischen Spiele" oder „Wie entstand die Demokratie?". Du kannst aber auch ein Thema zu den Griechen behandeln, das nur kurz oder gar nicht in der „Zeitreise" vorkommt, z.B. eine Sage, die Kleidung und der Schmuck der Griechinnen oder die Taktik der Griechen im Kampf gegen die Perser.

Das muss dein Portfolio-Bogen enthalten:
– einen Zeitstrahl,
– drei Aspekte deines Themas,
– Texte, Bilder und Zeichnungen.

D1 **Portfolio-Bogen** zum Thema „Demokratie in Griechenland" (Titelseite)

D2 **Portfolio-Bogen** zum Thema „Demokratie in Griechenland" (Rückseite)

Einen Portfolio-Bogen erstellen

Wahrnehmen

1 Beschaffe dir Material zu deinem Thema (Schulbuch, Bücherei, Internet).

2 Verschaffe dir einen Überblick über dein Material. Wähle die genaue Frage/das genaue Thema aus. Je mehr dich die Frage/das Thema interessiert, desto leichter wird dir die Arbeit fallen.

Untersuchen

3 Werte deine Informationen aus. Lies wichtige Texte genau. Mach dir Stichpunkte und gliedere sie. Wähle aus, welche drei Aspekte du auf deinem Bogen darstellen möchtest.

4 Halte die Informationen auf dem Portfolio-Bogen fest. Tipp: Lege zunächst eine grobe Skizze an. Beachte folgenden Aufbau:
 – Seite 1: Titelseite mit Bild und Zeitstrahl
 – Seiten 2 und 3 (Innenseiten): Hier behandelst du dein Thema. Mit passenden Bildern oder Zeichnungen kannst du deine Texte ergänzen.

Deuten

5 Beantworte deine Frage oder fasse dein Ergebnis zusammen. Nutze dazu die obere Hälfte der Rückseite (Seite 4).

6 Reflektiere kurz, warum du dieses Thema ausgewählt hast, wie du es bearbeitet hast und wie du deine Arbeit beurteilst (mit Begründung). Nutze dazu die untere Hälfte der Rückseite.

7 Gib den fertigen Portfolio-Bogen jemandem zum Lesen. Sind deine Texte richtig und verständlich? Hast du dein Thema ansprechend präsentiert? Mithilfe der Rückmeldungen verbesserst du deinen Portfolio-Bogen. Gib ihn abschließend bei deiner Lehrerin/deinem Lehrer ab.

Wähle dir ein Thema aus der Themeneinheit „Die Welt der Griechen" in diesem Schulbuch aus (S. 76–89).

A
B

1
Bereite deinen Portfolio-Bogen vor (T1–2). Du kannst ihn auch digital anlegen (V 11 ▶).

2

2
Wähle ein Thema zur „Welt der Griechen" aus, das dich interessiert.

3
Bearbeite dein Thema mit den Arbeitsschritten auf dieser Seite.

4
Gib deinen Portfolio-Bogen zum vereinbarten Termin ab.

A
B

Wie lebten die Griechen?

Die Griechen lebten in vielen verschiedenen Siedlungen, aus denen sich Stadtstaaten entwickelten. Sie lebten von der Landwirtschaft, waren gute Handwerker und Händler. Aber vor allem mussten die Griechen segeln können.

T1 Das Meer und Berge

Die meisten Siedlungen der Griechen lagen am Meer. Benachbarte Orte waren oft leichter mit dem Schiff zu erreichen als zu Fuß. Viele Gegenden waren durch hohe Berge getrennt. Der höchste Berg Griechenlands war der 2917 Meter hohe Olymp. In der Antike hielten die Griechen ihn für unbesteigbar. Er war fast immer von Wolken bedeckt und galt als Sitz der Götter.

T2 Viele hundert Kleinstaaten

In Griechenland war ein Herrschaftsgebiet selten größer als ein Tal oder eine Insel, weil die Berge und das Meer eine natürliche Grenze bildeten. Einen solchen Kleinstaat nannten die Griechen Polis. Eine Polis war für die Griechen eine Gemeinschaft von Bürgern. Wie die Menschen darin zusammenlebten, konnte sehr verschieden sein. Meistens gab es Stadtbewohner, die von den Bauern des Umlandes versorgt wurden. Viele Stadtstaaten (Poleis) lagen an der Küste. Sie handelten mit Olivenöl, Wein, Töpferware oder Waffen aus Bronze. Im Gegenzug kauften sie Getreide, Kupfer, Zinn und Eisen, Gewürze und Sklaven. Zwei außergewöhnliche Poleis waren Sparta und Athen.

T3 Unsere Quellen

Die bekanntesten Quellen über die griechische Antike sind Sagen wie der Kampf um Troja oder die Irrfahrt des Odysseus. In diesen Sagen kämpfen mächtige Anführer von Poleis mit- und gegeneinander um Macht und Ansehen. Die Sagen berichten von der Zeit ab 1200 v. Chr. und enthalten viele Informationen über das Leben der Griechen. Aufgeschrieben wurden sie aber erst im 8. Jahrhundert – also viele Jahrhunderte später. Daher weiß man nicht genau, ob die Informationen wirklich zutreffen. Historiker und Archäologen überprüfen die Informationen in den Sagen durch Ausgrabungen. So erzählen etwa alte Vasen viel darüber, wie die Menschen in den Poleis lebten. Alte Vasen? Ja, denn Vasen, Schalen und Amphoren aus Ton wurden von den Griechen bemalt. Sie malten, was sie im Alltag sahen. Weil diese Bilder ganz oder in Scherben bis heute erhalten sind, wissen wir, wie das Leben der Griechen aussah.

Q1 Männer ernten Oliven.
Es können Bauern oder Sklaven sein. Vasenbild, 7. Jahrhundert v. Chr.

D1 **Griechisches Siedlungsgebiet** um 800 v. Chr.

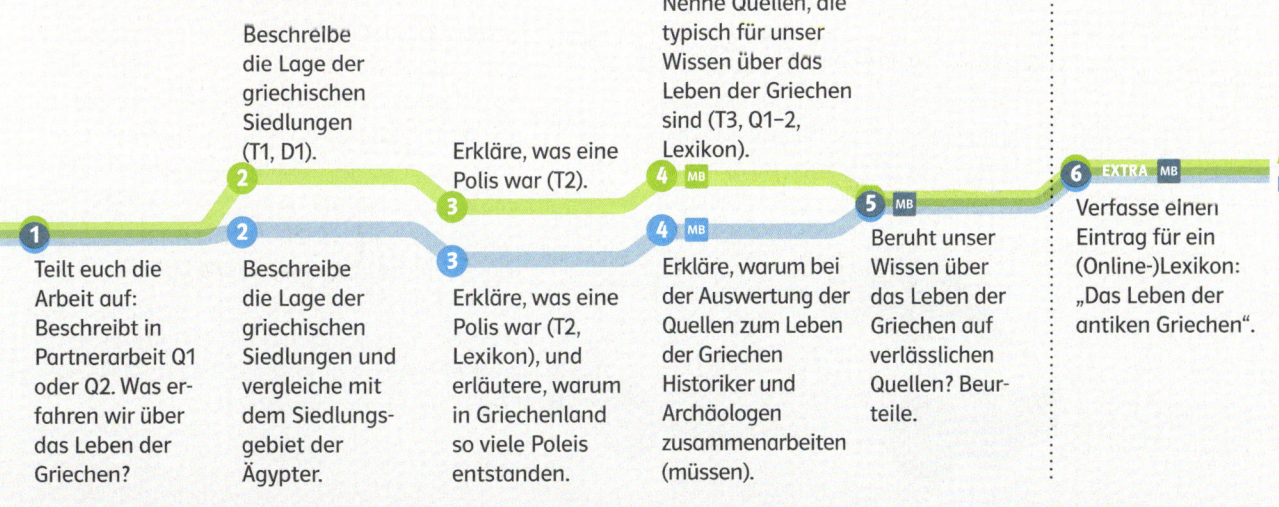

Q2 **Das trojanische Pferd.** Götter und Helden spielten eine wichtige Rolle im Leben der Griechen. Darstellung auf einer Amphore, um 670 v. Chr.

Nenne Quellen, die typisch für unser Wissen über das Leben der Griechen sind (T3, Q1–2, Lexikon).

Beschreibe die Lage der griechischen Siedlungen (T1, D1).

Erkläre, was eine Polis war (T2).

2

3

4 MB

A

B

6 EXTRA MB

A

B

Verfasse einen Eintrag für ein (Online-)Lexikon: „Das Leben der antiken Griechen".

A

B

1

2

3

4 MB

5 MB

Teilt euch die Arbeit auf: Beschreibt in Partnerarbeit Q1 oder Q2. Was erfahren wir über das Leben der Griechen?

Beschreibe die Lage der griechischen Siedlungen und vergleiche mit dem Siedlungsgebiet der Ägypter.

Erkläre, was eine Polis war (T2, Lexikon), und erläutere, warum in Griechenland so viele Poleis entstanden.

Erkläre, warum bei der Auswertung der Quellen zum Leben der Griechen Historiker und Archäologen zusammenarbeiten (müssen).

Beruht unser Wissen über das Leben der Griechen auf verlässlichen Quellen? Beurteile.

Götter und Helden der Griechen

Die Griechen lebten weit verstreut, doch sie glaubten an die gleichen Götter. Die waren zwar unsterblich, benahmen sich aber sehr menschlich. Die Griechen führten sogar ihre Kriege auf Zorn und Eifersucht der Götter zurück – wie in Troja.

Poseidon

Ares

Hestia

Hera

Athene

Hephaistos

D1 Die Hauptgötter

Orakel
nach Vorstellung der Griechen ein Ort, an dem durch eine Priesterin oder einen Priester der Wille der Götter verkündet wurde

→**Götterwelt**

→**Religion**

T1 Eine Welt voller Götter

Der Kampf um Troja wird in einer der berühmtesten griechischen Sagen geschildert, die der Dichter Homer aufgeschrieben haben soll. Diese Geschichte handelt von der Belagerung der Stadt Troja durch die Griechen. Nach zehnjährigem Kampf gelang es ihnen mit einer List, die Stadt zu erobern und zu zerstören. Ausgelöst, so erzählt es die Sage, wurde der Kampf durch einen Streit der Göttinnen.

Von Homer erfahren wir, dass die Griechen viele Göttinnen und Götter anbeteten. Sie stellten sich die Götter mit menschlichen Eigenschaften vor: Sie feierten und stritten miteinander, waren eifersüchtig und begingen Ehebruch. Häufig verließen sie den Berg Olymp, wo sie wohnten, um sich in die Angelegenheiten der Menschen einzumischen. Der Göttervater Zeus z.B. verliebte

sich in eine schöne Frau: Europa. Das gefiel Hera, seiner Frau, gar nicht. Zeus versteckte sie und soll der Legende nach einen Kontinent nach ihr benannt haben: Europa.

T2 Mit Göttern wurde die Welt erklärt

Viele Göttergeschichten boten den Menschen Erklärungen für Dinge, die ihnen rätselhaft waren: Wenn Zeus zornig war, ließ er den Donner rollen, und gegen Schuldige schleuderte er Blitze. Die Griechen fürchteten die Götter und versuchten sie durch Opfer günstig zu stimmen. Jede Stadt, jeder Landstrich und jede Quelle stand unter dem Schutz mindestens eines Gottes. Wer einen Fluss durchquerte, betete vorher zum Flussgott, wer etwas säte, opferte der Göttin des Ackerbodens. Familien beteten gemeinsam an kleinen Altären zu den Hausgöttern. Die Hausgötter sollten Unglück abwenden und Diebe fern halten.

Fast in der ganzen Mittelmeerwelt war der Glaube verbreitet, man könne von den Göttern die Zukunft oder das eigene Schicksal erfahren. Das berühmteste Heiligtum für solche Fragen war in Griechenland das Orakel des Apollon in Delphi.

Q1 Lieferwagen eines Paketdienstes

Zeus

Aphrodite

Apollon

Artemis

Demeter

Hermes

D2   **Die Hauptgötter der Griechen wohnten auf dem Berg Olymp im Norden Griechenlands. Ihre Aufgaben und ihre Bedeutung für die Menschen:**

① Der Göttervater ist auch Himmelsgott; sein Zeichen ist der Adler. Als Wettergott schickt er Gewitter und Stürme.

② Die Göttermutter trägt einen goldenen Haarreif. Als Beschützerin der Ehe und Familie hasst sie die Geliebten ihres Gatten Zeus.

③ Die Göttin der Liebe schaut gern in den Spiegel.

④ Der Götterbote eilt mit Flügelschuhen. Er beschützt Reisende, Kaufleute und Diebe. Die Seelen der Toten geleitet er in die Unterwelt.

⑤ Der Gott des Krieges ist ein Sohn des Zeus und der Hera. Er liebt den Kampf – und Aphrodite.

⑥ Die Göttin der Weisheit und die Lieblingstochter des Zeus beschützt Athen.

⑦ Der Gott der Schmiedekunst ist ein Sohn des Zeus und der Hera. Er schmiedet Waffen, während seine Frau Aphrodite sich langweilt.

⑧ Die Göttin des Herdfeuers beschützt auch die Eintracht (das friedliche Zusammenleben) der Familien.

⑨ Die Göttin der Fruchtbarkeit und des Getreides ist eine Schwester des Zeus. Ihre Tochter Persephone ist mit dem Totengott verheiratet. Immer wenn diese bei Hades in der Unterwelt lebt, trauert die Mutter und es wird Winter.

⑩ Die Göttin der Jagd und Beschützerin der wilden Tiere ist eine Tochter des Zeus. Sie bringt Geburt und Tod.

⑪ Der Gott der Musik, des Dichtens und des Heilens schickt auch die Pest (eine ansteckende Krankheit).

⑫ Der Gott des Meeres, der Erdbeben und der Pferde wühlt mit seinem Dreizack die Meere auf. Als Bruder des Zeus ist er ein sehr mächtiger Gott.

---

2 Lege eine Tabelle mit zwei Spalten an. Ordne den Göttinnen und Göttern (D1) ihre Aufgaben (D2) zu.

3 Wähle drei Göttinnen oder Götter aus. Beschreibe ihre Eigenschaften und begründe ihre Bedeutung für das Leben der Griechen (D1, T2).

5 EXTRA Warum nennt sich ein Paketdienst nach dem griechischen Gott Hermes (Q1)? Begründe.   **A**

A
B

1 Schaut euch die Darstellung D1 an. Welche Göttinnen oder Götter kennt ihr schon? Stellt sie euch vor.

2 Lege eine Tabelle mit drei Spalten an. Ordne den Göttinnen und Göttern (D1) ihre Eigenschaften und Aufgaben zu (D2).

3 Ein griechischer Auswanderer erklärt seinem neuen Nachbarn, warum die Götter für ihn wichtig sind. Schreibt das Gespräch auf.

4 Begründet, warum sich die griechischen Sagen und Göttergeschichten so weit ausgebreitet haben (T1–2).

5 EXTRA Bereite einen Vortrag über eine griechische Sage vor – z. B. über den Kampf um Troja oder über ein Abenteuer des Odysseus.

Zu Ehren der Götter

Olympia war für die Griechen ein heiliger Ort. Dort fanden alle vier Jahre Wettkämpfe zu Ehren der Götter statt. Junge Männer reisten aus den Poleis an. Für die Zuschauer war das ein fantastisches Ereignis. Auch Kleiton machte sich auf den Weg.

→ **Olympische Spiele**

ATHENS 2004

Q1 **Olivenzweig.** Logo der Olympischen Sommerspiele in Athen 2004

T1 Das Wettrennen der Viergespanne

Es ist der dritte Tag der Zeusspiele in der Polis Olympia. Der vierzehnjährige Kleiton geht zum Eingang der Pferderennbahn. Für ihn ist heute der große Tag gekommen: Das Wagenrennen mit dem Viergespann steht auf dem Programm – Kleitons Lieblingssportart. Kleitons Blick geht über die staubige Rennbahn zu den dicht gedrängten Menschenmassen hinter der Wendesäule. Sieh an, dort stehen ja auch Männer aus seiner Heimatstadt Kroton in Unteritalien. Es wird still. Kleiton schaut zum Rennleiter. Der lässt in diesem Augenblick den bronzenen Delphin über der Startlinie fallen. Die Taue vor den Startplätzen senken sich, Wagenlenker schreien, die Wagen schießen los … Elf Runden lang erleben die Zuschauer ein atemberaubendes Rennen. „Schneller! Los!", feuert Kleiton die Wagenlenker an. Und dann rasen die führenden Wagen zum letzten Mal am Rennleiter vorbei. Da geht ein Aufschrei durch zehntausend Kehlen. Kleiton hält den Atem an. Zwei Wagen haben sich ineinander verkeilt – geborstene Räder und splitternde Achsen fliegen umher.

Einer der Wagenlenker hat sich beim Sturz nicht mehr aus dem Riemen lösen können. Im rasenden Galopp wird er von den wild gewordenen Pferden durch den Sand der Rennbahn geschleift. „Hoffentlich hat er sich nicht schlimm verletzt", denkt Kleiton. Doch da steht der Wagenlenker auch schon wieder auf den Beinen. Inzwischen haben die übrigen Viergespanne die letzte Wendemarke umrundet. Unter dem Gebrüll der Zuschauer rast das siegreiche Athener Gespann mit dem Lenker Demetrios an der Zielsäule vorbei. Kleiton wird von der Begeisterung der Athener mitgerissen.

T2 Nur die Sieger zählten

Am letzten Tag versammelten sich Sportler und Kampfrichter vor dem Tempel des Zeus zum Dankopfer. Die Sieger trugen einen Kranz aus den Zweigen des Olivenbaumes. Die Athleten auf dem zweiten und dritten Platz galten wie alle anderen als Verlierer. Die Sieger aber wurden nach ihrer Rückkehr in ihrer Polis gefeiert und von den Mitbürgern versorgt.

D1 **Wagenrennen.** Rekonstruktionszeichnung

D2 **Der Ablauf der Spiele in Olympia:**

1. Tag: Eid der Athleten und Trainer vor der Zeusstatue

2. Tag: Wettkämpfe der Knaben

3. Tag: Pferde- und Wagenrennen, Fünfkampf (Diskuswerfen, Weitsprung, Speerwerfen, Lauf, Ringkampf)

4. Tag (Vollmond): Prozession und Opfer für Zeus, Festmahl

5. Tag: Laufwettbewerbe, Kampfsportarten (Faustkampf, Ringkampf, Allkampf), Waffenlauf

6. Tag: Siegerehrung im Zeustempel

Q3 **Der Sieger** erhält einen Kranz aus den Zweigen eines Olivenbaumes. Vasenmalerei, 5. Jahrhundert v. Chr.

Q2 **Pro und kontra Olympische Spiele**

a) Der Athener Redner Isokrates schreibt im 4. Jahrhundert v. Chr. über die Olympischen Spiele:

Zu Recht loben wir die Gründer unserer großen Festspiele. Denn sie haben uns die Sitte überliefert, an einem Ort zusammenzukommen, nachdem Frieden verkündet worden ist und
5 wir unsere Streitigkeiten beigelegt haben. Wenn wir an diesem Ort dann gemeinsam beten und opfern, werden wir daran erinnert, dass wir miteinander verwandt sind. Wir bekommen freundlichere Gefühle füreinander,
10 machen alte Freundschaften wieder lebendig, knüpfen neue für die Zukunft.

b) Der Dichter Xenophanes meint dazu:

Nein, es liegt kein Sinn in diesem Brauche. Zu Unrecht wertet man leibliche Kraft höher als Wissen und Weisheit. Denn sei im Volk ein Bürger auch tüchtig im Faustkampf, mag
5 er vielleicht auch im Ringen oder Fünfkampf sehr gut sein oder im Schnelllauf: So wird doch die Ordnung des Staates dadurch nicht besser. Wenig Gewinn erwächst daraus der heimischen Stadt.

---

2 Gib Kleitons Erlebnisse in Olympia wieder (T1).

3 Kleiton besucht auch andere Wettkämpfe. Schreibe auf, was er erlebt (T1, D2).

4 Wer wurde durch die Spiele geehrt? Erkläre (T2, Q3).

6 EXTRA Verfolge die Diskussionen um die heutigen Olympischen Spiele. Welche Themen werden diskutiert? Beurteile: Welche Bedeutung haben die Spiele heute?

1 Liste die sportlichen Disziplinen auf, die es in Olympia gab (D1–2).

2 Erläutere, warum die Olympischen Spiele eine große Bedeutung für die Griechen hatten.

3 Findet in Partnerarbeit heraus, a) warum Isokrates die Olympischen Spiele für wichtig hält (Q2a). b) was Xenophanes an ihnen kritisiert (Q2b).

4 Stellt euch gegenseitig die beiden Positionen vor. Beurteilt schriftlich die Meinungen der beiden Autoren (Q2a–b).

5 Beurteilt in der Klasse die Bedeutung der Olympischen Spiele.

Das Leben der Athener

Im athenischen Hafen Piräus war immer etwas los. Hier wurden Kriegsschiffe gebaut, Athener und Fremde legten mit ihren Handelsschiffen an. Sie entluden ihre Waren, die dann auf dem Markt verkauft wurden.

Bürger
Einwohner der Polis Athen mit politischen Rechten (Bürgerrechten)

Metöken
Fremde, die in Athen lebten, eine besondere Steuer bezahlten, aber keine Bürgerrechte hatten

Sklave/Sklavin
Menschen, die ihrem Herrn als Eigentum gehörten, oft Kriegsgefangene oder Kinder von Sklaven

Amt
eine politische Aufgabe in der Polis

→ **Freie**

→ **Gesellschaft**

→ **Gymnasion**

T1 Fremde und Sklaven

Menschen aus vielen Orten am Mittelmeer trafen sich auf dem Markt in Athen. Manche Zugereiste sahen, dass sich in dieser Stadt gute Geschäfte machen ließen. Sie blieben als Händler oder Handwerker in der Stadt. Diese Fremden wurden Metöken (Mitbewohner) genannt. Sie bezahlten eine spezielle Steuer – dafür erhielten sie gewisse Rechte und zählten zu den „Freien". Das volle Bürgerrecht bekamen sie jedoch nicht. Andere fremde Handwerker mussten für die Athener als rechtlose Sklaven arbeiten. Dazu gehörten etwa Schmiede, Schuster oder Schneider. Sie erwirtschafteten den Wohlstand, der es den athenischen Bürgern erlaubte, sich um die Politik zu kümmern.

T2 Alltag der Bürger

Den Athenern war es wichtig, dass sie als Bürger ihrer Polis mitbestimmen konnten oder ein Amt übernehmen konnten. Die Frauen der reichen Bürger blieben zu Hause und kümmerten sich um den Haushalt und die Familie. Wenn sie ihre Verwandten besuchten oder an einer religiösen Feier teilnahmen, wurden sie von einer Sklavin begleitet. Frauen der ärmeren Bürger und der Bauern mussten hart arbeiten. Dafür konnten sie sich freier in der Öffentlichkeit bewegen.

T3 Erziehung der Jungen und Mädchen

Die Bürger legten Wert auf die Bildung ihrer Söhne, die sich auf ihre kriegerischen und politischen Aufgaben vorbereiten sollten. In den ersten Jahren bezahlte der Vater einen Privatlehrer, der den Kindern Schreiben, Lesen und etwas Rechnen beibrachte. Später mussten die Jungen Gedichte und Heldensagen auswendig lernen. Reiche Väter schickten ihre Söhne danach zu einem „Gymnasion", wo sie vor allem Sport trieben. Mit 18 Jahren begann eine militärische Ausbildung. Jeder männliche Bürger Athens musste im Krieg seine Stadt verteidigen. Mädchen blieben bis zum Alter von etwa 15 Jahren bei der Mutter und lernten von ihr alle häuslichen Arbeiten. Dann heirateten sie meistens. Es gab aber auch Väter, die für ihre Töchter Privatlehrer ins Haus holten, damit sie wie die Söhne lesen und schreiben lernten.

Q1 Ausbildung von Jungen auf einer Schale aus Athen, um 480 v. Chr. Links: Musikunterricht mit der Lyra. Rechts: Unterricht in Grammatik und Literatur

Q2 Der Schriftsteller Xenophon schrieb im 4. Jahrhundert v. Chr. ein Buch über Hauswirtschaftslehre. Darin äußert sich ein Athener über das Verhältnis von Mann und Frau so:

Sie war noch keine fünfzehn Jahre alt, als ich sie heiratete. Die Zeit vorher hatte man fürsorglich auf sie aufgepasst, damit sie möglichst wenig sah, hörte und fragte. Ich war schon
5 damit zufrieden, dass sie bei ihrem Kommen bereits verstand, mit Wolle umzugehen und ein Gewand anzufertigen, und dass sie auch schon bei der Spinnarbeit der Dienerinnen zugesehen hatte. Außerdem wusste sie – das
10 erscheint mir sehr wichtig – im Kochen gut Bescheid (…).

Mir scheinen die Götter dieses Paar, Mann und Frau, besonders gut zusammengepasst zu haben, damit es sich gemeinsam so viel
15 Nutzen bringe wie möglich. Denn erstens ist dieser Bund geschlossen, um miteinander Kinder zu zeugen. Zweitens schaffen sie sich mit den Kindern, die aus diesem Bunde hervorgehen, Stützen für das Alter. (…)
20 Da beide Arten von Arbeit nötig sind, die draußen und die drinnen, schufen die Götter die Natur der Frau für die Arbeiten im Haus, die des Mannes für die Arbeiten außerhalb des Hauses (…). Die Frauen haben größere
25 Liebe zu den Säuglingen, ihre Fürsorge ist gut geeignet für die Überwachung der Vorräte; der Mann dagegen ist mutiger, wenn es um den Schutz von Haus und Eigentum geht. Er ist eher dazu geschaffen, Kälte und Wärme,
30 Märsche und Feldzüge zu ertragen.

Q3 Handelsschiff und Kriegsschiff auf einer Trinkschale aus dem 5. Jahrhundert v. Chr. Zu dieser Zeit besaß die Polis Athen die meisten Handels- und Kriegsschiffe. Die Handelsschiffe waren bauchig und geräumig, um möglichst viele Waren zu transportieren. Die Kriegsschiffe waren flacher und beweglicher, um kampftüchtig zu sein.

A
1 Nenne die unterschiedlichen Rechte der Bevölkerungsgruppen in Athen (T1–2).

2 Beschreibe die Schiffe auf der Schale Q3.

3 Erkläre die Bedeutung der Schiffe für die Athener (Vorspann, Q3, S. 76: T1).

B
2 Zähle auf, welche Eigenschaften einer Frau für Xenophon wichtig sind (Q2).

3 Fasse zusammen, wie Xenophon das Verhältnis zwischen Mann und Frau sieht (Q2).

4 Zähle auf, was Mädchen und Jungen in Athen lernen mussten (T3, Q2).

5 Beurteile Q2 aus deiner heutigen Sicht.

Sosibros – ein Hausherr in Athen

In diesem Kapitel lernst du Sosibros kennen – und mit ihm das Leben in Athen um 450 v. Chr. Die Geschichte von Sosibros ist erfunden. Der Autor hat sich aber an das gehalten, was wir über die Athener wissen.

Volksversammlung
Versammlung der Bürger, die über die Angelegenheiten der Polis beriet. Die Mehrheit entschied.

→ **Agora**

→ **Oikos**

T1   Wie wohnt Sosibros?

Sosibros wohnt am Stadtrand von Athen in einem einfachen, hübschen Haus mit einem kleinen Innenhof. Am liebsten hält sich Sosibros im Speiseraum auf. Dort trifft er sich abends mit Freunden, um sich zu unterhalten, Wein zu trinken und Lieder zu singen. Ansonsten ist er nur selten zu Hause. Wenn er nicht gerade arbeitet oder zur Volksversammlung geht, treibt er Sport. Oder er steht mit Bekannten zusammen, um zu diskutieren.

D1   Leben im alten Athen. Sosibros diskutiert mit Bekannten. Zeichnung

T2   Die Familie

Sosibros hat ziemlich spät geheiratet. Seine Frau Kalliope war damals erst 16 Jahre alt, er schon 33. Aber der Altersunterschied war nicht ungewöhnlich. Kalliopes Vater hatte ihr zur Hochzeit Geld, Kleidung und eine Dienerin mitgegeben, die sie in den Besitz des Sosibros einbrachte. Mittlerweile sind Sosibros und Kalliope Eltern von zwei kleinen Kindern, die meist im Haus spielen. Kalliope verlässt das Haus selten. Sie bewohnt einen Raum im oberen Stockwerk. Kein männlicher Besucher darf diesen Raum betreten. Wenn sie zum Einkaufen geht, Verwandte besucht oder an einem religiösen Fest teilnimmt, wird sie meist von einer Dienerin begleitet. Im Haus bestimmt sie die Abläufe. Sie überwacht die Sklaven, sorgt für das Essen, achtet auf die Vorräte und erzieht die Kinder. Viel Zeit verbringt sie damit, Kleidungsstücke herzustellen. Sosibros ist froh, dass er seiner Frau ein behütetes Leben zu Hause ermöglichen kann. In anderen Familien müssen die Frauen auf dem Feld mitarbeiten oder auf dem Markt Waren verkaufen. Vor allem aber hat Kalliope einen tadellosen Ruf. Selten nur wird über sie gesprochen, und wenn doch, dann nur Gutes.

T3   Lebender Hausrat – Sklaven

Außer seiner Frau und den beiden Kindern leben und arbeiten noch der Sklave Skythos und die Sklavin Hermione im Haus. Sie sind das Eigentum von Sosibros; er hat sie gekauft wie das Haus und die Möbel. Und er kann sie genauso gut wieder verkaufen. Mit ihnen spricht er nicht viel, außer wenn er ihnen etwas befiehlt oder sie tadelt. Beide wurden schon als Sklaven geboren; ihre Eltern waren vor langer Zeit als Kriegsbeute nach Athen gekommen. Wenn im Haus wenig zu tun ist, nimmt Skythos eine Arbeit auf dem Markt oder im Hafen an. Was er verdient, muss er bei Sosibros abgeben, manchmal aber darf er einen kleinen Teil behalten. Weil er geschickt mit den Händen ist, fällt ihm jede Arbeit leicht. Er weiß, andere Sklaven haben es sehr viel schwerer. In der Hitze auf dem Feld arbeiten zu müssen, das würde ihm gar nicht gefallen. Viel schlechter aber noch geht es den Sklaven, die in den Silberbergwerken schuften müssen. Im Gegensatz zu diesen armen Teufeln hat Skythos wenigstens die Aussicht, alt zu werden und vielleicht sogar von Sosibros freigelassen zu werden. Dann könnte er für sich selbst arbeiten, eine Familie gründen und hätte die gleichen Rechte wie die in Athen ansässigen Ausländer, die Metöken (S. 82).

D2 **Leben im alten Athen.** Kalliope und ihre Sklavin kommen vom Markt. Zeichnung

D3 **Athenisches Haus.** Hier könnten Sosibros und Kalliope mit den Kindern und Sklaven gelebt haben. Rekonstruktionszeichnung

2 Überlege dir zu jeder Person eine Sprech- oder Gedankenblase zu ihrer Tätigkeit und schreibe sie in dein Heft (D1–2).

3 Du kommst mit Skythos und Hermione ins Gespräch und fragst sie, wie ihr Tagesablauf aussieht. Schreibe ihre Antwort auf (D1–2, T3).

1 Sosibros führt dich durch sein Haus. Schreibe auf, was du siehst (D3, T1–2).

2 Erstelle eine Liste, die die Personen im Haushalt des Sosibros und ihre Tätigkeiten beschreibt (T1–3, D1–2).

3 Fertige eine kleine Zeichnung an, wer von wem abhängig ist.

4 Beurteile, ob du gerne in Athen gelebt hättest
a) als Sosibros,
b) als Kalliope,
c) als Skythos oder Hermione.

5 Vergleiche in einer Tabelle die Unterschiede zwischen einem Haushalt damals und heute (T1–3, D1–3).

Athen – die erste Demokratie

Wir leben in Deutschland in einer Demokratie. Alle vier Jahre wählen Bürgerinnen und Bürger Abgeordnete in den Deutschen Bundestag in Berlin. Die Idee der Demokratie kommt aus Athen. Aber eigentlich wurde dort mehr gelost als gewählt.

Monarchie heißt Alleinherrschaft. An der Spitze der Polis stand ein Anführer oder König.

Aristokratie heißt Herrschaft der Adligen/ der Wenigen.

→ **Adliger**

Demokratie heißt Volksherrschaft. Die Bürger entschieden in ihrer Polis. In Athen herrschte eine direkte Demokratie, da jeder Bürger Mitglied der Volksversammlung war. Bei uns herrscht eine indirekte Demokratie, da die Bürgerinnen und Bürger durch Abgeordnete im Parlament vertreten werden.

→ **Wahl**

→ **Losverfahren**

T1   Wer soll herrschen?

In den meisten Poleis stritten sich Adlige oft über die Fragen: Wer darf über die Polis entscheiden? Wer übernimmt Verantwortung für alle? Sollte einer die Alleinherrschaft übernehmen (Monarchie)? Oder sollten nur die Adligen herrschen (Aristokratie)?

Auch in Athen gab es Streit um die Macht. Der adlige Politiker Kleisthenes sorgte schließlich im Jahr 507 v. Chr. dafür, dass die Bürger des Volkes („demos") mehr Rechte bekamen. Sie sollten stärker mitbestimmen und Ämter übernehmen. So wollte er verhindern, dass einzelne Politiker zu mächtig wurden. Mit seinen Reformen legte er die Grundlage für die Demokratie (Volksherrschaft) in Athen.

T2   Die Mehrheit entschied

Alle Bürger, die sich für das Zusammenleben interessierten und Zeit hatten, versammelten sich zur Volksversammlung auf einem Platz. Sie hörten sich Vorschläge an, berieten darüber und stimmten am Ende ab. Die Mehrheit entschied. Die Bürger losten 500 Bürger für den Rat der 500 aus. Diese übernahmen Aufgaben wie eine Regierung. Auch die 6 000 Richter wurden durch das Los gefunden. Bei 40 000 Bürgern und einer Amtszeit von einem Jahr hatten alle Bürger die Möglichkeit, irgendwann ein Amt zu übernehmen.

Die Ämter wurden eine feste Einrichtung (eine Institution) in der Polis – und die Polis dadurch zu einem Staat. So war garantiert, dass jeder beherrscht wurde und herrschen konnte. Bei einer Entscheidung für den Krieg musste jeder Bürger den Staat als Soldat verteidigen.

T3   Die Blütezeit Athens

Die Anführer des Militärs (Strategen) wurden nicht per Los bestimmt, sondern gewählt. Ein Stratege durfte auch wiedergewählt werden. Perikles (um 500–429 v. Chr.) schaffte es, 15 Mal ohne Unterbrechung wiedergewählt zu werden. Er verteidigte die Polis nicht nur erfolgreich gegen Feinde, sondern war auch ein glänzender Redner in der Volksversammlung. Perikles überzeugte die Bürger, die Rechte des „demos" zu erweitern. Athen entwickelte sich zu einer besonders mächtigen und reichen Demokratie.

Perikles sagte, dass unsere Staatsordnung den Namen „Demokratie" trägt, weil der Staat nicht von wenigen Bürgern, sondern von ihrer Mehrheit getragen wird. Ich stimme ihm zu! Wir leben frei als Bürger in unserem Staat!

D1   **Sosibros – ein Bürger in Athen** über den Strategen Perikles. Zeichnung

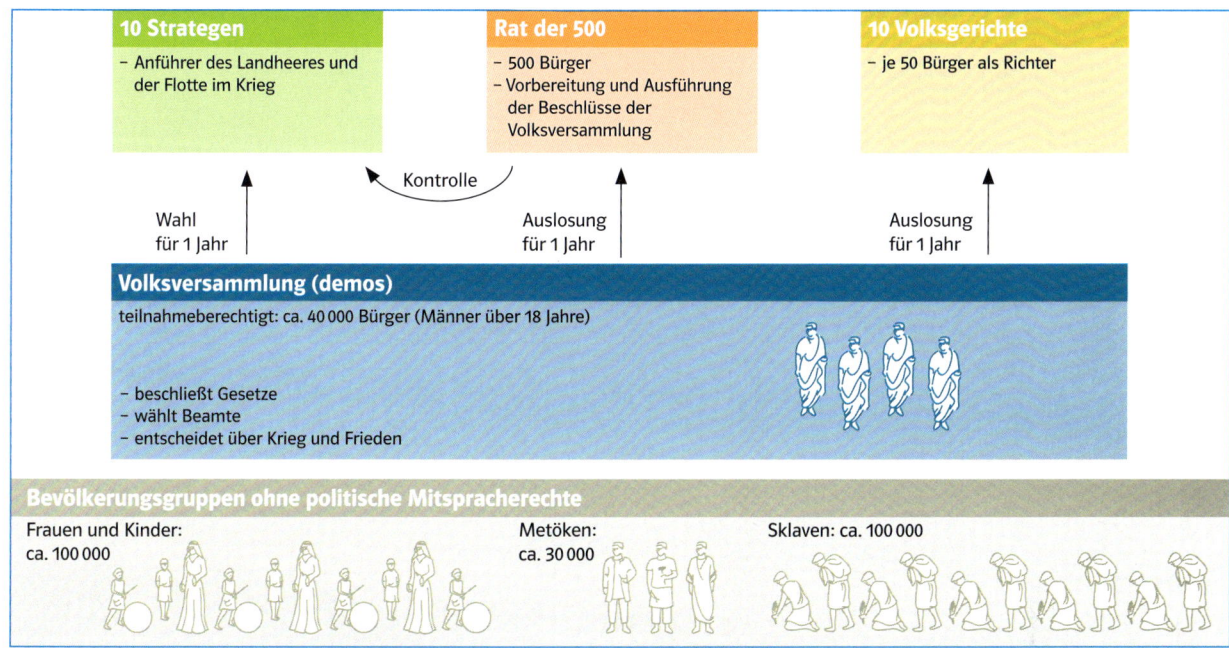

10 Strategen	Rat der 500	10 Volksgerichte
– Anführer des Landheeres und der Flotte im Krieg	– 500 Bürger – Vorbereitung und Ausführung der Beschlüsse der Volksversammlung	– je 50 Bürger als Richter

Kontrolle

Wahl
für 1 Jahr

Auslosung
für 1 Jahr

Auslosung
für 1 Jahr

Volksversammlung (demos)

teilnahmeberechtigt: ca. 40 000 Bürger (Männer über 18 Jahre)

– beschließt Gesetze
– wählt Beamte
– entscheidet über Krieg und Frieden

Bevölkerungsgruppen ohne politische Mitspracherechte

Frauen und Kinder:
ca. 100 000

Metöken:
ca. 30 000

Sklaven: ca. 100 000

D2 **Bevölkerung und politische Rechte in Athen**
um 450 v. Chr. (Bevölkerungszahl geschätzt) MB

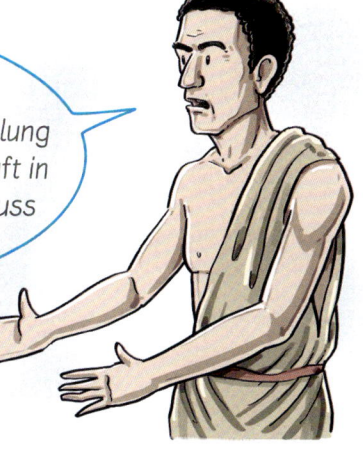

Wirklich, in Athen haben die Einwohner durch das Losen der Ämter und die Volksversammlung eine große Beteiligung an der Herrschaft in der Polis. Aber die „Volksherrschaft" muss eigentlich „Bürgerherrschaft" heißen.

D3 **Skythos – ein Sklave in Athen** über die Demokratie der Athener. Zeichnung

2 Nenne die Aufgaben der Volksversammlung und des Rates der 500 (T2, D2).

4 Beurteile Sosibros' und Skythos' Meinung zur direkten Demokratie in Athen (D1, D3, Lexikon).

A
B

1 Was bedeuteten „demos" und Demokratie in Athen (T1, Lexikon)? Fasse zusammen.

2 Beschreibe und untersuche das Schaubild zu den politischen Rechten in Athen (T2, D2).

3 Erkläre, wer Perikles war (T3).

4 Beurteile die direkte Demokratie der Athener im Vergleich zu einer Monarchie oder einer Aristokratie (T1–3, Lexikon).

5 Welche Unterschiede seht ihr zwischen der Demokratie der Athener und unserer Demokratie? Diskutiert in der Klasse, ob die athenische Demokratie eine Wurzel unseres Staates ist.

A
B

Was die Griechen von Nordeuropa wussten

Im 6. Jahrhundert v. Chr. lebten im heutigen Frankreich, England, Norwegen, Dänemark und Deutschland Kelten und Germanen. Obwohl es einige Handelswege vom Mittelmeer in den Norden gab, hatten die Griechen kaum eine Vorstellung vom europäischen Norden.

© Klett

Die Griechen entdecken Nordeuropa

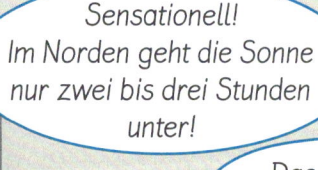

Sensationell! Im Norden geht die Sonne nur zwei bis drei Stunden unter!

Das hast du dir ausgedacht!

PYTHEAS

Q1   Produkte aus dem Norden. Sie waren bei den Griechen begehrt: Aus Bernstein machten sie Schmuck. Zinn, das im Norden in großen Mengen abgebaut werden konnte, wurde für die Bronzeherstellung benötigt. Und Bronze brauchten die Griechen, um Waffen zu bauen. Doch das Bild vom Norden war nicht nur positiv: Griechische Händler beschrieben das Leben in Nordeuropa als rückständig. Sie verglichen es mit dem Leben der Griechen zur Zeit des trojanischen Krieges – das war immerhin 600 Jahre her.

Q2   Statue des Pytheas, Marseille. Der erste griechische Nordlandfahrer, der seine Beobachtungen aufschrieb, war Pytheas von Massalia. Pytheas stammte aus der neuen griechischen Polis Massalia (= Marseille) im Süden des heutigen Frankreichs. Er lebte zur Zeit Alexanders des Großen und starb um 310 v. Chr. Er war Händler, Geograph und Astronom. Er gelangte bis nach England und Südskandinavien, die genaue Reiseroute kennen wir nicht. Pytheas beschrieb Länder am Atlantischen Ozean und der Nordsee (Klima, Besonderheiten, Zusammenleben der Menschen). Nur wenige glaubten ihm.

mögliche Reiseroute des Pytheas
- - - - Route 1
- - - - Route 2, dann weiter wie Route 1

Griechische Siedlungsgebiete 750–550 v. Chr.

Reich Alexanders des Großen

P A Z I F I S C H E R

O Z E A N

0   1000   2000 km

Q3   Sensationen aus dem Norden.

- Zinn: Auf den britischen Inseln beobachtete Pytheas selbst, wie Zinn geschürft, geschmolzen, zu Barren geschmiedet und an fremde Händler verkauft wurde.
- Bernstein: Er sah, wie Bernstein an die Küsten angespült wurde, und erkannte es richtigerweise als versteinertes Harz.
- Ebbe und Flut: Pytheas beschreibt die Gezeiten und erklärt sie mit den Mondphasen.
- Treibeis: Pytheas beschreibt es erstmals – den Griechen war es unbekannt.
- Berechnungen für Seefahrer: Er berechnet ziemlich genau Entfernungen – etwa von Schottland nach Marseille.
- Polarlicht und Mitternachtssonne: Er beobachtet, dass die Tage im Norden immer länger wurden.
- Bedeutung: Spätere griechische Wissenschaftler nutzten seine Beobachtungen. Sie bewiesen, dass die Erde eine Kugel ist.

Zusammenleben in der Polis

4

D 07 📄
Arbeitsblatt
Wiederholung

D 08 📄
Arbeitsblatt
Wiederholung (Lösungen)

I 08 ✋
interaktive Übungen
Zusammenleben in der Polis

 Ich kann Fragen zur Geschichte der Griechen stellen und sie in meinem Portfolio beantworten.

 Ich weiß, wo die Griechen siedelten und was sie zusammenhielt.

Ich kann ein Thema aus der Welt der Griechen auf einem Portfolio-Bogen darstellen und reflektieren.

 Ich kenne die griechischen Götter und die Olympischen Spiele zu ihren Ehren.

 Ich kann die athenische Demokratie als Wurzel unserer Demokratie erkennen und bewerten, inwiefern sie sich von heute unterscheidet.

5

753 v. Chr. bis 476 n. Chr.

Rom – von der Stadt zum Weltreich

753 v. Chr.
Der Sage nach wird die Stadt Rom gegründet.

500 v. Chr.
Rom wird Republik.

264–146 v. Chr.
Die Römer kämpfen in mehreren Kriegen gegen Karthago um die Macht im Mittelmeerraum.

27 v. Chr.
Unter Augustus wird aus der römischen Republik eine Monarchie.

um 85–160
An der Grenze zu den Germanen errichten die Römer den Limes.

375–476
Das Römische Reich zerfällt.

?

Die Männer im Vordergrund haben sich verkleidet. Was spielen sie nach?

Unterscheide einzelne Personen und beschreibe die mitgeführten Zeichen.

Wer ist der Anführer der Gruppe? Woran erkennst du ihn?

Versetze dich in die Kinder im Publikum. Was könnte sie besonders interessieren?

Die Gruppe möchte mit diesem Foto Werbung für sich machen. Verfasse einen Kurztext zum Bild.

Rom – von der Stadt zum Weltreich

In dieser Themeneinheit lernst du das Volk der Römer kennen. Es schuf sich aus kleinen Anfängen ein Weltreich: das Imperium. Du kannst untersuchen, wie die Römer ihren Staat organisierten und wie sie ihn veränderten, als das Reich größer geworden war. Du kannst auch beurteilen, wie sich die Eroberungspolitik auf die Gesellschaft in Rom auswirkte und welche Folgen sie für die unterworfenen Völker hatte.

Wie erklärten sich die Römer die Entstehung ihrer Stadt? Wie siehst du die Gründungssage? (S. 96/97)

In welchen Schritten dehnte sich das Römische Reich aus? Wie kann man das auf einer Geschichtskarte erkennen? (S. 98/99)

Wer regierte Rom in der Zeit der Republik? (S. 100/101) Wie funktionierte die Regierung in der Kaiserzeit? (S. 108/109)

2 **3** **4**

Gründung *Ausbreitung* *Regierung*

Blättere die Seiten deines Geschichtsbuches durch. Notiere dir, was dich besonders interessiert. Entscheide dich für Weg A oder B.

A
B **1**

2 **3** **4**

Wie beurteilen moderne Archäologinnen und Archäologen die Gründungssage der Stadt Rom? (S. 96/97)

Welche Informationen zur Ausdehnung des Römischen Reiches kannst du einer Geschichtskarte entnehmen, welche den Textseiten dieses Buches? (S. 98/99)

Wie unterscheiden sich die Regierungsformen von Republik und Kaiserzeit? Wie sind sie an die Bedingungen von Stadtstaat und Weltreich angepasst? (S. 100/101, 108/109)

Das kannst du außerdem machen:

Material findest du auf den folgenden Seiten, du kannst aber auch in der Bücherei und im Internet suchen. MB

Was prägte den Alltag der
Römer? (S. 110–113, 116/117)

Wie lebten die Germanen
und wie war deren Be-
ziehung zu den Römern?
(S. 118–125)

Wie entstanden auf dem
Boden des Römischen
Reiches neue Reiche?
(S. 126/127)

Trage alles, was du
herausgefunden
hast, in einer
Arbeitsmappe
zusammen.
Präsentiert die
Ergebnisse, indem
ihr sechs Gruppen
bildet. Bereitet
euch in jeder
Gruppe zu einem
Thema vor.
Diskutiert euer
Thema in einer
Expertenrunde.

5

Wirtschaft/Gesellschaft

6

Begegnung

7

Zerfall

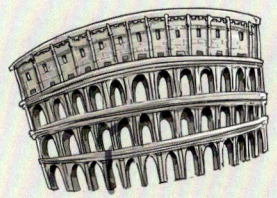

8

A
B

5

Auf welche Weise dienten
Fernstraßen dem Imperium?
(S. 114/115)

6

Was berichtet der Römer
Tacitus über die Germanen?
Kann man ihm glauben?
Warum konnten die Römer
nur einen Teil der Germanen
für ihre Lebensart gewinnen?
(S. 118–125)

7

Wieso wurde die Grenz-
sicherung für Rom immer
schwieriger? Wieso entstanden
auf dem Boden des Römischen
Reiches neue Reiche?
(S. 126/127)

… das Leben eines berühmten Römers/einer
berühmten Römerin recherchieren und vorstellen,

… den Spuren der Römer in Deutschland/in deiner Heimat nachgehen,

… den Ablauf der Varusschlacht recherchieren und darüber referieren, MB

… zum Alltagsleben (z. B. Kleidung, Essen) der Römerinnen und Römer
ein Plakat anfertigen,

… einen Comic zu den Römern vorstellen, z. B. „Asterix als Legionär"
oder „Asterix und Cleopatra",

… das Limesmuseum in Aalen, die Villa Urbana in Heitersheim
oder ein anderes Römermuseum besuchen und darüber berichten.

Rom – vom Dorf zum Imperium

Muss die mächtigste Stadt der Welt nicht einen besonderen Anfang gehabt haben? Für die Römer war das keine Frage. Sogar die Götter sollen bei der Gründung Roms geholfen haben.

Provinz
Besitzung außerhalb Italiens, die von römischen Beamten verwaltet wurde

Imperium Romanum
So nannten die Römer ihr Weltreich.

Mythos
Erzählung, die das Geschehen in der Welt mit dem Wirken der Götter erklärt

→ **Gründungsmythos**

→ **Monarchie**

→ **Forum Romanum**

T1 Was die Sage erzählt

„Mutter, erzählst du uns noch einmal die Geschichte von den zwei Jungen und der Wölfin?", fragen die römischen Kinder Tullia und Sextus neugierig. Ihre Mutter antwortet: „Nun gut, dann setzt euch mal zu mir, ihr zwei." Und sie beginnt zu erzählen: „Also, vor langer Zeit kam ein griechischer Held nach Italien. Sein Vater stammte aus der berühmten Stadt Troja, seine Mutter war die Göttin Venus. Er heiratete eine Prinzessin aus dem Volk der Latiner. Viele Jahrhunderte lang herrschten seine Nachfahren als Könige über das Land. Doch eines Tages gab es Schwierigkeiten: Ein Bruder des damaligen Königs riss die Macht an sich. Er wollte alle Nachkommen des Königs töten, um seine Macht zu sichern. Auch die Enkel des Königs, die Zwillinge Romulus und Remus, wollte er loswerden. Er befahl, sie im Fluss Tiber zu ertränken. Seine Diener hatten aber Mitleid mit den Jungen und setzten sie in einem Schilfkorb auf dem Wasser aus. Das Körbchen trieb ans Ufer und wurde von einer Wölfin entdeckt. Sie säugte die Knaben in ihrer Höhle, bis Hirten sie fanden und mitnahmen. Als Romulus und Remus starke junge Männer geworden waren, töteten sie den bösen Großonkel. Am Ufer des Tiber wollten sie eine Stadt gründen. Doch beim Bau der Mauer gerieten sie in Streit. Romulus erschlug seinen Bruder. Er wurde der erste König der neuen Stadt. Von ihm erhielt sie ihren Namen – Rom."

T2 Was wir heute wissen

Die Sage versucht, Roms Gründung als Werk der Götter zu erklären (Mythos). Wie aber war es wirklich? Archäologen haben entdeckt, dass Rom am Anfang keine Stadt war. Sie gruben Überreste einfacher Hütten aus, die vor fast 3000 Jahren auf den Hügeln über dem Fluss Tiber standen. Die kleinen Siedlungen waren von Bauern, Hirten und Fischern erbaut worden. Dort lebten sie sicher vor Hochwasser und konnten Feinde leichter abwehren.

T3 Ein Weltreich entsteht

Im 8. Jahrhundert v.Chr. wuchsen die Siedlungen zu einer Stadt zusammen. Die Sümpfe zwischen den Hügeln wurden trockengelegt. Dort entstand ein großer Platz für Versammlungen: das Forum. Damals herrschten Könige vom Volk der Etrusker über Rom. Der kleine Stadtstaat begann, sich auszudehnen. Um 500 v.Chr. verjagten die Römer ihren letzten König. Nun wurde Rom eine Republik (S. 100). 350 Jahre später beherrschten die Römer den gesamten Mittelmeerraum. Sie eroberten weitere Gebiete und machten sie zu Provinzen. Aus dem Dorf war ein Weltreich geworden, das Imperium Romanum.

Q1 Die Wölfin ist bis heute das Wahrzeichen der Stadt Rom. Die Bronzefigur ist erst nach der Römerzeit im Mittelalter entstanden.

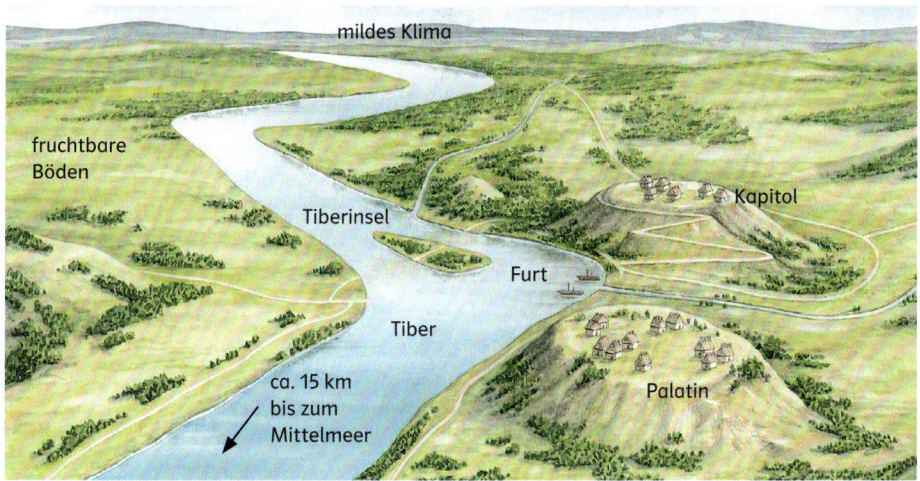

D1   Rom, wie es um 900 oder 800 v. Chr. ausgesehen haben könnte. Die Zeichnung zeigt den Platz der frühesten Siedlungen. Er war günstig gewählt, weil es hier eine Furt im Tiber gab. Das ist eine Stelle, an der das Wasser so niedrig fließt, dass man den Fluss leicht durchqueren kann. Händler fuhren an solchen Stellen mit ihren Wagen einfach durch den Fluss.

Bildbeschriftungen: mildes Klima, fruchtbare Böden, Tiberinsel, Kapitol, Furt, Tiber, Palatin, ca. 15 km bis zum Mittelmeer

D2   Das Forum Romanum, um 300 n. Chr. Auf dem wichtigsten Platz der Stadt Rom standen neben den Tempeln der Hauptgötter die großen Staatsgebäude. Dort wurden Gerichtsverhandlungen und Versammlungen abgehalten. Politiker hielten auf dem Forum Reden. Zeichnung eines modernen Malers.
① Tempel des Jupiter, ② Tempel des Saturn,
③ Rednertribüne, ④ Triumphbogen

A
1 Beschreibe die Lage der ersten Siedlungen am Fluss Tiber vor beinahe 3 000 Jahren (D1).

B
1 Beschreibe die Lage der ersten Siedlungen am Fluss Tiber vor beinahe 3 000 Jahren (D1).

2 Nenne Gründe, warum sich die ersten Siedler genau für diesen Ort am Fluss Tiber entschieden (D1, T2).

2 Zwei Siedler diskutieren über den richtigen Platz, an dem sie eine Siedlung gründen können. Schreibe das Gespräch auf, macht daraus ein Rollenspiel (D1, T2).

3 Erstelle einen Zeitstrahl für die Zeit zwischen 800 v. Chr. und 150 v. Chr. Trage wichtige Begriffe für die Entwicklung der Stadt Rom und des Römischen Reiches ein (T3, D1–2).

4 Zeichne einen römischen Tempel für dein Portfolio (D2).

4 Du bist zu Besuch in Rom. In einem Brief beschreibst du einem Freund/einer Freundin das Forum Romanum (D2).

5 Wie soll die Stadt Rom gegründet worden sein und von wem hatte sie ihren Namen angeblich? Begründe aus der Sage (T1).

5 Warum lieferte die Entstehung der Stadt Rom Stoff für eine Sage? Schreibe deine Vermutung auf (T1).

6 EXTRA **A B** Vergleicht die Sage (T1) mit der Wirklichkeit (T2). Diskutiert, warum die Stadtgründung heute anders erklärt wird als zur Römerzeit.

MB Geschichtskarten auswerten

Die Römer nannten das Mittelmeer „unser Meer". Sie beherrschten es so sehr, dass es zur „Hauptstraße" ihres Reiches wurde. Dreihundert Jahre lang „bauten" sie daran, indem sie eine Provinz an die andere reihten.

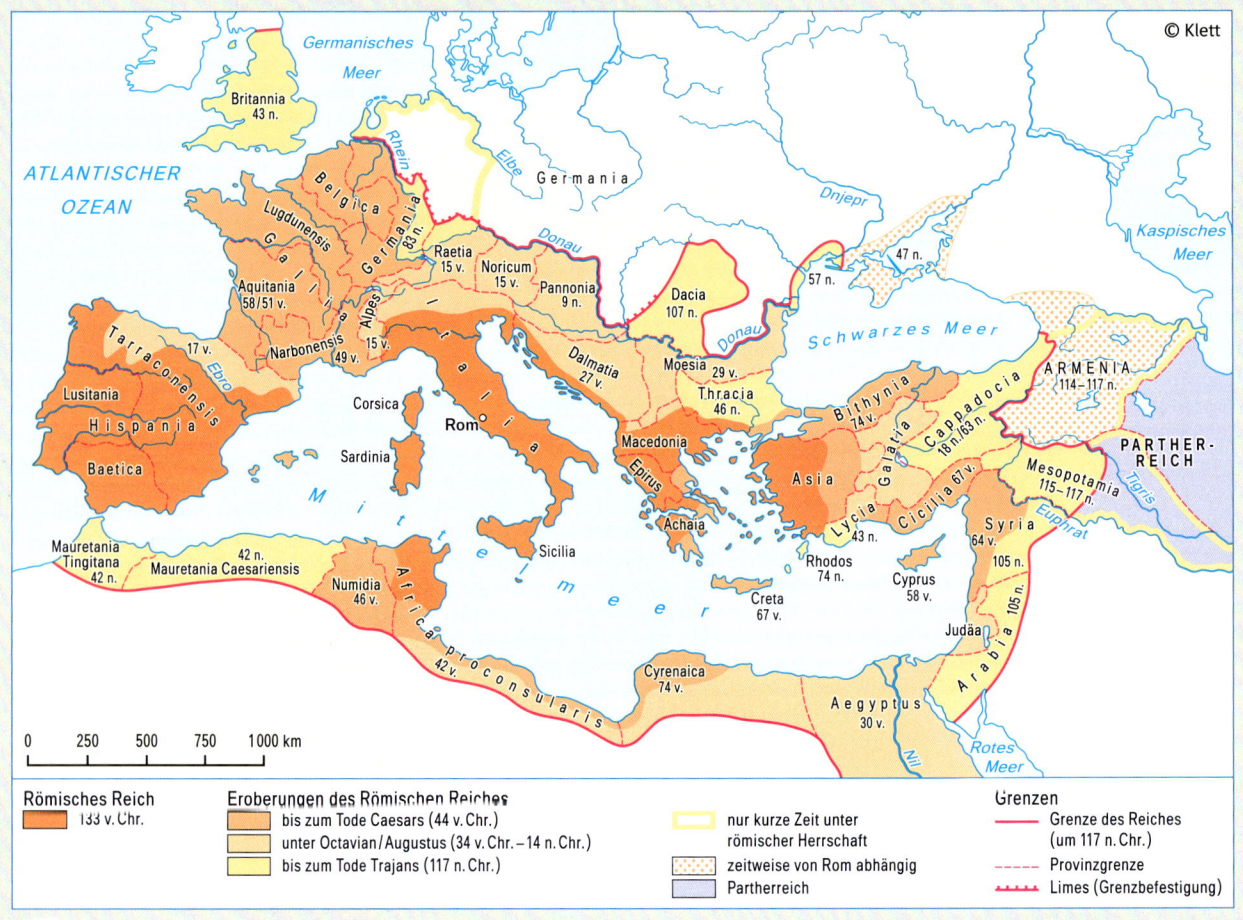

© Klett

Römisches Reich
■ 133 v. Chr.

Eroberungen des Römischen Reiches
■ bis zum Tode Caesars (44 v. Chr.)
□ unter Octavian/Augustus (34 v. Chr. – 14 n. Chr.)
□ bis zum Tode Trajans (117 n. Chr.)

□ nur kurze Zeit unter römischer Herrschaft
▦ zeitweise von Rom abhängig
▨ Partherreich

Grenzen
—— Grenze des Reiches (um 117 n. Chr.)
– – – Provinzgrenze
┴┴┴ Limes (Grenzbefestigung)

D1 Die Entwicklung des Römischen Reiches zu einem Weltreich

→ **Expansion**

→ **Imperium**

T1 Geschichtskarten auswerten

Geschichtskarten veranschaulichen Ereignisse aus der Vergangenheit. Sie geben dir einen schnellen Überblick zu Staaten, Kriegen, Entdeckungsfahrten, Religionen oder Handel in der Geschichte. Die Karte auf dieser Seite zeigt dir den Raum, den das Römische Reich eingenommen hat. Sie zeigt dir aber auch, wie es sich ausgedehnt hat.

T2 Das Imperium der Römer

Nachdem die Römer im 2. Jahrhundert v. Chr. die See- und Handelsmacht Karthago (im Norden Afrikas) besiegt hatten, erweiterten sie 300 Jahre lang ihr Reich (D1). Sie eroberten alle Länder am Mittelmeer. Aus besiegten Ländern wurden römische Provinzen. Der Feldherr Julius Caesar eroberte Teile des heutigen Deutschlands für Rom. So entstanden Trier und Köln als römische Städte.

T3 **Die Zeichensprache der Geschichtskarte**

Wer eine Geschichtskarte entschlüsseln will, muss ihre Zeichen kennen. Die notwendigen Werkzeuge findest du in der Legende.

Maßstab: Mit dem Maßstab kannst du berechnen, wie lang Strecken in Wirklichkeit sind, zum Beispiel wie weit es von Rom bis in die Provinz Britannia war.

Farbige Flächen: Flächen, die die gleiche Grundfarbe haben und nur heller oder dunkler sind, zeigen verschiedene Zeiten an. Beispiel: kräftiges Orange = Gebiete, die schon 133 v. Chr. zu Rom gehörten.

Namen: Hinter den Grenzen des Römischen Reiches lebten in Nord- und Osteuropa verschiedene Germanenverbände. Ihr Siedlungsgebiet wird mit der römischen Bezeichnung „Germania" dargestellt.

Begriffe und Zahlen: Namen und Jahreszahlen geben an, wann die Römer ein Gebiet eroberten und es zu einer Provinz ihres Reiches machten.

Farbige Linien: Durchgehende Linien stellen auf dieser Karte die Grenzen des Römischen Reiches zum Zeitpunkt seiner größten Ausdehnung dar, gestrichelte Linien die Provinzgrenzen innerhalb des Reiches.

Geschichtskarten auswerten

Beschreiben

1 Lies dir die Überschrift und die Legende genau durch.

2 Beschreibe das Thema der Karte.

3 Nenne den Zeitpunkt oder den Zeitraum, über den die Karte etwas aussagt.

Untersuchen

4 Untersuche, welchen Raum die Karte zeigt. Ordne den Kartenausschnitt in einer größeren Übersichtskarte ein. Dein Atlas hilft dir dabei.

5 Kläre die Bedeutung von Farben, Pfeilen oder anderer Symbole. Schreibe dir stichwortartig Informationen der Karte auf.

Deuten

6 Fasse die Aussagen der Karte in wenigen Sätzen zusammen.

1
Beschreibe den Raum:
a) Auf welchen Erdteilen hatten die Römer Besitz? Liste auf.
b) Nenne drei Meere, die das Römische Reich begrenzten.

2
Nenne das Thema der Karte D1 und beschreibe die Grenzen des Römischen Reiches im Jahr 117 (D1, Atlas).

2
Untersuche D1 mithilfe der Arbeitsschritte (Kasten). Schreibe deine Arbeitsergebnisse auf.

3
Berechne die Ausdehnung des Römischen Reiches von Nord nach Süd und von Ost nach West in Kilometern.

3
Wo hatte das Römische Reich natürliche Grenzen? Nenne zwei und erkläre, warum sie wichtig für die Sicherheit des Reiches waren.

4
Zeichne eine Karte mit den Küsten des Mittelmeeres, trage Provinzen ein und die Stadt Rom.

4
Beurteile die Rolle des Mittelmeeres für Eroberung, Verwaltung und Verteidigung des Römischen Reiches.

5
Beschreibe die Besonderheit der Ostgrenze der Provinz Germania. Wo war sie leicht, wo schwer zu verteidigen?

5
Erläutere, warum die Größe des Römischen Reiches eine Herausforderung für die Verwaltung und Verteidigung darstellte.

6 **EXTRA**
Warum nannten die Römer das Mittelmeer „unser Meer"? Diskutiert darüber in der Klasse.

Wie Rom regiert wurde

Um 500 v. Chr. wollten die Römer nicht mehr von einem König regiert werden. Den letzten jagten sie aus der Stadt. Ihren Staat nannten sie nun „Republik". Das bedeutet: „öffentliche Sache". Doch war der Staat wirklich eine Sache des ganzen Volkes?

Republik
von lat. res publica = die öffentliche bzw. gemeinsame Sache. So nannten die Römer ihren Staat nach der Königszeit.

Patrizier
Sie kamen aus adligen Familien. Sie besaßen große Landgüter und hatten viel Macht im Staat.

Senat
Im Senat saßen reiche und angesehene Männer. Sie berieten die Konsuln und bereiteten Verträge vor.

Plebejer
von lat. plebs = einfaches Volk. Die Plebejer besaßen das römische Bürgerrecht, waren aber meist arm.

→ **Gesellschaft**

T1 Die Patrizier

Besitz und Macht waren in Rom sehr unterschiedlich verteilt. An der Spitze standen die adligen Familien, die Patrizier. Sie regierten den Staat, stellten im Krieg die Offiziere, leiteten als Priester die Tempel und besaßen große Landgüter. Dort arbeiteten sie aber nicht selber, sondern ließen Sklaven und Landarbeiter schuften. So hatten die Patrizier genug Zeit und Geld, um sich mit der Politik zu beschäftigen. Sie übernahmen politische Ämter und saßen im Senat. Wenn Rom einen Krieg gewann, bekamen sie Landgüter und Sklaven als Kriegsbeute.

T2 Die Plebejer

Die einfachen Bürger nannte man Plebejer. Das waren Bauern, Handwerker und Händler. Die meisten von ihnen hatten Mühe, ihre Familie zu ernähren. Doch wenn der Staat einem Nachbarvolk den Krieg erklärte, mussten sie ihren Hof oder ihre Werkstatt verlassen und ins Feld ziehen. Sie waren verpflichtet, die teuren Waffen selber zu bezahlen. Die ärmeren Plebejer litten unter den Anstrengungen des Krieges besonders, weil sie als einfache Fußsoldaten eingesetzt wurden. Reichere Plebejer waren im Krieg Reiter. Man nannte sie daher Ritter.

T3 Die Plebejer wollen mitregieren

Die Plebejer erkannten bald, dass der römische Staat ohne sie nicht funktionieren würde. In Friedenszeiten lief ohne ihre Arbeit in Rom nichts. Im Krieg stellten sie die Masse der Soldaten. War es da gerecht, dass sie keine hohen Ämter übernehmen und keine Entscheidungen treffen durften? Die Plebejer drohten, den Kriegsdienst zu verweigern – damit wollten sie erreichen, dass ihre Forderungen gehört wurden. Es dauerte fast 200 Jahre, bis die Plebejer dem Gesetz nach gleichberechtigt waren. Aber nur wenige konnten in die höchsten Staatsämter aufsteigen. Wer gewählt werden wollte, musste nicht nur ein guter Redner sein. Er musste auch einflussreiche Freunde und Geld für den Wahlkampf haben.

Ein öffentliches Amt war für die Plebejer sehr wichtig: das des Volkstribunen. Wenn der Senat tagte, hörten die Volkstribunen gut zu. Sie achteten darauf, dass die Versammlung keinen Beschluss fasste, der den Plebejern schadete. Geschah das doch, riefen sie laut: „Veto!" Das bedeutet: „Ich verbiete!" Die Volkstribunen hatten auch das Recht, einen einfachen Bürger vor der Verhaftung zu schützen. Selbst ein Konsul musste den Bürger dann freilassen.

494 v. Chr.	450 v. Chr.	445 v. Chr.	367 v. Chr.	287 v. Chr.
Die Plebejer dürfen eigene Versammlungen abhalten und Volkstribune wählen.	Das römische Recht wird auf zwölf Tafeln aufgeschrieben. Plebejer können sich nun darauf berufen.	Ehen zwischen Plebejern und Patriziern werden erlaubt.	Plebejer dürfen Konsuln werden.	In den Versammlungen der Plebejer dürfen Gesetze beschlossen werden.

D1 Ein langer Weg. Die Plebejer mussten sich ihre Rechte erkämpfen.

I10 🖑
interaktives Schaubild
Verfassung der römischen Republik um 300 v. Chr.

5

Senat mit 300 Senatoren	Gewählte Beamte, die die Staatsgeschäfte führen (Magistrate)		10 Volkstribunen
– Wir beraten die Konsuln. – Wir bereiten die Gesetze für die Volksversammlung vor. – Wir erklären den Krieg. – Wir schließen Friedensverträge ab.	**zwei Konsuln** – Wir leiten den Staat. – Wir sind die obersten Heerführer. – Wir berufen die Volksversammlung ein.	**weitere Beamte** – Wir verwalten die Staatskasse. – Wir sind die Richter. – Wir sind für die Getreideverteilung verantwortlich. – Wir haben die Polizeigewalt.	– Wir sind nur von Plebejern gewählt. – Wir haben nicht so viel zu sagen wie die gewählten Beamten. Wir können aber alle ihre Beschlüsse verbieten, wenn wir sie schlecht finden.

D2 **Verfassung der römischen Republik** um 300 v. Chr. Die Beamten (Magistrate) und die Volkstribunen wurden für ein Jahr gewählt, die Mitglieder des Senats auf Lebenszeit ernannt. Schaubild [MB]

Wir armen Plebejer kommen als Letzte dran. Wir sind zwar viel mehr als die anderen zusammen, aber wir haben nur 95 Stimmen.

Wir Patrizier stimmen immer als Erste ab. Eigentlich sind wir nur wenige, aber wir haben 80 Stimmen bei der Wahl.

Wir reichen Plebejer – man nennt uns Ritter – stimmen danach ab. Wir sind auch nur eine kleine Gruppe, haben aber 18 Stimmen.

D3 **Wie ein Konsul in der Volksversammlung gewählt wurde**, erklären dir Gaius, Antonius und Lucius (von links nach rechts). Achte auf ihre Kleidung: Gaius und Antonius tragen als Untergewand die Tunika. Das ist ein langes Hemd aus Wolle oder Leinen. Darüber tragen sie eine Toga.

---

1 Nenne die beiden Gruppen der römischen Bevölkerung. Liste jeweils Merkmale auf (T1–2).

2 Inwiefern begünstigte das römische Wahlrecht die Reichen? Erkläre (D3).

2 Warum saßen während der frühen Republik in den hohen Ämtern fast nur Patrizier? Erkläre (T1, D1).

3 Wie erreichten die Plebejer im Laufe der Zeit mehr Rechte in der Politik? Erkläre (T3, D1).

4 [MB] Wer regierte in der römischen Republik den Staat und welche weiteren Ämter (Beamte) gab es? Erkläre (D2, I10 🖑).

4 Nenne Ämter, die jährlich neu besetzt wurden. Warum war es wichtig, dass man ein Amt nur für ein Jahr bekam? Beurteile.

5 Haben die Römer ihren Staat zu Recht „Republik" genannt? Diskutiert das Thema in der Klasse.

6 EXTRA Zeichne einen Patrizier oder einen Plebejer, wie du ihn dir vorstellst. Schreibe einige Informationen dazu (D3).

Die Schattenseiten der Macht

Im 2. Jahrhundert v. Chr. eroberten die römischen Bauern als Soldaten ein Weltreich.
Doch viele Sieger kehrten auf verarmte Höfe zurück. Zwei Brüder wollten das ändern.

Legion
größte Abteilung der römischen Armee mit ungefähr 5000 Soldaten (Legionären)

Proletarier
So nannte man besitzlose Römer. Weil es für alle Arbeiten billige Sklaven gab, hatten sie kaum eine Chance, ihren Lebensunterhalt selbst zu verdienen.

Gesetz
Regeln, die ein Staat für seine Bürgerinnen und Bürger aufstellt

T1   Gewinner und Verlierer

Rom – 133 v. Chr.: Römische Legionen haben viele Völker des Mittelmeerraumes besiegt. Ihre Schätze an Gold und Silber wurden nach Italien geschafft. Doch die Mehrzahl der Soldaten ging dabei leer aus. Wenn sie aus dem Krieg zurückkehrten, waren sie oft ärmer als zuvor. Viele waren unzufrieden – so auch die zwei früheren Nachbarn, die sich wiedertreffen.

T2   Publius und Quintus

Publius: „Sei gegrüßt, Quintus, was machst du denn hier in Rom?"

Quintus: „Das Gleiche könnte ich dich fragen. Lebst du nicht mehr auf deinem Bauernhof?"

Publius: „Auf meinem Hof! Schon seit Jahren nicht mehr. Als ich aus dem spanischen Krieg nach Hause kam, war mein Hof endgültig ruiniert. Meine Frau und die jüngeren Kinder haben es alleine nicht mehr geschafft, die Ackergeräte und das Haus instand zu halten, mein Vieh zu versorgen und die Felder zu bestellen."

Quintus: „Bei mir war es ähnlich. Wie du weißt, war ich schon bei den Legionen, als wir Karthago vor 13 Jahren zerstörten. Dann ging es nach Griechenland und so weiter, fast jedes Jahr vom Frühjahr bis zum Herbst. Da wird man als Bauer doch zu Hause gebraucht."

Publius: „Und deinen Hof, hast du den auch an so einen gierigen Adligen billig verkauft?"

Quintus: „Was blieb mir anderes übrig. Wenn ich an die denke: unsere adligen Offiziere! Die konnten doch leicht in den Krieg ziehen! Auf ihren Gütern gab es ja Verwalter, Knechte und Sklaven; da ging alles weiter! Und dann haben sie uns um die Beute betrogen. Die leben doch in Saus und Braus und lassen sich von ihren Sklaven verwöhnen!"

Publius: „Ja, die Sklaven sind unser größtes Unglück. Wir selbst haben sie in der Schlacht gefangen genommen, und nun nehmen sie uns die Arbeit weg. Mein Hof gehört zu einem der neuen Großgüter. Da arbeiten mehr als hundert dieser billigen Sklaven!"

Quintus: „Wovon lebst du nun, Publius?"

Publius: „Wahrscheinlich wie du, von staatlichen Getreidespenden und Gelegenheitsarbeiten, wie alle Proletarier in Rom. Aber ich habe die Hoffnung, dass sich die Zeiten ändern könnten. Dieser Tiberius Gracchus wird es den Reichen schon zeigen!"

T3   Wer hilft den Proletariern?

Im Jahr 133 v. Chr. wurde Tiberius Gracchus Volkstribun. Er wollte, dass alle Menschen sich selbst versorgen können. Deshalb schlug er ein neues Gesetz vor: Alle reichen Grundbesitzer sollten einen Teil ihres Landes an besitzlose Menschen abgeben. Aber die meisten Senatoren lehnten ab, weil sie kein Land abgeben wollten. Es kam zu Unruhen. Tiberius Gracchus und viele seiner Anhänger wurden getötet. Sein jüngerer Bruder Gaius versuchte zehn Jahre später, die Proletarier mit Land zu versorgen. Auch er fand den Tod.

D1   Zwei verarmte Bauern treffen sich in Rom wieder.

Q1 Tiberius Gracchus hielt 133 v. Chr. eine Rede, die der griechische Schriftsteller Plutarch mehr als 200 Jahre später so aufschrieb:

Die wilden Tiere Italiens haben jedes eine Höhle, eine Lagerstätte, einen Schlupfwinkel. Doch die Männer, die für Italien kämpfen und sterben, haben nichts außer Luft 5 und Licht. Heimatlos, ja ohne ein Dach über dem Kopf, irren sie mit Frau und Kind umher.

Die Feldherren lügen, wenn sie ihre Soldaten in der Schlacht auffordern, die Gräber und Heiligtümer gegen den Feind zu verteidigen. 10 Denn von so vielen Römern hat keiner mehr einen väterlichen Herd, keiner mehr ein Grab seiner Ahnen aufzuweisen. Nur für das schöne Leben und den Reichtum anderer müssen sie kämpfen und fallen. Sie heißen Herren der 15 Welt, ohne auch nur ein einziges Stück Ackerland ihr Eigen nennen zu können.

Schon gewusst?

Frauen traten in Rom öffentlich kaum in Erscheinung. Sie mussten mit wenig Bildung aufwachsen und wirkten vorwiegend im Haus. Insofern werden sie auch in den antiken Quellen kaum erwähnt. Eine Ausnahme ist die **Mutter von Tiberius und Gaius Gracchus**. Sie war in Rom berühmt. Sie war die Tochter des Scipio, der den karthagischen Militärführer Hannibal besiegt hatte. Ihr Vater hatte dafür gesorgt, dass sie durch griechische Privatlehrer eine sehr gute Bildung bekam. Sie wechselte mit berühmten Männern Briefe und versammelte Künstler, Dichter und Politiker Roms in ihrem Haus. Cornelia hatte zwölf Kinder, von denen neun früh starben. Als ihr 30 Jahre älterer Mann starb, musste sie die drei verbliebenen Kinder alleine aufziehen. Sie galt als Vorbild für jede Römerin. Zu ihren Ehren wurde eine Säule in Rom aufgestellt, auf der geschrieben stand: „Der Mutter der Gracchen" (Gracchen=Mehrzahl von Gracchus).

D2 **Cornelia mit ihren Söhnen Tiberius und Gaius sowie ihrer Tochter Sempronia.** Während eine Freundin mit ihrem Schmuck prahlt, zeigt Cornelia auf ihre Kinder. Gemälde von Angelika Kauffmann, um 1785

A/B 1 Welche Folgen hatten die Eroberungskriege? a) für adlige Grundbesitzer, b) für einfache Bauern? Beschreibe (T1–2).

2 Wie lebten die Proletarier in Rom? Erkläre (Lexikon, T2).

2 Beurteile die Situation der Proletarier in Rom (Lexikon, T2).

3 Nenne die Namen zweier Römer, die den Proletariern helfen wollten, und erkläre ihr Programm (T2–3, Q1).

3 Tiberius Gracchus will auf dem Forum eine Rede gegen die Reichen halten. Schreibe Stichworte für die Rede auf. Halte die Rede vor der Klasse (T2–3, Q1)

4 Hätte die Politik der Gracchen für den römischen Staat Vorteile gehabt? Bedenkt dabei auch, dass ein Proletarier im Krieg zu Hause blieb, weil er sich Waffen und Ausrüstung nicht leisten konnte. Diskutiert darüber in der Klasse.

5 EXTRA A/B Inwiefern war Cornelias Leben ungewöhnlich im Vergleich zum Leben anderer Frauen in Rom? Begründe.

Wie arme und reiche Römer wohnten

T1 Villen für die Reichen

Um 100 n. Chr. war Rom der Mittelpunkt eines riesigen Reiches. Von überall her strömte Geld in die Stadt hinein. Damit wurden prächtige Gebäude und Tempel aus Marmor gebaut. Einige Römer waren sehr reich. Sie lebten mit ihrer Familie in einem großen Haus, der Villa (D2).

T2 Leben im Mietshaus

In Rom lebten sehr viele Menschen auf engem Raum zusammen. Die meisten von ihnen wohnten zur Miete in großen Häusern mit mehreren Etagen (D1). Im Erdgeschoss gab es Kneipen, Geschäfte und Werkstätten. Darüber lagen Wohnungen für sehr unterschiedliche Mieter. Weil es leicht brennen konnte, durften die Mieter in ihren Wohnungen nicht kochen. Sie brachten ihre Lebensmittel in eine Garküche oder kauften dort gleich eine einfache Mahlzeit.

D1 Römisches Mietshaus. So ein Haus nahm oft eine ganze insula (= lat. Insel) zwischen vier rechtwinklig verlaufenden Straßen ein. Rekonstruktionszeichnung

D2 **Römische Stadtvilla.** In diesem Haus hatte eine reiche Familie viel Platz. Es gab unterschiedliche Räume für den Empfang von Besuch, die täglichen Mahlzeiten, die Erholung und auch für die zahlreichen Hausklaven. Rekonstruktionszeichnung

Beschreibt das Mietshaus D1.
a) Wie sehen die einzelnen Etagen aus und wie hoch sind sie?
b) Welche Mieter nutzten die Etagen?

Beurteilt Einzelheiten der Villa D2.
a) Warum hatte sie nach außen keine oder nur winzige Fenster?
b) Wo lebte das Personal?

A
B

1 Nennt aus der Überschrift und den Abbildungen D1 und D2 das Thema der Stunde. Schaut euch die Aufgaben an und entscheidet euch für Weg A oder B. Bildet Gruppen und löst die Aufgaben.

2 Beurteilt das Mietshaus D1 aus Sicht des Vermieters.
a) Welche Mieter sucht er für die einzelnen Etagen?
b) Warum ist das für ihn vorteilhaft?

3 Beschreibt die Stadtvilla D2: Nutzt dabei die Begriffe Haupteingang, Nebeneingang, offener Innenhof, Schlafzimmer, Esszimmer (Reiche Römer aßen im Liegen!), Garten, vermietete Werkstatt.

4 Zeichnet einen Raum in der Stadtvilla D2. Schreibt dazu eine kurze Erklärung.

5 Bereitet einen Vortrag vor: In so einer Villa hätte ich gerne/nicht gerne gelebt.

6 Wer arm ist, wohnt höher. Diskutiert, ob dieser Grundsatz auch noch in einem modernen Hochhaus gilt.

A
B

Caesar gewinnt den Bürgerkrieg

Im 1. Jahrhundert v. Chr. herrschten die Römer über ein Riesenreich.
Doch sie verwalteten es noch wie eine Stadt. Das konnte nicht gutgehen.

Diktator
Wenn der Republik große Gefahr drohte, konnte ein Diktator mit der alleinigen Regierungsgewalt beauftragt werden. Er durfte höchstens sechs Monate im Amt bleiben. Caesars Diktatur auf Lebenszeit war ein klarer Bruch mit der römischen Verfassung.

T1 Vom Bürgerheer zur Berufsarmee

Die Römer standen vor einem Problem: Wie sollten sie ihr Riesenreich verteidigen, wenn es immer weniger Bauernsoldaten gab, die ihre Ausrüstung für den Krieg selbst mitbrachten?

Die Lösung waren Berufssoldaten. Man bezahlte junge römische Männer dafür, dass sie bis zu 20 Jahre in den Legionen als Soldaten dienten. Das war eine Chance für die Proletarier. Ihnen versprach der Staat Unterkunft, Sold und Verpflegung, ja sogar eine Altersversorgung.

Viele Proletarier meldeten sich zum Dienst in der neuen Berufsarmee und kämpften gegen fremde Völker. Doch eine Frage stellte sich: Würden diese Soldaten auch treu zu ihrem Staat stehen, wenn ein Feldherr sie gegen Rom selbst führen sollte?

T2 Ehrgeizige Politiker

Die führenden Männer Roms kämpften wie immer um die Macht im Staat. Aber in dem größer gewordenen Reich gab es noch mehr Chancen auf Posten. Wer sich durchsetzte, konnte Ruhm und Reichtum erwerben.

Man musste versuchen, die Soldaten der neuen Berufsarmee für sich zu gewinnen. Im Machtkampf gegeneinander war es auch wichtig, Verbündete zu finden. Die einen fanden sie bei den Besitzenden. Das waren adlige Senatoren und Ritter. Man nannte sie daher die Senatspartei. Die anderen suchten die Unterstützung der unteren Volksmassen. Diese Gruppe nannte sich die Volkspartei.

T3 Ein Bürgerkrieg bricht aus

Ein Politiker war erfolgreicher als alle anderen: Gaius Julius Caesar. Er eroberte das heutige Frankreich, Belgien und die Niederlande. So wurde der Rhein zur neuen Grenze des Römischen Reiches. Dann begann er einen Bürgerkrieg, in dem er alle seine Gegner ausschaltete.

T4 Caesar wird Diktator

Caesar hatte im Namen der Volkspartei gegen den Senat gekämpft. Jetzt brach er offen mit den Regeln der römischen Republik. Er vergrößerte den Senat und setzte seine Freunde als Senatoren ein. Der neue Senat bewilligte Caesar alles, was er haben wollte. Am Ende ernannte er ihn sogar zum Diktator auf Lebenszeit, also zum Alleinherrscher. Das ging einigen Senatoren zu weit. Sie verschworen sich gegen Caesar und stachen ihn im Senat mit Dolchen nieder. Doch konnte ein Mord die Republik noch retten?

D1 Römischer Soldat.
Zur Ausrüstung gehörten Helm, Schild sowie die Waffen: Schwert, Dolch und Wurfspeere. Jeden Abend errichteten die Legionäre ein Lager. Um es zu befestigen, brauchten sie Werkzeuge: Hacken, Rasenstecher, Äxte und angespitzte Pfosten. Außerdem trug jeder Legionär Proviant, Kochgeräte und einen Wasserkessel mit sich. Alles zusammen wog bis zu 40 kg.

Q1 Der Römer Cicero (106–43 v.Chr.) über Caesars Erfolg:

Er besaß Geist, einen scharfen Verstand, ein gutes Gedächtnis, wissenschaftliche Bildung, Arbeitskraft, Scharfsinn und Umsicht. Seine Kriegstaten waren (…) bedeutend. Viele Jahre
5 hatte er auf die Errichtung einer Zwangsherrschaft hingearbeitet, mit großer Anstrengung und beträchtlichem Risiko hatte er seine Pläne in die Tat umgesetzt. Durch Spiele, Bauten, Spenden und Volksbankette hatte er die un-
10 wissende Menge geködert.

Q2 Warum hassten viele Römer Caesar? Dazu der Römer Sueton (ca. 70–143 n.Chr.):

Er hat übermäßig viele Ehrungen angenommen, etwa: die ständige Wiederwahl zum Konsul, die Diktatur auf Lebenszeit (…). Er duldete es sogar, dass man ihm Ehrungen zu-
5 sprach, die über das menschliche Maß hinausgingen: einen goldenen Sessel im Rathaus und Gericht. Sein Bild wurde neben denen der Götter aufgestellt, ein Monat erhielt seinen Namen.

Bankett
Mahlzeit im feierlichen Rahmen

Q3 Dolche der Mörder. Nach der Tat prägten Caesars Mörder eigene Münzen: EID(IBUS MAR(TIIS) – „an den Iden des März". Das war nach dem römischen Kalender die Bezeichnung für den 15. März – Caesars Todestag.

Caesars Politik
- gibt den Familien der **Proletarier** Arbeit durch öffentliche Bauten, schenkt ihnen Geld und Lebensmittel, siedelt viele von ihnen in den Provinzen an
- verzichtet auf Rache, z. B. gegenüber seinen Feinden im **Senat**
- versorgt ehemalige Soldaten (Veteranen) mit Land in Italien

Caesar
Diktator auf Lebenszeit

Caesars Macht
- befiehlt über die **Legionen**
- entscheidet, wer **Konsul** oder **Senator** wird
- verwaltet die **Staatskasse**

Caesars Ansehen
- Der Senat bestätigt nur noch Maßnahmen, die Caesar schon beschlossen hat.
- Caesar darf im Senat als Erster reden.
- Er sitzt im Senat auf einem goldenen Stuhl.

D2 Caesars Macht als Diktator, 45 v.Chr.

A
B

1 Arbeite mit T1 und D1.
a) Warum brauchten die Römer eine Berufsarmee? Nenne den Hauptgrund.
b) Für wen bot die neue Armee eine Chance?
c) Beschreibe einen Legionär.

2 Zeichne einen Legionär mit seiner Ausrüstung. Schreibe einige Informationen dazu (D1).

2 Zwei arbeitslose Proletarier unterhalten sich: Lohnt es sich, Soldat zu werden? Verfasse einen Dialog: Der eine ist dafür, der andere rät ab (T1, D1).

3 Worum ging es den führenden Politikern Roms im 1. Jahrhundert v.Chr.? Erläutere (T2).

4 Wie wurde Caesar Alleinherrscher? Erläutere seinen militärischen und politischen Erfolg (T2–4).

4 Caesar war mächtiger als jeder Römer vor ihm. Begründe diese Aussage (T3–4, D2).

5 Nenne Gründe, warum viele Römer Caesar bewunderten und warum andere ihn hassten (Q1–2).

5 Würdest du Caesar als Politiker eher bewundern oder ablehnen? Begründe aus Q1 und Q2.

6 Caesars Mörder rechtfertigen sich für ihre Tat. Formuliert gemeinsam ihre Begründung (T4, Q2–3, D2).

A
B

Beginn der Kaiserzeit

Caesar wurde ermordet, weil er Alleinherrscher werden wollte. Sein Nachfolger Augustus aber regierte über 40 Jahre allein. Doch er hatte aus Caesars Fehlern gelernt.

D1 Augustus
(63 v.Chr.–14 n.Chr.). Rekonstruktion eines Standbildes. Auf dem Original können wir keine Farbe mehr erkennen. Wissenschaftler haben die Farben mithilfe von Spuren rekonstruiert. Das Standbild zeigt Augustus größer, als er war. Er ist als siegreicher Feldherr dargestellt. Ungewöhnlich ist, dass er keine Schuhe trägt. Die Römer stellten normalerweise nur ihre Götter barfuß dar.

Prinzipat
Augustus nannte sich Princeps, „Erster im Staat". Seine Herrschaftsform heißt daher Prinzipat. Nach außen behielt Augustus die Republik bei. In Wirklichkeit war es aber eine Monarchie.

Kaiser
Octavian fügte seinem Namen den seines Adoptivvaters Caesar hinzu. Später wurde das Wort zu einem Titel. Damals sprach man das Wort wie „Kaisar" aus.

→ **Kaiserreich**

→ **Kaiserkult**

T1 Ein schicksalhafter Brief
Im März des Jahres 44 v.Chr. bringt ein Eilbote dem 18-jährigen Octavian einen Brief seiner Mutter: Gaius Julius Caesar, sein Großonkel, ist ermordet worden! Sofort reist Octavian nach Rom. Unterwegs erreicht ihn ein zweiter Brief der Mutter. Octavian erfährt, dass Caesar ihn kurz vor seinem Tod als seinen Sohn adoptiert hat. Für Octavian steht fest: Er wird sich an den Mördern seines „Vaters" rächen.

T2 Octavian setzt sich durch
Octavian rief die ehemaligen Soldaten seines Vaters zusammen und bezahlte sie mit dem Geld, das ihm Caesar hinterlassen hatte. Mit seinem Heer begann er einen neuen Bürgerkrieg. Dreizehn Jahre später hatte sich Octavian durchgesetzt. Er war nun so mächtig, dass niemand mehr wagte, offen gegen ihn zu kämpfen.
Viele dachten, dass Octavian wie Caesar eine Diktatur auf Lebenszeit verlangen würde. Doch Octavian handelte anders: Er hielt sich scheinbar an die Verfassung der römischen Republik. Dabei verfügte er im Senat über eine sichere Mehrheit, weil dort viele Anhänger von ihm saßen. Immer mehr ließ er sich von ihnen mit besonderen Vollmachten ausstatten, die ihm als Konsul eigentlich nicht zustanden.

T3 Die neue Ordnung des Augustus
Im Jahr 27 v.Chr. tat Octavian etwas Außergewöhnliches: Er gab zum Schein die Macht ab. Doch die Senatoren wagten es nicht, Octavian tatsächlich die Macht zu nehmen. Sie hatten sich längst mit der Alleinherrschaft abgefunden. Und so wählten sie Octavian erneut zum Konsul und gaben ihm den Oberbefehl über die Legionen. Der Senat verlieh Octavian auch den Ehrennamen Augustus. Das bedeutet im Deutschen „der Erhabene". Augustus ließ dafür den Senatoren ihre Ämter und versorgte sie weiter mit Posten. Rom wurde zur Monarchie. Deshalb sprechen wir vom Kaiser Augustus, auch wenn er sich selbst nur Princeps, „erster Bürger", nannte.

Q1   Der Römer Tacitus (um 55–120 n. Chr.) berichtet, wie unterschiedlich die Politik des Augustus nach dessen Tod beurteilt wurde:

a) Hier hieß es: Er ist aus Anhänglichkeit gegen seinen Vater und durch die Not des Staates, in dem damals kein Raum für gesetz-
5 liches Vorhaben gewesen sei, in den Bürger-krieg getrieben worden. Und ein Bürgerkrieg lässt sich nun einmal nicht mit gesetzlichen Mitteln vorbereiten und durchführen. (… Am Ende) gab es kein anderes Mittel, die Wunden des zerrissenen Vaterlandes zu heilen, als
10 die Alleinherrschaft. Und doch habe er dem Staate nicht in der Würde eines Königs oder eines Diktators, sondern unter dem einfachen Titel Princeps die neue Verfassung gegeben.

b) Dagegen sagten nun die Anderen: Die
15 Anhänglichkeit gegen seinen Vater und die allgemeine Lage habe er nur zum Vorwande genommen. Im Grunde sei es Herrschsucht gewesen, wenn er als junger Mensch ohne Amt die Veteranen durch freigiebige Spenden
20 an sich zog, ein Heer warb, die Legionen des Konsuls bestach (…). Er habe vom Senat das Konsulat erzwungen und das Heer, das ihm zum Kampfe gegen Antonius (einem Gegner des Senats) übergeben wurde, gegen den
25 Senat geführt.

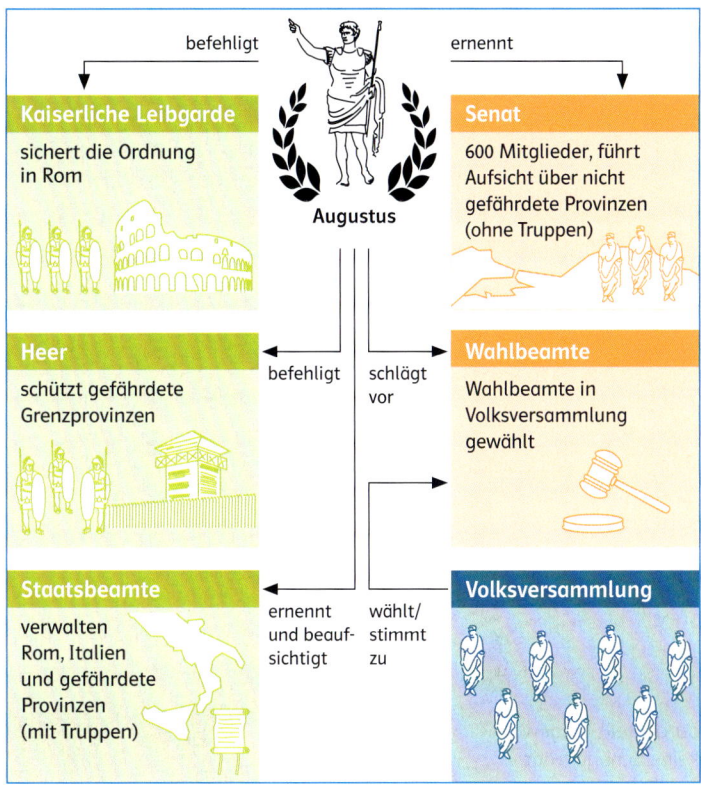

D2   Die Herrschaft des Augustus. Augustus ließ den Senat und die Beamten (Magistrate) der Republik bestehen. Daneben gab es aber nun Beamte, die Fachleute für bestimmte Aufgaben waren. Ohne sie hätte zum Beispiel das Einziehen der Steuern oder die Verwaltung der Provinzen in dem Riesenreich nicht mehr funktioniert. Diese Beamten setzte Augustus selbst ein und ließ sie viele Jahre in ihren Ämtern. Schaubild [MB]

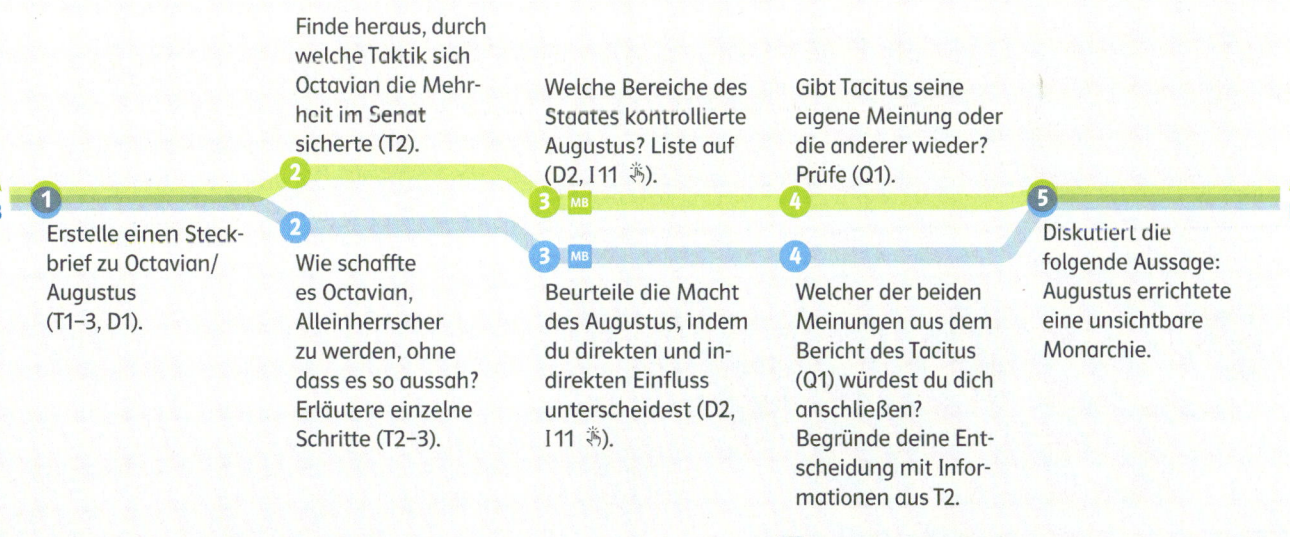

A
B

Finde heraus, durch welche Taktik sich Octavian die Mehr-heit im Senat sicherte (T2).

Welche Bereiche des Staates kontrollierte Augustus? Liste auf (D2, I 11 ✋).

Gibt Tacitus seine eigene Meinung oder die anderer wieder? Prüfe (Q1).

1 Erstelle einen Steck-brief zu Octavian/Augustus (T1–3, D1).

2 Wie schaffte es Octavian, Alleinherrscher zu werden, ohne dass es so aussah? Erläutere einzelne Schritte (T2–3).

3 [MB] Beurteile die Macht des Augustus, indem du direkten und in-direkten Einfluss unterscheidest (D2, I 11 ✋).

4 Welcher der beiden Meinungen aus dem Bericht des Tacitus (Q1) würdest du dich anschließen? Begründe deine Ent-scheidung mit Infor-mationen aus T2.

5 Diskutiert die folgende Aussage: Augustus errichtete eine unsichtbare Monarchie.

Mit Marcus und Julia im alten Rom

Rom – was für eine einzigartige Stadt! Hier war das Zentrum eines riesigen Reiches, hier wohnten die Kaiser. Rom besaß prachtvolle Straßen und Plätze. Doch es gab auch arme Römer, und die lebten ganz anders.

Amphitheater
ovale Arena mit vielen Zuschauer-plätzen, in der Gladiatoren (= Schwert-kämpfer) mit scharfen Waffen gegeneinander kämpften

Basilika
öffentliches Gebäude für Gerichts-verhandlungen und Märkte; später Bezeichnung für christliche Kirchen

→ **Stadt**

T1 Im Stadthaus 📖

Auf diesen Tag haben Julia und Marcus lange gewartet. Zum ersten Mal dürfen sie ihren Vater nach Rom begleiten. Vor allem freuen sie sich darauf, ihren Vetter Rufus zu sehen. Er wohnt dort mit Tante Livia und Onkel Marius in einer Villa. Zur Begrüßung reicht eine Sklavin den Kindern mit Honig gesüßtes Wasser. „Rufus, lass uns gleich zum Forum gehen", drängt Julia zum Aufbruch. „Syrus, unser Haussklave wird euch begleiten", ordnet Onkel Marius an, „und bleibt auf dem Bürgersteig, sonst landet ihr schnell unter den Hufen eines wild gewordenen Pferdes!"

T2 Die Prachtstraße Roms

Wenige Minuten später biegen die Kinder in eine breite Straße ein. Julia und Marcus bleiben wie gebannt stehen. So großartig haben sie sich die Hauptstraße Roms nicht vorgestellt. Die Säulen und Marmorplatten der hohen Gebäude leuchten grell in der Mittagssonne. „Schaut euch den Tempel dort oben auf dem Kapitol an." Marcus zeigt auf den Hügel am Ende des Platzes: „Das ist der Tempel unseres höchsten Gottes Jupiter. Und drunter seht ihr den Tempel des Gottes Saturn, der hat unseren Vorfahren den Ackerbau beigebracht." „Was hat der große Bogen zu bedeuten?", unterbricht ihn Julia. „Das ist ein Triumphbogen. Er erinnert an einen Sieg über die Feinde Roms", antwortet Rufus stolz, „und auf der Tribüne vor uns halten Politiker ihre Reden."

T3 Eine Stadt der Vergnügungen

„Wenn ihr euch umdreht, seht ihr da hinten das Kolosseum", fährt Rufus fort, „wir gehen mal hinein. Es ist das größte Amphitheater der Welt. Da können 50 000 Menschen zusehen, wie Gladiatoren auf Leben und Tod gegeneinander kämpfen. Seht ihr die Sonnensegel da oben?" Julia und Marcus staunen. Doch da drängt Rufus schon wieder: „Lasst uns aber jetzt zum Circus gehen, vielleicht üben die Rennfahrer gerade. Ich halte zu den ‚Roten'. Sie haben die besten Pferde und Wagenlenker."

T4 In den Vierteln der Armen

Am späten Nachmittag bringt Syrus die Kinder zurück zu seinem Herrn. Er hatte ihnen auch erlaubt, in ein weniger schönes Stadtviertel zu gehen. Da gab es nur einfache Mietshäuser aus roten Ziegelsteinen. In den Straßen stank es nach Abfällen und Urin. Und die Menschen dort waren ärmlich gekleidet. 📖

D1 Im Kolosseum kämpften Gladiatoren um Leben und Tod. Die Zuschauer bestimmten am Ende des Kampfes mit, ob der Verlierer am Leben bleiben oder getötet werden sollte.

A 15 🔊
Hörtrack
Mit Marcus und Julia durchs Alte Rom

V 12 ▶
Tutorial
Ein Werbeplakat erstellen

5

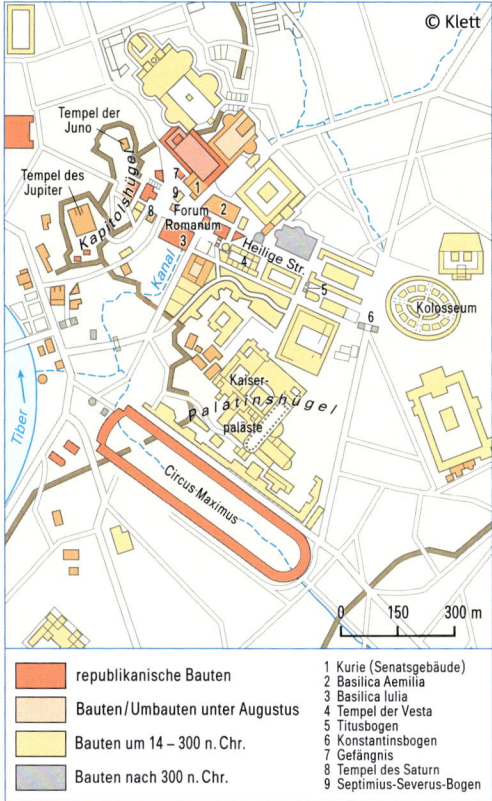

© Klett

Tempel der Juno
Tempel des Jupiter
Kapitolshügel
7
9 2
8 Forum Romanum
3
Heilige Str.
4
5
6 Kolosseum
Kaiser-palatinshügel paläste
Circus Maximus
Tiber
Kanal

0   150   300 m

🟧	republikanische Bauten
🟧	Bauten/Umbauten unter Augustus
🟨	Bauten um 14–300 n. Chr.
🟨	Bauten nach 300 n. Chr.

1 Kurie (Senatsgebäude)
2 Basilica Aemilia
3 Basilica Iulia
4 Tempel der Vesta
5 Titusbogen
6 Konstantinsbogen
7 Gefängnis
8 Tempel des Saturn
9 Septimius-Severus-Bogen

D2   Das Forum Romanum und Umgebung

Q1   Über das Leben in Rom schreibt der Dichter Martial im 1. Jahrhundert n. Chr.:

Es gibt in Rom für einen Menschen keinen Ort zu denken und auszuruhen. Die Schulmeister machen ihm das Leben am Morgen unmöglich, nachts die Bäcker, die Hämmer
5 der Kupferschmiede den ganzen Tag über. Hier klimpert der müßige Geldwechsler auf seinem schmutzigen Tisch mit seinem Kleingeld, dort trommelt einer, der spanisches Gold zu Blattgold verarbeitet, mit seinem
10 glänzenden Schlägel auf der viel gebrauchten Arbeitsplatte. (…) Nachts werde ich vom Lachen der Vorbeigehenden wach und Rom steht in meinem Schlafraum. Wann immer ich genug habe und erschöpft bin und schlafen
15 will, gehe ich zu meinem Landhaus.

D3   Wagenrennen im Circus Maximus.
Zur Zeit des Kaisers Augustus bot die riesige Arena 150000 Zuschauern Platz, später waren es sogar 250000.

---

2 Liste wichtige Bauten Roms auf und erkläre, wozu sie dienten (T1–4, D2).

3 Was lockte die Zuschauer an? Beschreibe die Szenen in D1 und D3.

5 EXTRA MB
A
B

A
B
1 Arbeite mit deinem Tischnachbarn zusammen. Beschreibt in der Karte der Stadt Rom (D2), wo Julia, Marcus und Rufus ihren Weg beginnen (T2).

2 Nenne den Namen des wichtigsten Platzes in Rom und liste einige Bauten auf, die man von diesem Platz aus sehen konnte (T2, D2, S. 97: D2).

3 Stell dir vor, deine Familie zieht vom Land in die Stadt Rom. Schreibe einen Brief an deine Freunde und erzähle von deinem neuen Leben.

4 Diskutiert in der Klasse:
a) „Im alten Rom hätte ich gerne/nicht gerne gelebt."
b) „Das alte Rom war fast wie eine moderne Großstadt."

Rom ist heute ein Magnet für Reisende aus aller Welt. Recherchiere, was die Stadt zu bieten hat. Gestalte ein Werbeplakat (Internet, Reisebüro). Du kannst die Aufgabe auch digital lösen (V 12 ▶).

Im Kolosseum

T1 Ein Ort des Schreckens 📖

→ **Brot und Spiele**

→ **Technik**

Julia, Marcus und Rufus staunen nicht schlecht: Das Kolosseum ist noch gewaltiger, als sie es sich vorgestellt haben. „Es ist schon ein mulmiges Gefühl, da zu stehen, wo Menschen sterben", meint Julia. „Der Sand unter unseren Füßen zeigt aber keine Blutspuren", erwidert Marcus. „Kunststück", meint Rufus, „der wird doch immer wieder ausgetauscht. Aber warum sind hier unten so viele Türen?" „Das sind Klappen, die werden hochgezogen, wenn sich Gladiatoren oder wilde Tiere in die Arena stürzen sollen – Überraschungseffekt!", meint Marcus.

T2 Eine perfekte Technik

„Auch unter uns sind lauter Klappen. Da kann sich der Boden plötzlich öffnen, und eine Hebebühne spuckt aus den Kellergewölben Gladiatoren, Löwen, Bären oder Krokodile in die Arena aus." „Die Sonnensegel da oben finde ich interessanter. Die sind bei dieser Hitze wirklich notwendig!", wechselt Julia das Thema, „ist sicher kompliziert, sie aufzuziehen!" „Aber es kostet nichts. Das machen die Matrosen der Kriegsschiffe, die kennen sich mit so was aus", meint Rufus. „Die Kosten spielen doch keine Rolle, der Kaiser bezahlt sowieso für alles", entgegnet Julia. 📖

Q1 **Das Kolosseum heute.** Von den oberen Teilen des Amphitheaters sind nur noch Reste erhalten, weil es nach der Römerzeit als Steinbruch genutzt wurde. 80 Eingänge sorgten dafür, dass die Zuschauer in wenigen Minuten zu ihren Plätzen kamen. Heutiges Foto

D1 **Marcus, Julia und Rufus im Kolosseum.** Computerrekonstruktion (I12 ✋). MB
① Holzbohlen. Sie konnten entfernt werden, um den Boden zur Darstellung einer Seeschlacht zu fluten.
② Mastbäume für Sonnensegel
③ Plätze für die Senatoren und Vestalinnen (Priesterinnen)
④ kaiserliche Loge
⑤ Plätze für Ritter
⑥ Plätze für wohlhabende Bürger (unten) und für Arme (oben)
⑦ Plätze für Frauen der unteren Schichten

**A
B** ① a) Nenne den Namen des Gebäudes.
b) Wozu diente es?
c) Zeige in Q1, an welchem Platz in dem Gebäude die Kinder aus D1 stehen.

② Zeichne die Kampfbahn des Kolosseums mit zwei Gladiatoren oder mit wilden Tieren (D1, Q1).

② Zeichne eine Skizze des Kolosseums in dein Heft und beschrifte sie (D1).

③ Wozu dienten die Sonnensegel und wie waren sie befestigt? Erkläre (D1, T2).

③ MB Schreibe einen Artikel für ein (Online-)Lexikon zum Stichwort „Sonnensegel" (D1, T2).

④ „Das Kolosseum war ein Ort des Staunens und des Schreckens." Diskutiert über das Thema (T1–2, D1).

⑤ MB **A
B** Informiert euch zum Kolosseum über Einzelheiten: Form der Kampfbahn, Spezialeffekte, Bühnentechnik, Unterkellerung der Kampfbahn, Anordnung der Sitzplätze, Geschichte des Bauwerks. Bildet Gruppen. Jede Gruppe bereitet ein Thema für ein Kurzreferat vor.

Auf den Straßen des Imperiums

Wenn du heute nach Spanien oder Italien reist, bezahlst du überall mit dem gleichen Geld. Du fährst über Grenzen ohne Kontrollen. Eine tolle Errungenschaft – doch die Idee ist nicht neu: Schon vor 2 000 Jahren konnte man so reisen.

D1 Straßenbau bei den Römern.
Computer-
rekonstruktion
(I13 ✋). MB
Zu sehen sind:
a) Schicht aus
   Kies und Sand,
b) Meilenstein,
c) Schicht aus
   Schotter,
d) Vermessungs-
   gerät,
e) Pflaster,
f) Schicht aus
   groben Steinen.

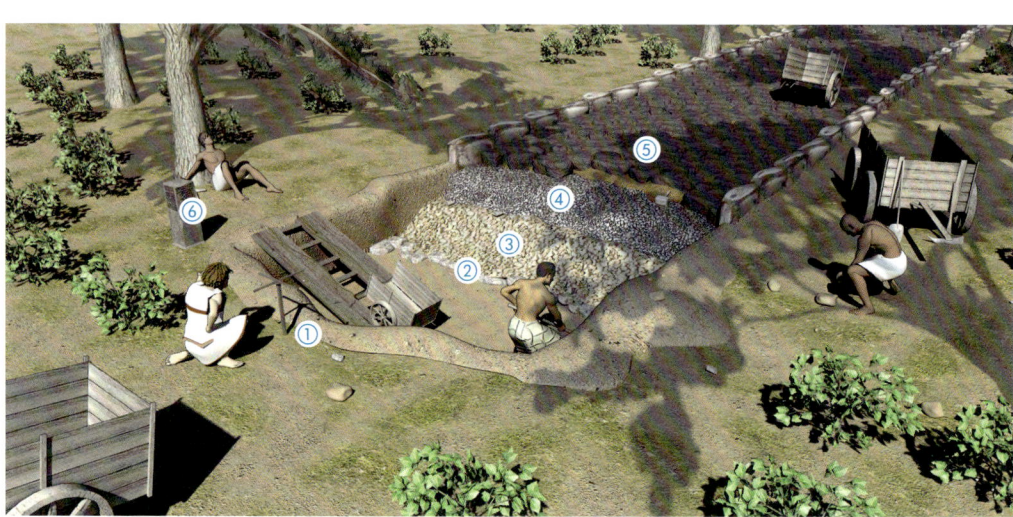

Fernstraße
Straße, die über viele hundert Kilometer Städte und sogar Provinzen miteinander verband. Heute sind Autobahnen Fernstraßen.

Lateinisch
Sprache der Römer

Seeweg
von Schiffen befahrene Route auf dem Meer

→Provinz (S. 96)

→Statthalter

T1 Soldaten und Beamte des Kaisers
Wenn die Römer fremde Länder eroberten, bauten sie bald gute Straßen. Die Soldaten sollten schnell überall hinkommen und sie mussten versorgt werden. Auf den Straßen reisten auch Beamte, die für den Kaiser Steuern eintreiben sollten. Jede Provinz wurde von einem Statthalter verwaltet. Er konnte im Namen des Kaisers über alle Bewohner und Soldaten in der Provinz befehlen.

T2 Lebensadern eines Weltreiches
Insgesamt verfügte das Römische Reich in der späten Kaiserzeit über 80 000 Kilometer ausgebauter Straßen, das ist immerhin zweimal um den Äquator. Die Straßen verliefen schnurgerade. Wenn nötig, wurden Dämme aufgeschüttet und Brücken errichtet. An den Fernstraßen gab es etwa alle 30 Kilometer Rasthäuser. Dort konnten Reisende etwas essen und ihre Tiere versorgen. Eilboten des Kaisers fanden an den Rasthäusern frische Pferde für den weiteren Weg. So konnten Boten ihre Nachrichten an einem einzigen Tag bis zu 200 Kilometer weit überbringen.

T3 Handel ohne Grenzen
Das Römische Reich wuchs durch gute Fernstraßen zu einem großen Wirtschaftsraum zusammen. Die Straßen waren sicher und Händler konnten sich auf Lateinisch und Griechisch verständigen. Man bezahlte mit römischen Münzen und kannte römische Maße und Gewichte. Es gab keine Grenzen und Zölle. Dennoch war es anstrengend, Waren über Land zu transportieren.

T4 Drehscheibe Mittelmeer
Für schwere Güter wie Getreide eignete sich der Seeweg besser. Das Mittelmeer beherrschten die Römer ganz. Es war ja ringsum von römischen Provinzen eingeschlossen. Daher nannten sie es „unser Meer" oder auch „inneres Meer". Fast täglich liefen Getreideschiffe aus Alexandria oder Karthago den Hafen Ostia an. Er war über den Fluss Tiber mit der Stadt Rom verbunden. Auf dem Mittelmeer kamen Reisende schnell und bequem voran. Sie genossen die frische Seeluft, während unter Deck die Rudersklaven schwitzten.

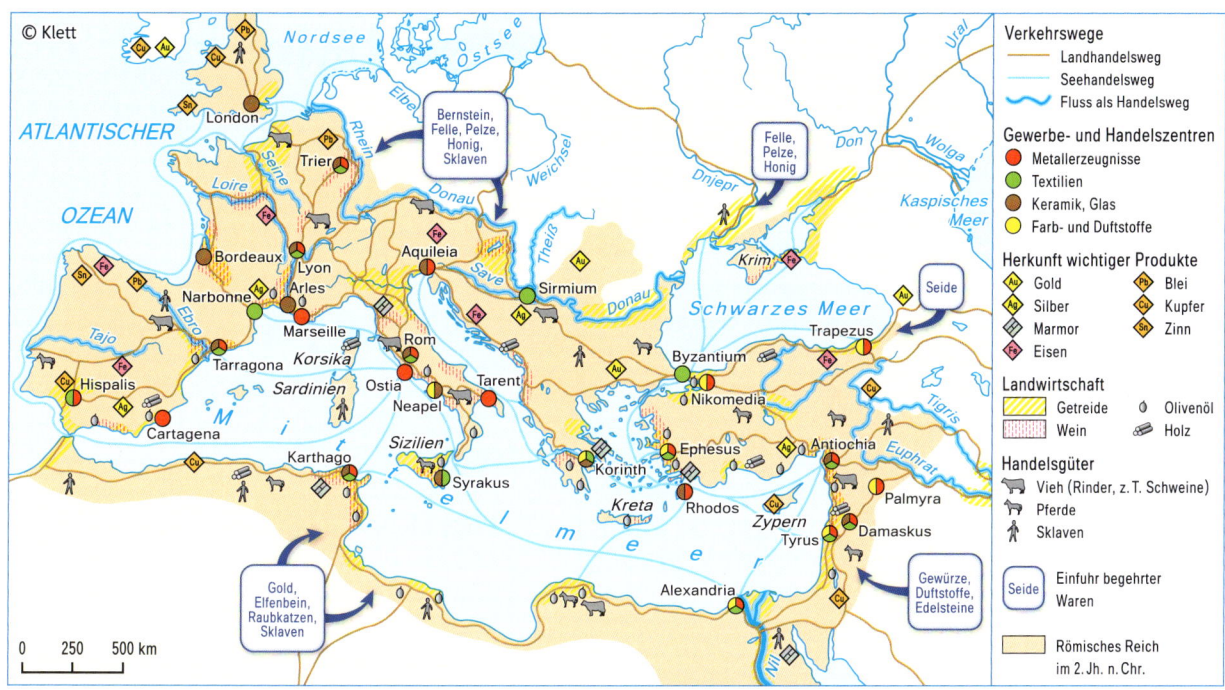

© Klett

Verkehrswege
— Landhandelsweg
— Seehandelsweg
— Fluss als Handelsweg

Gewerbe- und Handelszentren
● Metallerzeugnisse
● Textilien
● Keramik, Glas
● Farb- und Duftstoffe

Herkunft wichtiger Produkte
◆ Au Gold ◆ Pb Blei
◆ Ag Silber ◆ Cu Kupfer
◆ Marmor ◆ Sn Zinn
◆ Fe Eisen

Landwirtschaft
▨ Getreide ◌ Olivenöl
▦ Wein ▬ Holz

Handelsgüter
🐂 Vieh (Rinder, z.T. Schweine)
🐎 Pferde
🚶 Sklaven

Seide | Einfuhr begehrter Waren

▨ Römisches Reich im 2. Jh. n. Chr.

D2 Wirtschaft im Römischen Reich. Alle Fernstraßen zusammen hatten eine Länge von fast 80 000 Kilometern. Die Fernstraßen führten in alle Ecken des Reiches. Schwere Güter wurden – wo immer das möglich war – auf dem Wasser befördert.

D3 Reisewagen aus der Römerzeit. Der Wagen hatte schon eine Federung. So reiste ein kaiserlicher Beamter in seine Provinz. Rekonstruktion, Römisch-Germanisches Museum Köln

D4 Rekonstruierte römische Straße in Friesenheim/Ortenau. Foto, 2021

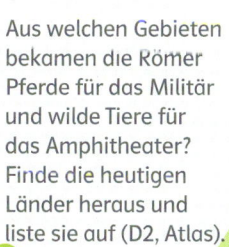

Aus welchen Gebieten bekamen die Römer Pferde für das Militär und wilde Tiere für das Amphitheater? Finde die heutigen Länder heraus und liste sie auf (D2, Atlas).

a) Ordne den Ziffern 1–6 die Begriffe a)–f) zu (D1, I 13 ✋).
b) Beschreibe den Aufbau einer römischen Straße (D1).

A
B
**① **
Warum brauchte das Imperium gute Straßen (T1–3, D4)? Liste auf.

**② **
**② **
Wie profitierte Rom wirtschaftlich von den Provinzen? Erläutere mithilfe der Geschichtskarte D2.

③ MB
**③ **
Beurteile die Qualität römischer Straßen aus D1 und T2. Beachte dabei auch, dass die Fernstraßen zu allen Jahreszeiten befahrbar sein mussten.

**④ **
Warum fördert die Europäische Union (EU) den Bau von Autobahnen und Eisenbahnstrecken für den Fernverkehr? Diskutiert darüber. Vergleicht mit dem Römischen Reich.

⑤ EXTRA MB
A
B
Suche im Internet alle Staaten, die den Euro eingeführt haben. Nenne Vorteile einer gemeinsamen Währung.

Thermen, Toiletten und Kloaken

Spaßbäder und Wellness sind keine Erfindung unserer Zeit – so etwas kannten schon die Römer. Und auch sonst waren sie erstaunlich fortschrittlich.

T1 Auf ins Bad!

Der Tag wird sehr heiß werden. Daher wollen Marcus, Rufus und Julia eine Therme besuchen. „Ihr werdet staunen", meint Rufus, als sie am Kolosseum vorbeigehen, „dort drüben seht ihr schon die Außenmauern. So ein Badehaus habt ihr sicher noch nicht gesehen! Aber hier müssen wir uns trennen. Julia, nimm den Eingang auf der Rückseite. Da geht es ins Frauenbad. Wir brauchen übrigens nichts zu bezahlen, in diesem Monat übernimmt der Kaiser sämtliche Kosten."

Aquädukt

Wasserleitung aus Stein, die größere Städte mit Frischwasser versorgte (siehe auch S. 124). Man fand sie in Rom, aber auch in den Provinzen.

T2 In der Therme

Nachdem die Jungen ihre Kleider abgelegt haben, gehen sie zuerst in das Warmbad, um sich an das Wasser zu gewöhnen. Dann wechseln sie ins Heißbad. Da kann man richtig entspannen und den Schmutz ausschwitzen. „Ich würde gerne in das Dampfbad gehen. Doch die Erwachsenen sagen, das sei nicht gesund für Kinder. Ich denke, die wollen nur ihre Ruhe haben. Aber lass uns eine Massage nehmen, der Sklave da drüben ist gerade frei." Mehr kann Rufus nicht mehr sagen, denn Marcus taucht ihn plötzlich unter Wasser.

T3 Am Aquädukt

„Woher kommt eigentlich das viele Wasser?", fragt Julia, als sie wieder nach Hause gehen. „Das fließt aus allen Richtungen herbei. Wir haben in Rom elf Aquädukte, sie leiten frisches Wasser aus den Bergen in die Stadt. Kommt mit, ich zeige euch, wie das Wasser verteilt wird." Rufus eilt voraus zu einem hohen Turm aus Ziegelsteinen und erklärt sachkundig: „Das ist ein Wasserschloss. Hier sammelt sich das Wasser in einem Becken. Es hat verschieden hohe Abflüsse. Die obersten versorgen Privathäuser. Etwas tiefer fließt das Wasser zu den Thermen. Am Boden des Beckens liegen die Abflüsse, die das Wasser zu den 1200 öffentlichen Brunnen leiten."

T4 Wohin mit dem Abwasser?

„Sag mal, wo geht das schmutzige Wasser eigentlich hin, zum Beispiel das aus den Toiletten?", will Marcus wissen. „Das ist schon lange kein Problem mehr", hört er Rufus hinter sich sagen, „überall unter der Stadt gibt es Kanäle, die das Brauchwasser sammeln. Sie münden in die ‚Cloaca maxima' ein. Von dort fließt die stinkende Brühe direkt in den Tiber und der Fluss leitet es ins Meer. Ist doch praktisch, oder?"

Schon gewusst?

→ **Therme**

Thermen wurden überall gebaut, wo die Römer lebten. Auch im heutigen Baden-Württemberg findet man an vielen Orten Überreste der römischen Badekultur. Bereits damals liebten die Menschen „Wellness" – so wie heute auch.

Q1 „Cassiopeia Therme" in Badenweiler. Die moderne Therme wurde neben der historischen Therme (Römerbadruine, mit Glas überdacht) errichtet. Foto, 2012

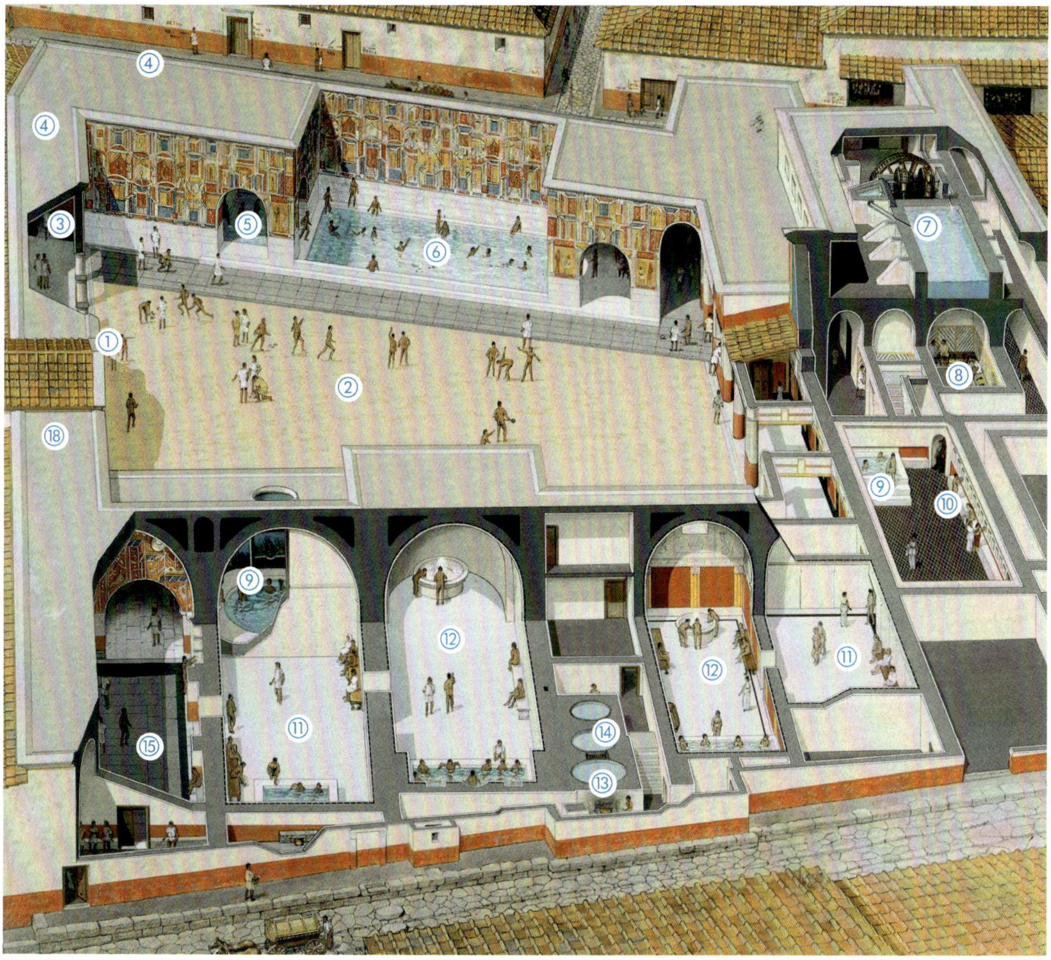

D1   Die Stabianer Thermen in Pompeji

Rekonstruktionszeichnung

① Haupteingang
② Hof mit Bahn für Ballspiele
③ Umkleideraum
④ Läden
⑤ flaches Badebecken
⑥ Schwimmbecken
⑦ Wasserbehälter und Tretmühle mit Sklaven als Antrieb
⑧ Toiletten
⑨ Becken mit kaltem Wasser
⑩ Umkleideraum des Frauenbades
⑪ Warmluftraum
⑫ Heißluftraum
⑬ Hauptofen
⑭ Ofen und Wasserbehälter
⑮ Umkleideraum des Männerbades

A **B**

1
Wie hießen zur Römerzeit: Badeanlagen, Abwasserkanäle, Wasserleitungen? Nenne die römischen Begriffe (T1–4).

2 MB
2
Warum war es für eine Stadt wie Rom wichtig, ein Abwassersystem zu haben? Erkläre (T4).

Schreibe einen Artikel für ein (Online-)Lexikon zum Stichwort „Kloake" (T4).

3
Wasser ist eine Frage der Gesundheit. Diskutiert in der Klasse darüber, wie die Römer das sahen.

4
4
Du bist Beamter einer römischen Stadt, die eine Therme bauen will. Fertige eine Skizze an und beschrifte sie (T1–2, D1).

Stellt euch vor, ihr hättet eine Therme besucht. Wohin geht ihr zuerst, wohin dann? Schreibt Stichworte auf und erzählt der Klasse von dem Besuch (T1–2, D1).

5
Vergleicht eine römische Therme mit einem modernen Spaßbad. Was gefällt euch besser (Q1, D1)?

6 EXTRA
Wie funktionierte ein Wasserschloss? Erkläre es deinem Tischnachbarn (T3). Diskutiert dann in der Klasse, warum diese Lösung sinnvoll war.

Die Germanen

Die Römer nannten die Germanen „Barbaren". Damit meinten sie wilde und unzivilisierte Menschen. Was machte die Germanen so fremd für die Römer?

Germanen
Das war ein gemeinsamer Name, mit dem die Römer alle Menschen zusammenfassten, die in Nord- und Mitteleuropa lebten. Wir wissen, dass diese Menschen sich nicht als Gemeinschaft verstanden. Sie fühlten sich nur zu ihrem Stamm zugehörig.

Stamm
Gruppe innerhalb eines größeren Volkes in einem bestimmten Gebiet. Angehörige eines Stammes verfolgen meist gemeinsame politische Ziele. Sie können sich auch durch Sprache, Bräuche, religiöse Vorstellungen oder verwandtschaftliche Beziehungen miteinander verbunden fühlen.

→ **Kultur**

T1 Die Germanen lebten anders

Die römischen Soldaten kamen bei ihren Eroberungszügen bis an den Rhein. Dort trafen sie auf ein Volk, das sie die Germanen nannten. Diese Germanen lebten in kleinen Dörfern und auf einzelnen Höfen. Städte, steinerne Häuser, feine Kleider und aufwendig zubereitete Speisen kannten sie kaum.

Die Germanen waren vor allem Bauern und Viehzüchter. Doch wir wissen von Fundstücken aus Gräbern, dass sie sehr geschickt Waffen, Werkzeuge, Gebrauchsgegenstände und Schmuckstücke aus Metall fertigen konnten.

T2 Die Gemeinschaft der Germanen

Die Germanen hatten keinen Staat mit Beamten und geschriebenen Gesetzen. Sie kannten auch keine regelmäßigen Steuern, so wie es in Rom üblich war. Bei den Germanen stand der Zusammenhalt kleinerer Gruppen im Vordergrund: Das waren zum Beispiel Dorfgemeinschaften oder Verbände miteinander verwandter Menschen. Sie boten Schutz und gaben Sicherheit bei Rechtsfragen. Hier wurden Grundstücke getauscht, Vieh verkauft oder Hochzeiten vereinbart. Darüber gab es den Stamm. Er umfasste in der Regel Menschen, die in einem größeren Gebiet zusammen siedelten. Im Krieg oder auf der Wanderschaft hielten sie eng zusammen.

D1 Ein germanisches Gehöft. In der Mitte liegt das Wohnhaus, links der Speicher für Getreide, rechts ein Grubenhaus. Heute finden Archäologen nur noch Löcher in der Erde, wo früher die senkrechten Pfosten gestanden haben. Alle anderen Materialien wie Holz, Stroh und Lehm sind längst zerfallen. Daher kennen wir vom germanischen Gehöft nur den Grundriss. Computerrekonstruktion nach Bodenfunden (I14 ☝). MB

D2   Blick ins Innere eines germanischen Langhauses. Die Menschen wohnten mit den Tieren in einem Raum, um deren Wärme zu nutzen. Ihre Kleidung webten die Germanen aus Leinen oder Schafwolle. Im Winter trug man auch Tierpelze oder einen Lederumhang darüber. Computerrekonstruktion. (I 14 ✋) MB

1 Welchen Teil von D1 zeigt die Abbildung D2 und aus welchem Blickwinkel? Beschreibe.

2 Arbeitet in Gruppen mit den Abbildungen D1 und D2.
a) Listet Materialien auf, aus denen das Haus erbaut ist.
b) Was seht ihr im Inneren? Beschreibt die Räume, Gegenstände, Tiere und Menschen.

3 Beschreibt die Kleidung der Germanen (D2).

3 Erklärt die Funktion der Nebengebäude (D1).

4 Beurteilt die Wohnsituation der germanischen Familie aus eurer heutigen Sicht.

4 Beurteilt die Wohnsituation der germanischen Familie aus den Bedingungen, wie sie vor 2 000 Jahren waren.

5 Wie unterscheidet sich das Leben der Germanen und der Römer? Stelle die Lebensweise und die Art des Zusammenlebens gegenüber (T1–2).

6 EXTRA MB Was zeigen die Abbildungen D1 und D2? Sind wir sicher, dass alles so ausgesehen hat? Prüfe.

MB # Schriftliche Quellen auswerten

T1 Ein Römer berichtet

Von keinem antiken Schriftsteller erfahren wir so viel über die Germanen wie von Tacitus. Er schrieb ein Buch mit dem Titel „Germania". So nannten die Römer das Land jenseits der Flüsse Rhein und Donau, in dem die freien Germanen lebten. Für die Römer und auch für Tacitus waren diese Germanen „Barbaren", also ziemlich primitive und ungebildete Menschen. Gleichwohl sah er ihre einfache Lebensweise als vorbildlich an.

T2 Eine glaubwürdige Quelle?

Wir wissen nicht, ob Tacitus jemals in Germanien war. Forscher fragen sich auch, ob Tacitus alles so beschrieb, wie es war – oder ob er seinen Bericht mit einer bestimmten Absicht verfasste. Manche Forscher meinen, er habe z. B. das naturnahe Leben der Germanen übertrieben dargestellt, um seinen römischen Lesern ihr „verkommenes Luxusleben" vor Augen zu führen.

Q1 Aus der „Germania", einem Buch des Tacitus über Land und Volk der Germanen, 98 n. Chr.:

4 Sinnabschnitt

– Abschnitt 1

5 Überschrift

– Aussehen und Eigenschaften der Germanen

3 unbekannte Begriffe:

– *Sitten: Regeln für das Handeln, Gewohnheiten, Bräuche*
– *Barbaren: Menschen, die außerhalb der Mittelmeerkultur lebten*
– *Amme: Frau, die ein fremdes Kind stillt*

Die äußere Erscheinung ist bei allen Germanen dieselbe: wild blickende Augen, rötliches Haar und große Körper, die allerdings nur zum Angriff taugen. Für Strapazen und Mühen bringen sie nicht dieselbe Ausdauer auf und am wenigsten ertragen sie Durst und Hitze;
5 wohl aber sind sie gegen (…) Kälte und Hunger abgehärtet. Das Land (…) macht mit seinen Wäldern einen schaurigen, mit seinen Sümpfen einen widerwärtigen Eindruck. (…)
Wenn sie keine Kriege führen, verbringen sie viel Zeit mit Jagen, mehr noch mit Nichtstun, dem Schlafen und Essen ergeben. Gerade
10 die Tapfersten und Kriegslustigsten rühren sich nicht. Die Sorge für Haus, Hof und Feld bleibt den Frauen, den alten Leuten und den Schwachen überlassen. (…)
Die Germanen haben eine strenge Auffassung von der Ehe und in keinem Punkt verdienen ihre Sitten größeres Lob. Denn sie sind fast
15 die Einzigen unter den Barbaren, die sich mit einer Gattin begnügen. Die Zahl der Kinder zu beschränken oder ein Nachgeborenes zu töten, gilt als schändlich. In jedem Hause wachsen die Kinder nackt und schmutzig zu der von uns bestaunten Größe heran. Die Mutter nährt jedes Kind an der eigenen Brust und man überlässt sie nicht
20 den Ammen.

8 mögliche Absicht:

– *Tacitus beschreibt die Germanen als körperlich stark und natürlich, ihre Sitten als streng. Indem er diese Eigenschaften bei den Germanen betont, kritisiert er seine römischen Leser indirekt als verwöhnt und verweichlicht.*

Steckbrief

Name: Publius Cornelius Tacitus

Geboren: um 55 n. Chr.

Gestorben: um 120 n. Chr.

Herkunft: alte römische Patrizierfamilie vermutlich aus Südgallien
(heute Südfrankreich)

Verwandtschaft: Schwiegersohn des Agricola, erfolgreicher
Feldherr und Statthalter (= oberster Beamter) in der Provinz
Britannia

Beruf: Konsul, Statthalter der Provinz Asia, bedeutender
Schriftsteller, Geschichtsschreiber und Redner

Freunde und Bekannte: Kaiser Trajan, unter dessen Herrschaft das Römische Reich seine größte Ausdehnung
erreichte; hohe Offiziere, manche haben Krieg gegen
die Germanen geführt, andere haben an der Grenze zu
Germanien gelebt; Gelehrte, Schriftsteller, viele Mitglieder
der römischen Oberschicht

D1 **Steckbrief von Tacitus.**
Das Bild wurde im 19. Jahrhundert nach einer antiken Vorlage angefertigt.

Schriftliche Quellen auswerten

Beschreiben

1 Lies den Text mindestens zweimal und
erkläre, was das Thema ist.

2 Überprüfe, ob Personen- und Ortsnamen genannt oder Zeitangaben
gemacht werden.

3 Kläre unbekannte Begriffe mithilfe
eines (Online-)Lexikons.

Untersuchen

4 Gliedere den Inhalt in Sinnabschnitte.

5 Formuliere für jeden neuen Gedanken
eine Überschrift.

6 Stelle fest, wer den Text geschrieben
hat. Schreibt der Verfasser über Dinge,
die er selbst erlebt hat? Wenn nicht,
woher kann er seine Kenntnisse
haben?

Deuten

7 Ordne den Text in den geschichtlichen
Zusammenhang ein. Was ist dir
bekannt, was ist neu für dich?

8 Mit welcher Absicht könnte der
Verfasser den Text geschrieben haben?

9 In welchen Aussagen scheint der
Verfasser glaubwürdig zu sein?

A
B

1 Arbeite heraus:
a) Wer war Tacitus? Schreibe
in Sätzen.
b) Was weißt du über sein
Buch (T1, D1)?

2 Bearbeitet in Gruppen die
Textquelle 1 nach
den methodischen Arbeits-
schritten 1–6.

2 Bearbeitet in Gruppen die
Textquelle 1 nach den
methodischen Arbeits-
schritten 1–9.

3 Beurteilt, inwieweit Tacitus
zuverlässige Informationen
über Land und Leute in
„Germanien" haben konnte
(T2, D1).

3 Welche Wirkung könnte das
Buch des Tacitus auf die
Römerinnen und Römer
gehabt haben? Erörtert
die Frage.

4 Die Germanen schrieben
fast nichts über sich auf.
Was bedeutet das für unser
Wissen über sie? Diskutiert
darüber.

A
B

Am Limes endet die römische Macht

Germanien im Jahre 9 n.Chr.: In langen Kolonnen marschiert ein römisches Heer zu seinen Winterlagern an den Flüssen Rhein und Lippe. Es stürmt und regnet. Doch die Soldaten träumen schon von warmen Bädern und Wein. Da hören sie plötzlich Kriegsgeschrei.

Limes
Das Wort bedeutet in der lateinischen Sprache ursprünglich „Weg" bzw. „Grenzweg". Später bezeichnete man so einen befestigten Grenzwall.

Kastell
römisches Militärlager mit etwa 500 Mann Besatzung

T1 Rom unterwirft die Germanen

Ein paar Jahre zuvor ließ Kaiser Augustus römische Legionen über den Rhein marschieren. Sie sollten alles Land bis zum Fluss Elbe erobern. Die Germanen sollten römische Gesetze befolgen und dem Kaiser in Rom Steuern zahlen. Doch die Einrichtung einer stabilen Provinz in Germanien scheiterte.

T2 Der Plan des Arminius

Viele Germanen hassten die Römer als Besatzer. Das nutzte Arminius, ein adliger Anführer aus dem Stamm der Cherusker. Er versammelte im Jahr 9 n.Chr. ein Heer germanischer Krieger und griff die Römer an. Arminius hatte als Offizier in der römischen Armee gedient. Er wusste daher, dass man die römischen Legionen kaum im offenen Feld besiegen konnte. Man musste sie in ein Gelände mit Sümpfen und dichten Wäldern locken. Dort wären sie beim Marsch über viele Kilometer auseinandergezogen und bei einem Überfall könnten sie sich nicht in großen Blöcken aufstellen.

T3 Der Angriff

Der Plan ging auf, weil der römische Feldherr Varus den Arminius für einen Freund der Römer hielt. Beim Marsch in die Winterlager schickte er Arminius voraus, um das Gelände zu sichern. Doch dieser führte die drei römischen Legionen mit fast 20 000 Mann in einen Hinterhalt. Zwischen Sümpfen und Wäldern griffen die germanischen Krieger einzelne Gruppen römischer Soldaten an und töteten fast alle.

T4 Der Limes schützt die Provinz

Auf Befehl des Kaisers Augustus kehrten die Truppen wieder hinter die Flüsse Rhein und Donau zurück. Spätere Kaiser sicherten die Lücke zwischen den beiden Flüssen: Römische Soldaten bauten einen 548 Kilometer langen Wall mit fast 900 Wachtürmen, den Limes (siehe auch S. 128: D2). Bei Gefahr gaben sie Alarm: Dann kamen Soldaten aus den Kastellen in der Nähe. Etwas weiter entfernt standen die großen Legionslager mit weiteren römischen Soldaten.

D1 Militärlager am Limes. Rekonstruktionszeichnung
① Haupttor, ② Wachturm, ③ Kommandantur, ④ Krankenhaus, ⑤ Kornspeicher, ⑥ Ställe, ⑦ Werkstatt, ⑧ Wohnhaus des Kommandanten, ⑨ Unterkünfte für die Soldaten, ⑩ Badehaus, ⑪ Verteidigungsgraben

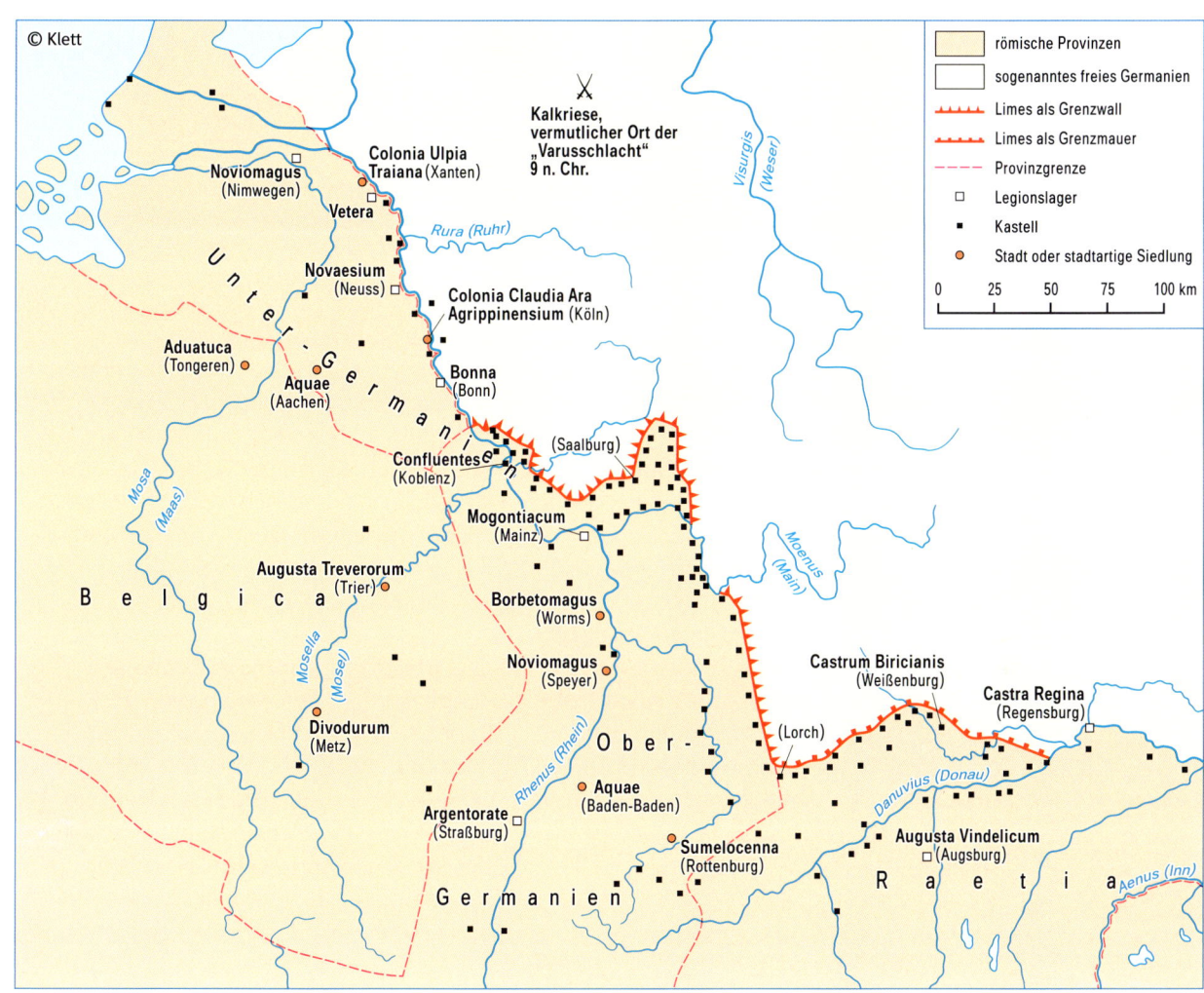

Legende:

▨	römische Provinzen
▢	sogenanntes freies Germanien
🔺	Limes als Grenzwall
🔺	Limes als Grenzmauer
- - -	Provinzgrenze
□	Legionslager
■	Kastell
●	Stadt oder stadtartige Siedlung

0 25 50 75 100 km

© Klett

Kalkriese, vermutlicher Ort der „Varusschlacht" 9 n. Chr.

Noviomagus (Nimwegen)
Colonia Ulpia Traiana (Xanten)
Vetera
Novaesium (Neuss)
Colonia Claudia Ara Agrippinensium (Köln)
Aduatuca (Tongeren)
Aquae (Aachen)
Bonna (Bonn)
Confluentes (Koblenz)
(Saalburg)
Mogontiacum (Mainz)
Augusta Treverorum (Trier)
Borbetomagus (Worms)
Noviomagus (Speyer)
Castrum Biricianis (Weißenburg)
Castra Regina (Regensburg)
(Lorch)
Divodurum (Metz)
Aquae (Baden-Baden)
Argentorate (Straßburg)
Sumelocenna (Rottenburg)
Augusta Vindelicum (Augsburg)

Unter-Germanien · **Belgica** · **Ober-Germanien** · **Germanien** · **Raetia**

Flüsse: Visurgis (Weser), Rura (Ruhr), Mosa (Maas), Mosella (Mosel), Rhenus (Rhein), Moenus (Main), Danuvius (Donau), Aenus (Inn)

D2 Mitteleuropa zur Römerzeit

A

1 Arbeitet in Partnerarbeit aus T1 die Politik des Kaisers Augustus gegenüber den Germanen heraus.
a) Was will er erreichen?
b) Was bedeutet das für die Germanen?

2 Warum konnten die Germanen die Römer im Jahr 9 n. Chr. besiegen? Zählt Gründe auf (T2–3).

2 Beurteile die Rolle des Arminius im Jahr 9 n. Chr. (T2–3).

3 Zeichne den Limes im Querschnitt. Beschrifte die einzelnen Teile (D1).

3 Wie sicherten die Römer ihre Grenze? Erkläre (T4, D2).

4 Suche auf der Karte D2 die römischen Namen für Baden-Baden und Rottenburg heraus.

4 Suche auf der Karte D2 alle Legionslager. Nenne die lateinischen Namen von drei Flüssen und Städten im heutigen Deutschland.

5 Welchen Vorteil hätte es den Römern gebracht, die Elbe statt des Rheins als Grenze des Imperiums zu haben? Beurteile die Situation mithilfe einer Atlaskarte.

B

Lernen vom Nachbarn – Römer und Germanen

Wenn ein germanischer Händler den Limes überquerte, staunte er nur. Sein Wagen rollte über eine gepflasterte Straße, vorbei an stattlichen Landgütern. Dann fuhr er in eine Stadt hinein. Das war eine neue Welt!

→ **Romanisierung**

→ **romanische Sprache**

→ **Lehnwort**

Bürgerrecht
(siehe S. 100) Es war zunächst auf die (männlichen) Bewohner Roms beschränkt. Im Laufe der Zeit konnten auch Menschen aus den Provinzen Bürger werden.

T1   Leben wie in Rom

Was gab es in einer römischen Stadt nicht alles zu sehen! Die Häuser hatten rote Dächer, denn sie waren mit Tonziegeln gedeckt. Sie waren auch viel höher als bei den Germanen und standen dicht aneinander. Davor gab es einen Bürgersteig, der vor Sonne und Regen durch Vordächer geschützt war. Hier boten Gastwirte kleine Gerichte, Handwerker ihre Waren an. In den größeren Städten gab es sogar eine steinerne Wasserleitung, die frisches Quellwasser heranführte. Dort konnte man ein öffentliches Bad oder ein Theater im Freien besuchen. Und überall standen Statuen von Göttern und Göttinnen auf steinernen Säulen.

T2   Die Sprache der Römer

Für einen germanischen Händler war es wichtig, wenigstens ein paar Brocken Latein zu lernen. Das war die Sprache der Römer. Aber es wurde auch zur Sprache der Menschen, die „römisch werden" wollten. In der Kneipe bestellte man dann selbstverständlich „vinum". Und die Wirtin reichte ein „bicarium" des edlen Getränks.

T3   Begriffsverwirrung in Germanien

Kehrte ein Germane in sein heimatliches Dorf zurück, dann hatte er viel zu erzählen. Doch manchmal verstanden ihn seine Landsleute nicht. Er sprach von Fenstern, gebrannten Dachziegeln, Kamin und Keller. Die Germanen hatten keine Namen für solche Dinge. Also übernahmen sie einfach das römische Wort in ihre Sprache (Lehnwort).

T4   Romanisierung der Provinz

Überall am Limes gab es Kastelle. In ihrer Nähe siedelten sich Handwerker, Händler und Kneipenwirte an, um mit den Soldaten Geschäfte zu machen. So entstanden kleine Städte mit römischer Lebensart. Germanen und Kelten, die dort lebten, wurden sozusagen römisch gemacht, also romanisiert.

T5   Ein reger Warenaustausch

Der Limes war nicht nur eine scharf bewachte Grenze. Germanische Händler durften ihn mit ihren Waren passieren. Sie brachten Schlachtvieh, Reitpferde und Honig mit. In die andere Richtung fuhren schwer bepackte römische Wagen und lieferten den Germanen die heiß begehrten Waren aus römischen Werkstätten.

D1   Von den Römern lernten die Germanen viele neue Dinge kennen. Die Namen dafür übernahmen sie aus der lateinischen Sprache gleich mit. Solche Begriffe nennt man Lehnwörter.

**D2 Römische Land-
güter** entstanden in
allen römischen
Provinzen. Im
Westen und Süden
Deutschlands sind
viele dieser ländlichen
Villen ausgegraben
worden.
Rekonstruktions-
zeichnung

**Q1 Über das Leben im Schutz des Limes
berichtet der römische Schriftsteller Lampridius um 300 n.Chr.:**
Nicht nur in Kastellen und Lagerdörfern
lebten die Römer, sie hatten sich auch in Guts-
höfen und Villen niedergelassen. Der Kaiser
Severus Alexander schenkte den Soldaten und
5 Offizieren, die am Limes Dienst taten, das
Land, das man den Germanen abgenommen
hatte. Außerdem fügte er Vieh und Sklaven
hinzu, damit das Gebiet, das so nahe am
10 Barbarenland liegt, nicht wegen Menschen-
mangels aufgegeben und dann nicht bebaut
würde.

→ **villa rustica**

→ **Provinzstadt**

A
B

1 Nenne Dinge, die
für die Germanen
neu waren, wenn
sie in eine römische
Stadt kamen (Vor-
spann, T1).

2 Finde in D1
lateinische Wörter,
die du aus T2 und
T3 erklären kannst.

2 Erstelle aus D1
eine Tabelle.
Schreibe die
lateinischen
Begriffe in die
linke, die deutschen
Wörter in die
rechte Spalte.

Ein Germane
beschreibt den
Unterschied
zwischen einem
germanischen
Weg und einer
römischen
„strata". Schreibe
seine Erklärung
auf (D1).

3 **MB**
Schreibe einen
Artikel für ein
(Online-)Lexikon
zum Stichwort
„Lehnwort"
(T3, D1).

4 Unsere Sprache
verändert sich
auch heute durch
Lehnwörter.
Diskutiert
darüber.

Beschreibe
das Leben auf
einem römischen
Landgut (D2).

5 **EXTRA**
5 **EXTRA**
Schreibe als
Verwalter einen
Bericht an den
Besitzer des
Landgutes. Stelle
dar, wie du den
Hof bewirt-
schaftest (D2).

Zeichne ein
römisches
Landgut und
beschrifte
einzelne Teile.

A
B

6 **EXTRA**
6 **EXTRA**
Der Besitzer eines
Landgutes und
sein Verwalter
planen Arbeiten.
Schreibt den
Dialogtext. Spielt
die Szene vor der
Klasse.

Neue Reiche entstehen

Im 3. Jahrhundert begannen im Römischen Reich Veränderungen. Mehrere Kaiser regierten gleichzeitig, Roms Zentralgewalt wurde schwächer. Eine Zeit der Bürgerkriege begann. Bewaffnete Verbände griffen die Grenzen an und gründeten neue Reiche.

Hunnen
umherziehender Verband aus den Graslandschaften Zentralasiens, der Teile Europas unterwarf. Die Hunnen wurden 451 von Römer und Germanen gemeinsam besiegt.

→Byzantinisches Reich

T1 Germanische Kriegerverbände

An den Grenzen des Römischen Reiches lebten germanische Kriegerverbände. Die Römer beauftragten befreundete Verbände, ihre Grenzen vor verfeindeten Verbänden zu schützen. Die germanischen Krieger liebten römische Luxusgüter. Verfeindete Germanen raubten sich, was sie haben wollten. Verbündete Germanen kauften sich Luxusgüter von dem Geld, das sie von den Römern erhielten. Lange Zeit gelang es Rom, seine Grenzen zu schützen – gegen Germanen und mithilfe von Germanen.

T2 Veränderungen im Reich

Doch ab dem 3. Jahrhundert kam es zu Veränderungen. Die römischen Kaiser wurden schwächer, bald regierten sogar mehrere Kaiser im Reich. Eine zweite Hauptstadt entstand. Wer etwas zu sagen haben wollte, legte sich eine eigene Armee zu – germanische Verbände boten sich an. In Rom begann eine Zeit der Bürgerkriege. Es wurde auch immer schwieriger, die Grenzen zu sichern.

T3 Flucht vor den Hunnen

Im Jahr 375 dehnten hunnische Reiterkrieger ihr Reich gewaltsam nach Mitteleuropa aus. Viele Stammesverbände in der heutigen Ukraine am Schwarzen Meer (später „Goten" genannt) flüchteten Richtung Westen. Ein Teil der Westgoten ging über die Donau bis ins Römische Reich, um dort zu siedeln. Als der Kaiser ihnen Siedlungsland verweigerte, zogen westgotische Verbände plündernd bis nach Italien (im Jahr 410 erreichten sie Rom).

T4 Hunger, Klima, Kriegsbeute

Überall kam es zu „Bevölkerungsverschiebungen". Bewaffnete Verbände brachen in neue Gebiete auf, nahmen sich Land, Vieh und Besitz. Die dort lebenden Menschen flüchteten. Aber auch Klimaveränderungen und drohende Hungersnöte brachten Menschen dazu, ihre Wohnorte zu verlassen. Manchen lockte auch die Aussicht auf Kriegsbeute. So schlossen sich Krieger, Familien, Einzelpersonen oder Stammesverbände zusammen und machten sich auf den Weg.

T5 Das Westreich geht unter

Im Jahr 395 teilten die Söhne des Kaisers Theodosius das Römische Reich in eine West- und eine Osthälfte. So glaubten sie, die Grenzen besser schützen zu können. Doch im Westreich begann eine unruhige Zeit. Irgendwann handelten die Kriegerverbände nicht mehr für römische Auftraggeber, sondern auf eigene Rechnung. Immer neue Kampfverbände drangen über die Grenzflüsse Rhein und Donau auf das Reichsgebiet vor. Sie gründeten dort eigene Reiche.
476 wurde der letzte weströmische Kaiser abgesetzt. Nur das Oströmische Reich blieb bestehen. In seiner Hauptstadt Konstantinopel herrschten bis 1453 römische Kaiser.

Schon gewusst?

Die beschrieben Wanderungsbewegungen sind unter dem Namen „Völkerwanderung" bekannt. **Doch wanderten tatsächlich ganze „Völker"?** Historiker und Historikerinnen wenden ein, dass es „Völker" zur damaligen Zeit noch gar nicht gab. Menschen verband keine gemeinsame Abstammung, sondern bestimmte Erfahrungen und Ziele. Manche Historiker sprechen von „Kampf- oder Reisegemeinschaften". Es waren keine geschlossenen Gruppen, die während der Wanderungsjahre zusammenblieben. Hatten sie Erfolg, schlossen sich z. B. Migranten oder Einheimische an. Hatten sie keinen Erfolg, wandten sich Menschen ab. Erst aufgrund gemeinsamer Ziele und Erfahrungen bildeten sich langsam Gemeinschaften heraus, die wir heute mit der Vorstellung eines „Volkes" verbinden und die dann neue Reiche gründeten.

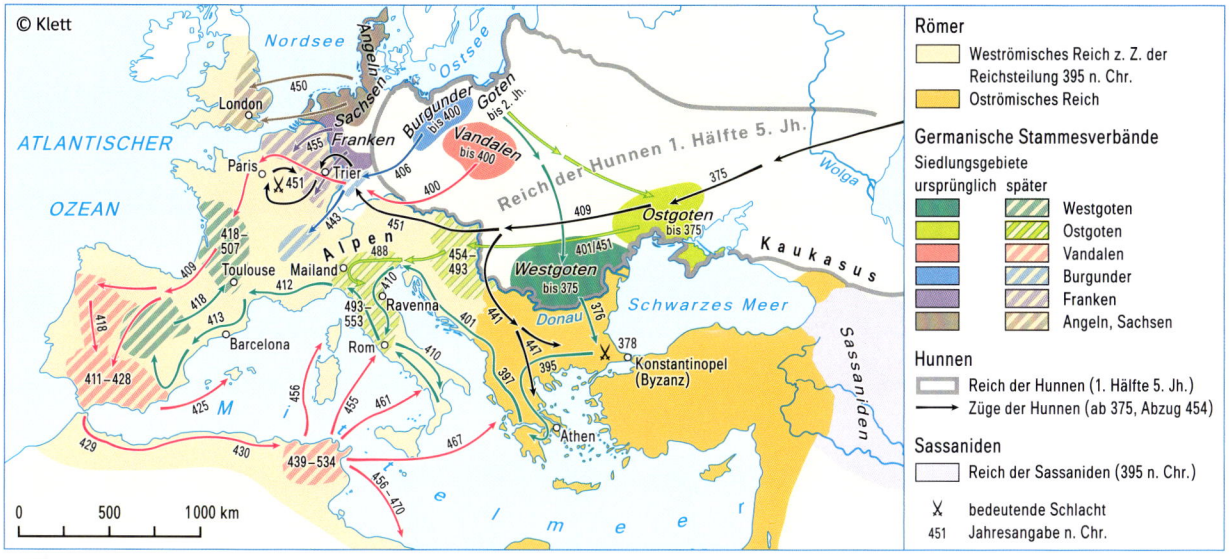

D1 Teilung des Römischen Reiches und Wanderung bewaffneter Verbände

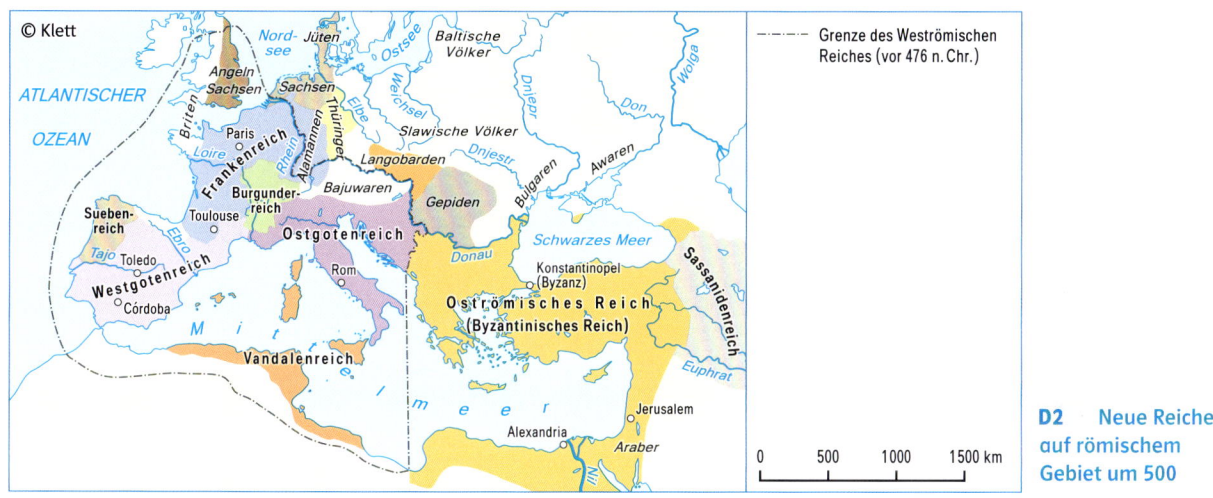

D2 Neue Reiche auf römischem Gebiet um 500

Trage auf einem Zeitstrahl wichtige Ereignisse zwischen 375 und 1453 ein (T3, T5, Lexikon).

A
B

1 Stellt in Partnerarbeit die Karten D1 und S. 98: D1 gegenüber. Was hat sich verändert?

2 Warum wurde es für die Römer immer schwieriger, die Reichsgrenzen zu sichern? Nenne Gründe (T2).

3 Beschreibe die wesentlichen Veränderungen zwischen 375 und etwa 500 anhand der Karten D1 und D2.

4 Bewerte die Gründe für den Untergang des Weströmischen Reiches. Unterscheide dabei nach äußeren und inneren Gründen (T3–5, D1).

5 Diskutiert den Begriff „Völkerwanderung" (Schon gewusst?).

Rom und China

→ **Imperium Romanun**

Im 3. Jahrhundert kämpfte Rom um die Herrschaft im Mittelmeer. Zur selben Zeit schuf Fürst Shi von Qin ein chinesisches Großreich. Als Kaiser von China vereinheitlichte er die Gesetze, die Schrift, Maße und Gewichte. Er setzte Beamte ein, die das riesige Reich verwalteten.

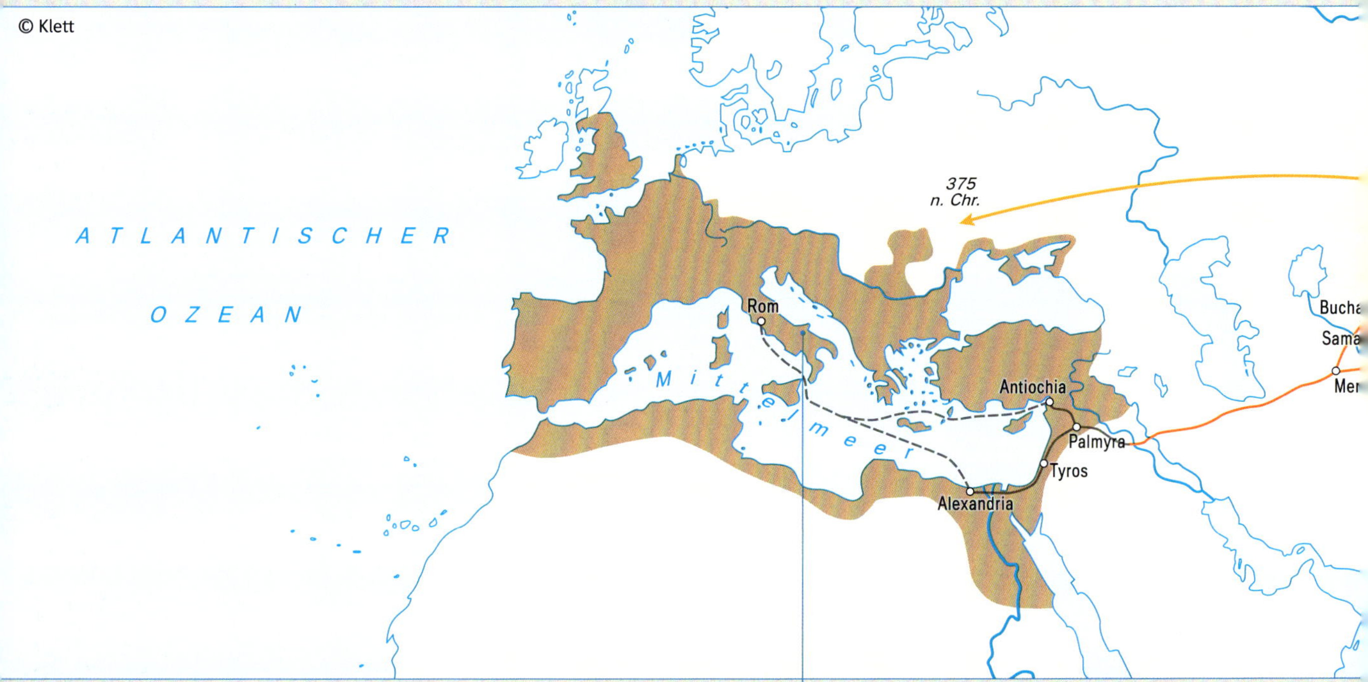

© Klett

ATLANTISCHER OZEAN

375 n. Chr.

Rom

Mittelmeer

Antiochia

Palmyra

Tyros

Alexandria

Buchа

Sama

Mеr

→ **Limes**

→ **Kaiser**

→ **Imperator Augustus**

Das Römische Reich um 100 n. Chr.

D1 **Der römische Kaiser Augustus.** Nachbildung eines antiken Standbildes.
Name: Octavian, später Augustus („Der Erhabene")
Macht: baut seine Macht zur Alleinherrschaft aus, Herrschaft über Provinzen, Militärführer, Konsul, Volkstribun, oberster Priester
Quellen der Macht: Caesars Adoptivsohn, Ermächtigung vom Senat, Militär sichert Macht, religiöse Verehrung erst nach seinem Tod
Regierungszeit: herrscht als Kaiser von 27 v. Chr. bis 14 n. Chr.

D2 **Der Limes** (lat. „Grenze") war ab dem Jahr 85 ein befestigter Grenzwall der Römer. Er sollte die Römer vor germanischen Überfällen schützen. Die 900 Wachtürme (im Bild ein Turm aus dem heutigen Osterburken) ermöglichten eine Überwachung der 550 Kilometer langen Grenze. Der Limes diente als Kontrollpunkt für Personen und den Warenverkehr. Handel spielte am Limes eine wichtige Rolle. Einen Limes gab es sowohl im heutigen Deutschland als auch im heutigen Großbritannien.

Überall wurden Kanäle und Straßen angelegt. In China war vieles anders als in Rom – oder etwa nicht? Eines verband beide Reiche auf jeden Fall: die Seidenstraße. Sie wurde für den Handel mit Gewürzen, Seide, Glas und Porzellan zwischen Ost und West immer wichtiger.

→ **Chinesisches Reich**

→ **Seidenstraße**

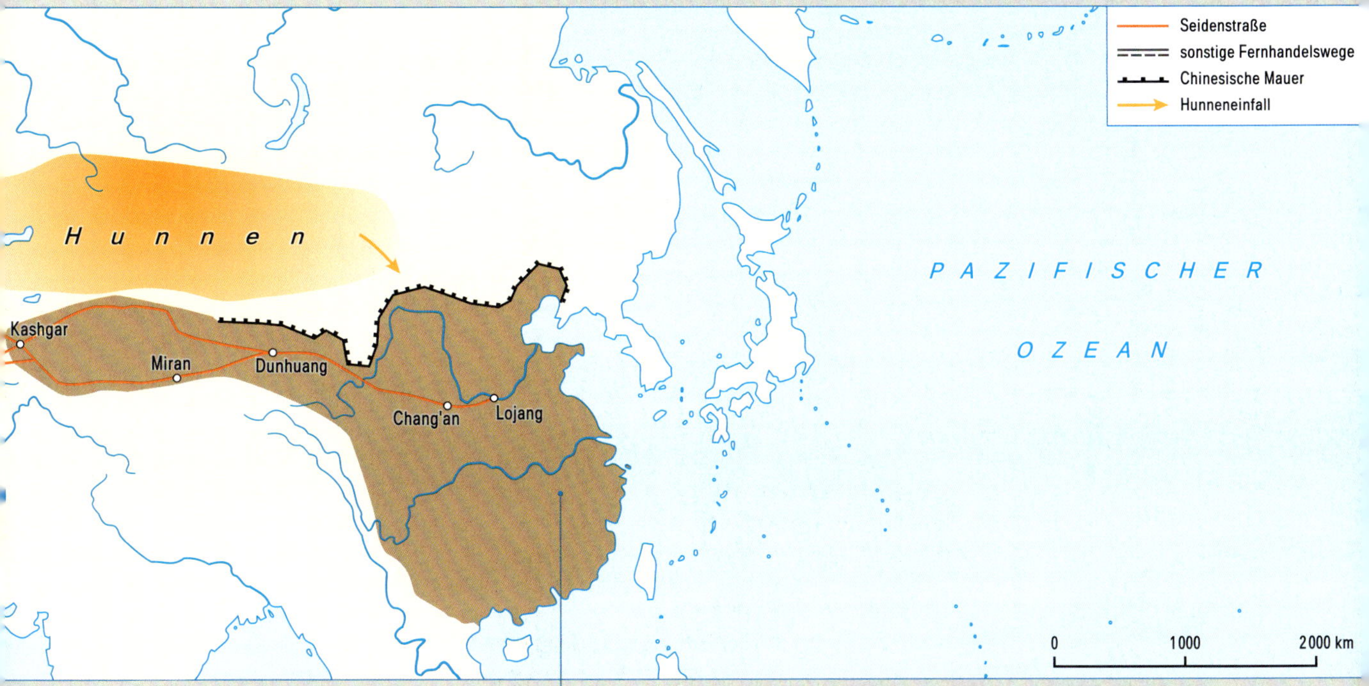

	Seidenstraße
	sonstige Fernhandelswege
	Chinesische Mauer
	Hunneneinfall

H u n n e n

P A Z I F I S C H E R

O Z E A N

Kashgar
Miran Dunhuang
Chang'an Lojang

0   1000   2 000 km

Das Han-Reich um 100 n. Chr.

→ **Große Mauer**

→ **Erster Erhabener Kaiser**

Q1 Die „Große Mauer" sollte China vor den Kriegern der Hunnen schützen. Kaiser Shiuang befahl Hunderttausenden von Bauern und Handwerkern den Bau des Walls. Seine Nachfolger setzten das Werk fast 2000 Jahre lang fort. Die „Große Mauer" hatte schließlich eine Länge von fast 7000 Kilometern. Soldaten hielten auf Wachtürmen Ausschau nach nahenden Feinden. Die Bevölkerung siedelte sich ebenfalls an der Grenze an.

Q2 Der erste chinesische Kaiser Shiuang (259–210 v. Chr.), Statue an der Grabanlage des **Kaisers**
Name: Fürst Shi von Qin, später Qin Shihuangdi („Erster Erhabener Gottkaiser von Qin")
Macht: vereinigt mehrere Königreiche zum Kaiserreich China, Gewaltherrscher, regiert das riesige Reich mithilfe von Beamten
Quellen der Macht: Menschen sehen Kaiser als Verbindung zu Gott, verehren ihn als „Halbgott"
Regierungszeit: herrscht als Kaiser von 221–210 v. Chr., vererbt die Macht an seine Nachkommen, auf die Qin-Herrscher folgen bald Herrscher aus dem Hause Han, chinesisches Kaiserreich besteht bis 1912

Rom – von der Stadt zum Weltreich

D 09 📄
Arbeitsblatt
Wiederholung

D 10 📄
Arbeitsblatt
Wiederholung (Lösungen)

I 15 ☝
interaktive Übungen
Rom – von der Stadt zum Weltreich

...rung Wirtschaft/Gesellschaft Begegnung Zerfall

? Ich kann Fragen zu Themen der römischen Geschichte stellen z. B. ...

✅ Ich kann die Gründungssage Roms erzählen und darstellen, wie es wirklich war.

🧩 Ich kann die Ausbreitung Roms vom Dorf zum Weltreich auf einer Geschichtskarte erkennen.

✅ Ich weiß, wie Rom zur Zeit der Republik regiert wurde und was sich in der Kaiserzeit änderte.

✅ Ich kann das Alltagsleben in Rom beschreiben.

✅ Ich kann erklären, warum das Römische Reich zerfiel.

⚖ Ich kann bewerten, ob die Beschreibung des Tacitus über die Germanen zuverlässig ist.

🧭 Ich kann beurteilen, was mir am alten Rom gefallen hätte/nicht gefallen hätte.

🧭 Ich weiß, welche Bedeutung das Zeitalter der Römer für unsere Gegenwart hat.

Von der Spätantike ins Mittelalter

380
Das Christentum wird Staatsreligion im Römischen Reich.

um 500
König Chlodwig gründet ein fränkisches Großreich.

622
Mohammed wird Herrscher von Medina (heute Saudi-Arabien) und verbreitet den Islam.

800
Der Frankenkönig Karl wird zum Kaiser gekrönt.

um 1000
Spanien und Sizilien werden von islamischen Herrschern regiert.

In der Filmszene werden Papst, Bischof und König gezeigt. Ordne zu und begründe.

Welcher der drei Männer steht im Mittelpunkt? Woran erkennt man das?

An welchem Ort spielt die Handlung wohl?

Was könnte der Anlass für die Begegnung zwischen Papst und König sein? Stelle Vermutungen an.

Von der Spätantike ins Mittelalter

Europa wird heute von drei Weltreligionen geprägt. Am Ältesten ist das Judentum. Juden gründeten nach der Flucht vor den Römern ab dem 2. Jahrhundert Gemeinden im gesamten Mittelmeerraum. Das Christentum entstand aus dem Judentum und wurde im 4. Jahrhundert zur römischen Staatsreligion. Mit der Absetzung des letzten Kaisers im Westen ging 476 das Römische Reich unter. In der Mitte Europas entstand ein neues, christlich geprägtes Großreich, das Heilige Römische Reich, und mit ihm eine neue Epoche: das Mittelalter. Ab dem 7. Jahrhundert breitete sich der Islam von Arabien bis nach Europa und Asien aus. Alle drei Religionen haben – unterschiedlich ausgeprägt – in Europa Spuren hinterlassen.

2 Wie entstand das Judentum? Welche Folgen hatte die römische Fremdherrschaft für Juden? (S. 136/137)

3 Wie entstand das Christentum und wie verbreitete es sich? (S. 138–141)

4 Wie entstand der Islam und wie verbreitete er sich? (S. 142/143)

Nimm dir zehn Minuten Zeit und schreibe in Form einer Tabelle (drei Spalten) auf, was du bereits über das Judentum, das Christentum und den Islam weißt. Du kannst auch Fragen notieren.

A
B

→ **Religion**

1

Judentum

Christentum

Islam

2 Wie entstand das Judentum? Welche Folgen hatte die römische Fremdherrschaft für Juden? Was ist im heutigen Jerusalem vom Tempel erhalten, den die Römer zerstörten? (S. 136/137)

3 Wie entstand das Christentum und wieso konnte es sich so stark ausbreiten? Welche unterschiedlichen Gründe führten bei Christen und Juden zur Ausbreitung ihrer Religion? (S. 138–141)

4 Wie entstand der Islam? Vergleiche die Entstehung des Islam mit der Entstehung des Judentums und des Christentums. Welche Unterschiede gibt es? (S. 142/143)

Das kannst du außerdem machen:

Material findest du auf den folgenden Seiten, du kannst aber auch in der Bücherei und im Internet suchen. **MB**

Spätantike
Zeitraum, der den Übergang von der Antike zum Mittelalter markiert. Sie beginnt um 300 und endet mit dem Ende des Römischen Reiches (476).

Wie lebten Christen, Juden und Muslime in Spanien und Sizilien miteinander? Beschreibe. (S. 144/145)

5

friedliche Begegnungen

Was war „das Reich"? Wer herrschte dort? (S. 146–153)

6

Herrschaft im Frühmittelalter

Was sind die Unterschiede zwischen König und Kaiser (S. 154–157)?

7

Kaiser und Papst

8 A
   B

Gestaltet in Partnerarbeit eine Wandzeitung bzw. ein Plakat mit Texten und Bildern zu den drei genannten Weltreligionen. Präsentiert es in der Klasse und beschreibt, was ihr in diesem Kapitel gelernt habt.

5
Wie lebten Christen, Juden und Muslime in Spanien und Sizilien miteinander? Wieso konnten sie friedlich miteinander leben? Begründe. (S. 144/145)

6
Wie entstanden das Frankenreich und das „Heilige Römische Reich"? (S. 146–153)

7
Kaiser, König und Papst – wer hat die Macht (S. 154–157)?

... Informationen recherchieren und in einem Merkblatt auflisten:
Wie leben gläubige Juden, Christen und Muslime heute ihren Glauben? Was ist ihnen wichtig? **MB**

... auf Spurensuche gehen und eine Fotocollage zu Begegnungsmöglichkeiten mit diesen drei Religionen in deiner Stadt oder Region erstellen.

.. herausfinden, welche anderen Religionen es - außer dem Christentum, dem Judentum und dem Islam - noch gibt.

Juden im Römischen Reich

Das Judentum ist die älteste der großen Religionen, in denen nur ein einziger Gott verehrt wird. Die Juden lebten über tausend Jahre am Rand des östlichen Mittelmeeres. Jerusalem war das Zentrum. Doch dann verloren die Juden ihr Land.

Diaspora
griechisch: „Zerstreuung". Bezeichnung für das Leben der Juden unter Andersgläubigen

Thora
Teil der heiligen Schriften der Juden. Die Thora enthält die fünf Bücher Mose.

→ **Judentum**

→ **Monotheismus**

T1 Das Judentum und seine Religion

Um 2000 v.Chr. lebte im Gebiet zwischen Ägypten und Mesopotamien ein Nomadenvolk ohne eigenes Land. Mit ihren Anführern Abraham und Moses schloss Gott einen „ewigen Bund": Gott gab dem Volk das Land Israel. Dafür musste es die Gesetze befolgen, die Gott an Moses übergab. So erzählen es die heiligen Schriften der Juden. Sie entsprechen dem Alten Testament der Christen. Ihr wichtigster Teil ist die Thora.

T2 Der Verlust des Landes

Forscher wissen, dass die Juden um 1000 v.Chr. am Ostrand des Mittelmeers lebten. Der Tempel in Jerusalem war ihr wichtigstes Heiligtum. 597 v.Chr. eroberten die Babylonier das Königreich Juda, wie das Land jetzt hieß. Sie zwangen einen Teil der Bevölkerung, sich in Babylon anzusiedeln („Babylonisches Exil"). Seither wurde das

Land fast nur noch von fremden Herrschern regiert. Die Juden erduldeten diese Herrscher, solange sie ihre Religion frei ausüben konnten. Doch gegen die römische Herrschaft wehrten sie sich – allerdings erfolglos. Nach einem Aufstand im Jahr 70 zerstörten die Römer den Tempel, nach einem weiteren Aufstand im Jahr 135 verboten sie den Juden, Jerusalem zu betreten. Viele Juden verließen Judäa, das die Römer nun „Palästina" nannten.

T3 Leben in der Diaspora

Die meisten Juden wohnten nun verstreut in den Städten des Römischen Reiches rings um das Mittelmeer. Sie versuchten, ihr Judentum zu bewahren. Anstelle des Tempels wurden nun Synagogen zu Mittelpunkten ihres religiösen Lebens. Dort lehrten Rabbiner sie, ihr Leben nach den Gesetzen der Thora zu führen. Denn nur dann, so der Glaube, würde Gott sie wieder in ihr Land zurückführen.

D1 Siedlungsgebiete der Juden. Die Schraffierungen der Siedlungsgebiete bedeuten nicht, dass sich in diesen Gebieten flächendeckend Juden ansiedelten. Es handelte sich um einzelne Orte (in Deutschland um 1200: ca. 30 Orte).

Schon gewusst?

Als wichtiges Ereignis im Kampf gegen fremde Herrscher (T2) gilt im Judentum der **Aufstand der Makkabäer** im Jahr 164 v. Chr. In Judäa herrschten die Seleukiden. Sie verbreiteten die griechische Kultur. Manche Juden passten sich der griechischen Kultur an. Dies ging so weit, dass im jüdischen Tempel von Jerusalem ein Altar des griechischen Gottes Zeus stand. Dagegen wehrten sich traditionelle Juden mit einem Aufstand: Unter der Führung eines Mannes mit dem Beinamen „Makkabäus" beendeten sie die Herrschaft der Seleukiden und führten die traditionellen jüdischen Bräuche wieder ein. Bis heute erinnern Juden mit dem Chanukka-Fest an den Aufstand.

Q1 Fahne der Europäischen „Makkabi-Spiele". Das jüdische Sportfest findet alle vier Jahre statt. 2015 wurden die Spiele in Berlin ausgetragen. Es nahmen mehr als 2000 jüdische Sportler aus 38 Ländern teil. Foto, 2015

Babylonisches Exil (597–ca. 539 v. Chr.) Nach der Eroberung Judäas zwangen die Babylonier einen Teil der dortigen Bevölkerung, sich in Babylon anzu-siedeln. Nach dem Ende der Herrschaft kehrten viele Juden zurück, einige blieben in Babylon.

Q2 Gott schließt am Berg Sinai mit dem Volk Israel einen Bund. Moses empfängt die göttlichen Gesetzestafeln. Jüdische Buchmalerei, 1320

Q3 Westmauer in Jerusalem. Vom Tempel blieb nach der Zerstörung durch die Römer im Jahr 70 nur ein Mauerrest übrig. Nach der Vertreibung durften Juden nur einmal im Jahr in die Stadt, um ihren Verlust zu beklagen. Daher wird die letzte Mauer des Tempels volkstümlich „Klagemauer" genannt. Foto, 2008

A

2 Lege einen Zeitstrahl zur Geschichte der Juden an (T1–2).

3 Warum lebten Juden in der „Diaspora"? Was bedeutete das? Erkläre (T2–3).

4 Arbeite mit D1: Beschreibe die Ausbreitung des Judentums von 600 v. Chr. bis 1200 n. Chr.

Wie erinnern Juden heute an den Aufstand der Makkabäer? Wo zeigt sich das im Alltag? Recher-chiere (Schon gewusst?, Q1, Internet).

6 EXTRA MB **A**

A
B

1 Beschreibe Q2 und erkläre mit-hilfe von T1, warum die Szene ein wichtiges Ereignis des jüdischen Glaubens zeigt.

2 a) Löse Aufgabe A2. b) Begründe, warum sich die Situation der Juden ab 597 v. Chr. änderte (T2).

3 Zwei Juden treffen sich im Jahr 80 an der Westmauer wieder (Q3). Sie reden über die Zerstörung des Tempels und die Diaspora (T2–3). Schreibe das Gespräch auf.

4 Arbeite mit D1: Beschreibe die Ausbreitung des Judentums und erläutere, wie das jüdische Leben in den Städten organisiert war (T3).

5 Judentum und Christentum haben Gemein-samkeiten und eine gemein-same Geschichte. Begründe mit T1, Q2 und D1.

6 EXTRA MB **B**

Informiere dich im Internet über die Zahl der Juden, die heute in der Diaspora leben. Wie viele leben in Deutschland? Wo leben weltweit die meisten Juden?

Christen im Römischen Reich

Das Christentum entstand aus einer kleinen Gruppe um den jüdischen Prediger Jesus in der römischen Provinz Judäa. Die ersten Christen wurden verfolgt. Heute sind über zwei Milliarden Menschen Christen.

Q1 **Zentrum des Christentums.** Jede römische Provinz hatte einen Bischof, der alle kirchlichen Entscheidungen traf. Das höchste Ansehen hatte der Bischof von Rom, der den Titel „Papst" (bedeutet „Papa") trägt. Bis heute sitzt der Papst als Oberhaupt aller katholischen Christen in Rom. Das Foto zeigt die Hauptkirche der katholischen Christenheit, den päpstlichen Petersdom.

Bibel
Glaubensbuch aller Christen. Es besteht aus dem Alten Testament (den heiligen Schriften der Juden) und dem Neuen Testament (Erzählungen der frühen Christen über Jesus als Gottes Sohn und Retter).

→ **Christentum**

→ **Monotheismus**

→ **Staatsreligion**

→ **Konstantinische Wende**

T1 **Das Christentum: eine neue Religion**
Nach der christlichen Zeitrechnung wurde Jesus im Jahr 1 geboren (tatsächlich kam er zwischen 8 und 4 v. Chr. zur Welt). Jesus begeisterte zu seinen Lebzeiten als jüdischer Wanderprediger viele Menschen: Er erzählte Geschichten vom kommenden Gottesreich und wirkte als Heiler, wobei er sich besonders für Arme und Außenseiter einsetzte. Mit den damaligen religiösen Autoritäten (Gelehrte, die in religiösen Fragen das Sagen hatten), geriet er in Streit. Sie klagten Jesus beim römischen Statthalter an. Der ließ ihn als politischen Aufrührer am Kreuz töten. Nach seinem Tod erzählten die Anhänger von Jesus seine Geschichten weiter und gründeten die ersten christlichen Gemeinden. Im ersten Jahrhundert wurden die Erzählungen über Jesus aufgeschrieben. Aus diesen Schriften, die Jesus als „Christus" (Gottes Sohn und Retter) beschreiben,

entstand Ende des 2. Jahrhunderts das „Neue Testament". Zusammen mit der heiligen Schrift der Juden wurde es zur Bibel – dem Glaubensbuch aller Christen – zusammengefasst. Um das Jahr 400 lag die Bibel so vor, wie wir sie heute kennen.

T2 **Die Christen werden verfolgt**
Im Jahr 64 verwüstete ein Feuer Rom. Kaiser Nero behauptete, die Christen hätten das Feuer gelegt. Er ließ viele Christen töten. Diokletian (Kaiser von 284 bis 305) war der Meinung, dass die Christen die Sicherheit und Einheit des Reiches gefährdeten. Er ließ christliche Schriften verbrennen. Kirchen wurden zerstört und Gottesdienste verboten. Wer sich weigerte, den Kaiser zu verehren, wurde getötet oder zur Zwangsarbeit verurteilt. Doch die Maßnahmen bewirkten das Gegenteil: Die Zahl der Christen nahm zu.

T3 **Das Christentum wird Staatsreligion**
Unter Kaiser Konstantin verbesserte sich die Lage der Christen im Römischen Reich. Konstantin ordnete im Jahr 313 an, dass alle Bürger seines Reiches selbst über ihre Religion bestimmen konnten („Konstantinische Wende"). Die Christen konnten ihre Religion nun ungehindert ausüben. Der Kaiser schenkte den Christen Geld und Ländereien. Es wird erzählt, dass Konstantin sich auf dem Sterbebett zum Christen taufen ließ. Auch seine Nachfolger förderten das Christentum. Im Jahre 380 wurde das Christentum Staatsreligion. 391 verbot Kaiser Theodosius die alten Götter. Kaiser Justinian ging dann – 150 Jahre nach Theodosius – aktiv gegen die letzten Nichtchristen im Reich vor.

Q2 Briefwechsel zwischen dem Statthalter Plinius und Kaiser Trajan (53–117 n. Chr.):

Plinius schrieb: Vorläufig habe ich bei denen, die mir als Christen angezeigt worden sind, folgendes Verfahren angewandt. Ich fragte sie, ob sie Christen seien. Bekannten sie sich
5 dazu, so legte ich ihnen unter Androhung der Todesstrafe die Frage ein zweites und ein drittes Mal vor. Blieben sie verstockt, ließ ich sie hinrichten.

Trajans Antwort: Bei der Prüfung der Anklage
10 gegen die Leute, die man dir als Christen bezeichnete, hast du das richtige Verfahren befolgt.

Q3 Schreiben der Gemeinde in Smyrna (heute Izmir) über den Tod ihres Bischofs Polykarp, 2. Jahrhundert:

Der Prokonsul ermahnte Polykarp: „Nimm Rücksicht auf dein Alter, lästere Christus und ich lasse dich frei!" Da sprach Polykarp: „86 Jahre diene ich ihm, er hat mir nie ein Leid
5 getan. Wie kann ich meinen König lästern, der mich erlöst hat?" Da ließ der Prokonsul in der Arena dreimal ausrufen: „Polykarp hat sich selbst als einen Christen bekannt!" Da beschlossen sie, Polykarp sollte lebendig ver-
10 brannt werden.

Q4 Spottzeichen auf den gekreuzigten Jesus und die Christen (Text: „Alexamenos betet seinen Gott an.") Die Zeichnung war an einer Hauswand in Rom angebracht. Jesus wird als „Esel" dargestellt.

Schon gewusst?

Manche Christen zeigen mit dem Fisch als Schmuck oder Aufkleber, dass sie gläubig sind. Ursprünglich war der Fisch das **Geheimzeichen der ersten Christen**. Die Buchstaben des griechischen Wortes für Fisch (I CH TH Y S) bilden die Anfangsbuchstaben für „Jesus Christus, Gottes Sohn, Erlöser"

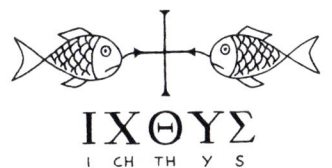

ΙΧΘΥΣ
I CH TH Y S

Q5 Zeichen der ersten Christen (links) und von Christen heute (rechts)

Wie und warum wurden die Christen im Römischen Reich verfolgt? Beschreibe (T2, Q4).

Welche Bedeutung hatten die geheimen Zeichen der ersten Christen? Erkläre (T2, Q5).

Welche Möglichkeiten hatten die Christen, nicht getötet zu werden? Prüfe (Q2–3).

A
B

1 Was wissen wir von Jesus? Liste auf (Vorspann, T1).

2 Wie und warum wurden die Christen im Römischen Reich verfolgt? Beurteile das Verhalten Kaiser Neros (T2, Q4).

3 a) Löse Aufgabe A3.
b) In welchem Sinne werden die Zeichen bis heute benutzt? Erkläre (Q5).

4 Wie hättest du Plinius geantwortet? Schreibe einen Brief (Q2).

5 Wurde durch die Maßnahmen der Kaiser Konstantin und Theodosius eine friedliche Lösung gefunden oder wird es neuen Streit geben? Diskutiert (T3).

Ein neuer Glaube in Europa

Die ersten Christen waren eine kleine Minderheit und wurden verfolgt. Doch schon wenige Jahrhunderte später war das Christentum die bestimmende Religion in Europa. Wie konnte sich das Christentum so stark ausbreiten?

Heiden
abwertende Bezeichnung im Christentum für alle Menschen, die nicht getauft sind

Götzenbild
abwertende Bezeichnung für die Darstellung eines Gottes, der in der eigenen Religion nicht vorkommt

Kolonien
Gebiete (meist auf anderen Kontinenten), die Europäer ab Ende des 15. Jahrhunderts gewaltsam unter ihre Herrschaft brachten

→**Kirche**

→**Missionierung**

T1 Das Christentum breitet sich aus

Nachdem das Christentum im Jahre 380 im Römischen Reich Staatsreligion geworden war, wurden viele neue christliche Gemeinden gegründet. Manche Christen hatten den Wunsch, ganz für ihren Glauben zu leben. Sie verließen ihre Heimat, schlossen sich Gemeinschaften an und gründeten Klöster. Andere Gläubige befolgten die Worte der Bibel: „Gehet hinaus in die Welt, überzeugt alle Menschen vom Worte Gottes und tauft sie." Als Missionare und Missionarinnen zogen sie in ferne Gegenden. Dabei unternahmen sie weite Reisen bis in Gebiete, die außerhalb des Römischen Reiches lagen. So zog der Mönch Patrick nach Irland, wo er erfolgreich missionierte: Irland wurde christlich und viele Klöster entstanden. Von Irland aus zogen Missionare Ende des 6. Jahrhunderts zu den Franken, wo sie ebenfalls Klöster gründeten.

T2 Irische Missionare bei den Franken

Dort war bereits um 500 König Chlodwig zum Christentum übergetreten (siehe S. 146).

Nach einer siegreichen Schlacht soll der König mit mehr als 3 000 Franken getauft worden sein – angeblich aus Dankbarkeit für Gottes Hilfe. Der fränkische König unterstützte von nun an die christliche Mission. Im 9. Jahrhundert trieb Kaiser Karl die Mission mit gewaltsamen Massentaufen der Sachsen voran. Er hatte zuvor 30 Jahre lang einen brutalen Krieg gegen sie geführt.

T3 Mission im Laufe der Jahrhunderte

Die weitere Mission im Norden und Osten Europas erfolgte weitgehend friedlich. In der Neuzeit breitete sich das Christentum auch außerhalb Europas aus. Prinzipiell lehnten die Kirchen Mission mit Gewalt ab. Dennoch waren Missionare oft Teil der Gewaltherrschaft in den Kolonien. Heute steht die Mission für die Kirchen nicht mehr an erster Stelle. Christliche Missionsgesellschaften sind aber bis heute in aller Welt tätig – vor allem in Afrika, Asien und Südamerika. Sie verbreiten den christlichen Glauben meist in Verbindung mit Hilfsprojekten in den ärmsten Ländern der Welt.

Q1 Aus dem Leben des Missionars Bonifatius.
Die Szene links zeigt, wie Bonifatius einen Erwachsenen tauft. Rechts wird dargestellt, wie er bei einer seiner Missionsreisen zu den Friesen ermordet wurde. Buchmalerei aus dem Kloster Fulda, um 875

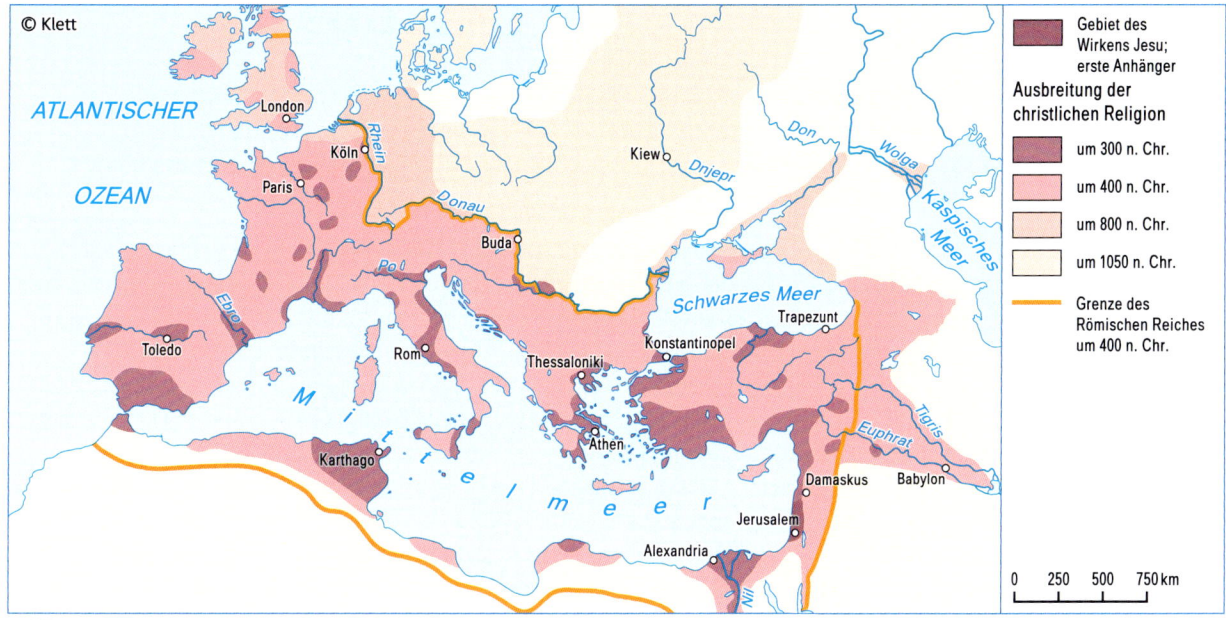

D1 Ausbreitung der christlichen Religion bis um 1050

Q2 Papst Gregor sagte den Missionaren um 600, wie sie gegen die „Heiden" vorgehen sollen:

Die Tempel der heidnischen Götter sollen nicht zerstört werden, nur die Götzenbilder darin. Dann errichte man in ihnen christliche Altäre. Sieht nämlich das Volk, dass
5 seine heiligen Stätten nicht vernichtet werden, dann wird es leichter, es für den christlichen Glauben zu gewinnen. Man kann den Menschen nicht alles auf einmal nehmen.

Q3 Aus einer Erklärung auf der Webseite der Evangelischen Kirche Deutschlands zur Mission heute, abgerufen 2020:

Mission gehört entscheidend zum christlichen Glauben, weil Christinnen und Christen an einen Gott glauben, der für alle Menschen da ist (…). Darum sollen auch alle Menschen
5 die Chance bekommen, sich diesem Gott zuzuwenden. In der Evangelischen Kirche in Deutschland sind Christinnen und Christen allerdings davon überzeugt, dass der Glaube ein Geschenk Gottes ist und man ihn nicht
10 erzwingen kann.

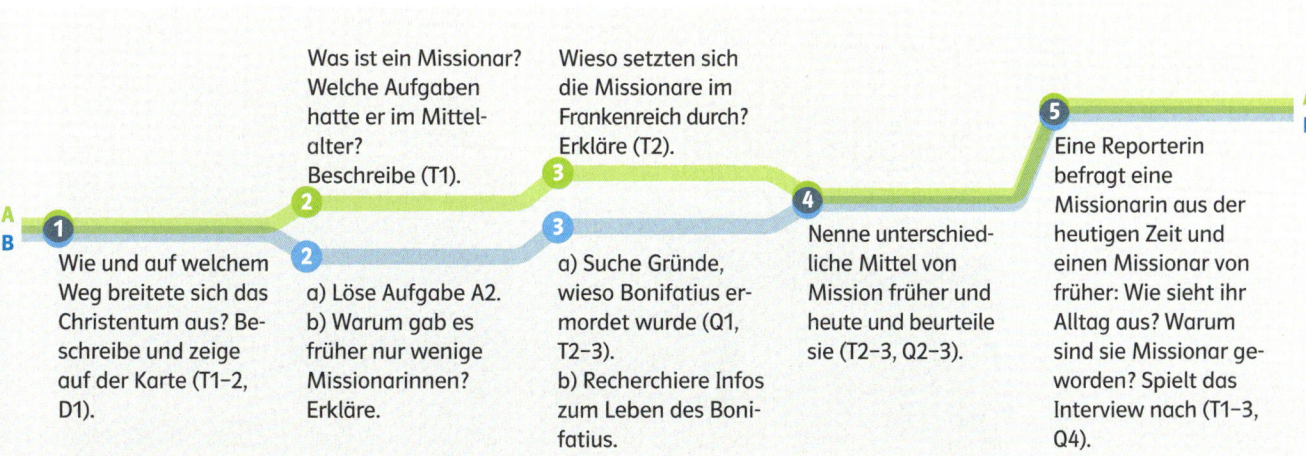

Was ist ein Missionar? Welche Aufgaben hatte er im Mittelalter? Beschreibe (T1).

Wieso setzten sich die Missionare im Frankenreich durch? Erkläre (T2).

Eine Reporterin befragt eine Missionarin aus der heutigen Zeit und einen Missionar von früher: Wie sieht ihr Alltag aus? Warum sind sie Missionar geworden? Spielt das Interview nach (T1–3, Q4).

Wie und auf welchem Weg breitete sich das Christentum aus? Beschreibe und zeige auf der Karte (T1–2, D1).

a) Löse Aufgabe A2.
b) Warum gab es früher nur wenige Missionarinnen? Erkläre.

a) Suche Gründe, wieso Bonifatius ermordet wurde (Q1, T2–3).
b) Recherchiere Infos zum Leben des Bonifatius.

Nenne unterschiedliche Mittel von Mission früher und heute und beurteile sie (T2–3, Q2–3).

Der Islam breitet sich aus

Um 600 entstand in Arabien eine neue Religion – der Islam. Sein Begründer war der religiöse Lehrer und politische Führer Mohammed. Er verbreitete den Islam im arabischen Raum. Schon bald reichte der Islam von Spanien bis an die Grenzen Chinas.

Islam
arab. = „Hingabe an Gott". Die Religion verehrt den einen Gott (arabisch: „Allah"). Sie geht auf den religiösen und politischen Führer Mohammed zurück, der als Prophet (Verkünder göttlicher Botschaften) verehrt wird. Mohammed verbreitete ab 622 vom arabischen Medina aus den Islam. Angehörige des Islam heißen Muslime. Heute ist der Islam die zweitgrößte Weltreligion.

→ **Monotheismus**

Kalif
Islamischer Herrscher. Bedeutung im frühen Islam: „Stellvertreter/ Nachfolger Mohammeds", später auch: „Nachfolger Gottes"

T1 Mohammed verkündet den Islam

Mohammed wurde 570 in der arabischen Stadt Mekka geboren. Er arbeitete als Kaufmann. Die meisten Araber beteten zu dieser Zeit viele Götter an. Doch in Arabien waren auch Religionen vertreten, die nur an einen Gott glaubten. Mohammed führte mit Anhängern dieser Religionen Gespräche. Ungefähr im Jahr 610 empfing Mohammed nach islamischer Überlieferung eine göttliche Botschaft: Ihm erschien nachts in einer Höhle der Erzengel Gabriel. Mohammed solle die Lehre von Gott seinen Mitmenschen „vortragen". Nachdem er in Mekka nur wenige Anhänger fand und diese immer mehr verfolgt wurden, wanderte er 622 nach Medina aus. Dort nahmen die Menschen Mohammed und seine Lehre an. Von nun an war er nicht nur ein religiöser Prophet, sondern auch politischer Führer der Muslime.
Bis zu seinem Tod (632) gewann Mohammed viele Stammesverbände in Arabien für den Islam – teils friedlich, teils in kriegerischen Auseinandersetzungen.

T2 Der Ausbreitung des Islam

Nach seinem Tod breiteten die Kalifen die islamische Herrschaft weiter aus. Die arabischen Muslime drangen bis nach Europa und Asien vor. Motive dafür gab es viele. Die religiöse Begründung lieferte die Lehre vom „Dschihad". In der islamischen Lehre ist umstritten, was „Dschihad" bedeutet. Im Koran bedeutet dieser Begriff „Anstrengung, Mühe und Einsatz für den Islam". Nach Mohammeds Tod wurden weltliche Kämpfe und Kriege um Macht als „Dschihad" bezeichnet – also religiös gerechtfertigt. In ähnlicher Weise erklärten auch Christen Kriege zu „Heiligen Kriegen".

T3 Unter muslimischer Herrschaft

Die Muslime wollten die besiegten Völker zwar beherrschen, aber nicht unbedingt zum Islam bekehren. Rücksichtsvoll verhielten sie sich vor allem gegenüber Juden und Christen. Denn diese Religionen kennen nur einen Gott – den, an den auch die Muslime glauben. Juden und Christen durften deshalb ihre Religion und ihren Besitz behalten. Sie mussten sich unterwerfen und Steuern zahlen. Dafür standen sie unter dem Schutz der Kalifen.

Q1 Kampf zwischen byzantinischen und arabischen Reitern (842 n. Chr.). Byzantinische Buchmalerei, 13. Jahrhundert

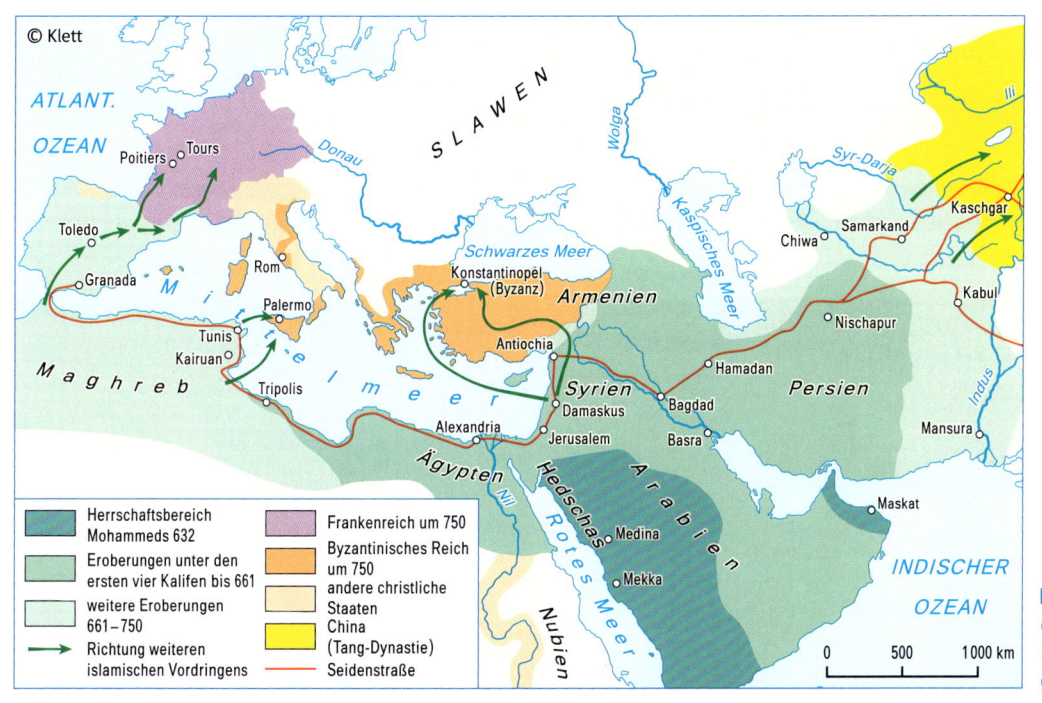

© Klett

D1 Ausbreitung des islamischen Herrschaftsgebietes

→ **Expansion**

→ **islamische Reiche**

Legende:
- Herrschaftsbereich Mohammeds 632
- Eroberungen unter den ersten vier Kalifen bis 661
- weitere Eroberungen 661–750
- Richtung weiteren islamischen Vordringens
- Frankenreich um 750
- Byzantinisches Reich um 750
- andere christliche Staaten
- China (Tang-Dynastie)
- Seidenstraße

Q2   Aus einem Vertrag unterworfener Christen mit dem Kalifen Omar (634–644):

Wir werden (…) weder neue Klöster (und) Kirchen (…) bauen, noch (…) diejenigen instand setzen, welche verfallen sind. (…) Wir werden alle bei uns durchreisenden Muslime
5 drei Tage lang aufnehmen und verpflegen. (…) Wir werden unsere Religion weder öffentlich kundtun noch jemanden dazu bekehren. Wir werden keine Verwandten daran hindern, zum Islam überzutreten. (…) Wir
10 werden nicht danach trachten, den Muslimen zu ähneln, indem wir irgendwelche ihrer Kleidungsstücke (…) nachahmen. (…) Wir werden keine Sättel besteigen, keine Schwerter umgürten und irgendwelche Waffen weder
15 tragen noch mit uns führen. (…) Wir werden uns an der Stirn scheren. (…) Wir werden keine Häuser bauen, die höher sind als die der Muslime.

Koran

= „Vortrag". Heilige Schrift der Muslime. Er enthält Offenbarungen, die Mohammed von 610–632 erhalten haben soll. Um 650 wurde die Sammlung durch den Kalifen Uthmann schriftlich festgelegt.

Nenne die Gebiete, in denen sich die islamische Herrschaft im 7./8. Jahrhundert ausbreitete (T2, D1).

Wie behandelten die Muslime Juden und Christen im Unterschied zu anderen Nichtmuslimen? Erkläre (T3).

A
B

1 Wie wurde Mohammed zum Gründer einer neuen Religion? Stelle einen kleinen Lebenslauf zusammen (T1).

2 a) Löse Aufgabe A2.
b) In welchen Gebieten ist die islamische Weltreligion heute vorwiegend verbreitet? Nimm einen Atlas und vergleiche.

3 Was motivierte die Muslime dazu, den Islam zu verbreiten? Nenne die Gründe (Q1, T2).

4 Wie behandelten die Muslime Juden und Christen im Unterschied zu anderen Nichtmuslimen? Erkläre (T3, Q2).

5 Kann man die Vorschriften des Vertrags in Q2 als „rücksichtsvoll" bezeichnen? Beurteile (T3).

A
B

Spanien und Sizilien – islamisches Europa

Christen aus Europa, die die islamische Welt besuchen wollten, brauchten um 1000 n. Chr. nur nach Spanien oder Sizilien zu reisen. Hier trafen sie auf eine blühende islamische Kultur.

Q1   Löwenhof in der Alhambra, Granada.
Die Alhambra ist ein Schmuckstück islamischer Kunstfertigkeit und war vom 13. Jahrhundert bis 1492 Sitz muslimischer Herrscher in Südspanien.

Al-Andalus
arabischer Name für die von 711 bis 1492 muslimisch beherrschten Teile der Iberischen Halbinsel

Toleranz, tolerant
lat. „tolerare" = dulden
Wer tolerant ist, respektiert die Meinung und den Glauben anderer, auch wenn er selbst anders denkt.

→ **religiöse Vielfalt**

→ **Wissenschaft**

→ **Vernetzung**

T1   Religiöse Toleranz
Spanien („Al-Andalus") wurde ab dem Jahr 711 von Muslimen erobert. Bis 1492, also fast 800 Jahre lang, herrschten und lebten hier Muslime. Sizilien stand von ca. 850 bis 1090 unter islamischer Herrschaft. Sowohl in Spanien als auch in Sizilien kam es immer wieder zu Streit und Krieg zwischen Muslimen und Christen, aber lange Zeit lebten sie auch friedlich miteinander, fühlten sich sogar zusammengehörig. Und das galt auch für die jüdische Bevölkerung. So gab es – zeitweilig – ein friedliches Nebeneinander der Religionen. Denn die islamischen Eroberer waren meist tolerant und ließen Christen und Juden nach ihrer Religion leben. Als die Christen dann Spanien zurückeroberten, war es allerdings mit der Toleranz vorbei. Muslime und Juden mussten zum Christentum übertreten oder das Land verlassen.

T2   Kultureller Glanz
Spanien und Sizilien waren sozusagen die „Schaufenster" der islamischen Kultur in Europa. Wie überall in der islamischen Welt entstanden prächtige Großstädte mit bedeutenden Hochschulen, allen voran Toledo und Córdoba, die Hauptstadt der Kalifen. Die arabische Wissenschaft blühte. Gelehrte aller drei Religionen arbeiteten zusammen. Sie sammelten, übersetzten und studierten die Werke der alten Griechen und Römer sowie der arabischen Wissenschaftler ihrer Zeit. Das zog viele Besucher aus dem christlichen Europa an. Sie wollten die neuesten Erkenntnisse aus Medizin, Mathematik oder Geographie erfahren. Auch die Handwerker waren in Spanien und Sizilien führend: Nirgendwo auf der Welt stellten Schmiede so hochwertige Werkzeuge und Waffen her.

Q2 Über Christen und die arabische Kultur berichtet ein Christ aus Córdoba (um 850):

Viele meiner Glaubensgenossen lesen die Gedichte und Märchen der Araber; sie studieren
die Schriften der muslimischen Theologen
und Philosophen, nicht um sie zu widerlegen,
5 sondern um zu lernen, wie man sich auf
korrekte und elegante Weise im Arabischen
ausdrückt. Wo findet man heute einen Geistlichen, der die lateinischen Kommentare über
die heiligen Schriften liest? Wer von ihnen
10 studiert die Evangelien, die Propheten, die
Apostel? Ach, alle jungen Christen, die sich
durch ihr Talent bemerkbar machen, kennen
nur die Sprache und Literatur der Araber!
(…) Redet man ihnen dagegen von christ-
15 lichen Büchern, so antworten sie mit Gering-
schätzung, diese Bücher verdienen nicht ihre
Beachtung.

Q3 Über Muslime und Christen auf Sizilien berichtet ein Muslim (1185):

In (der Stadt Messina) lebst du Tag und Nacht
in Sicherheit, auch wenn du fremdartig aus-
siehst, handelst und sprichst. (…) (Über die
Insel Sizilien selbst ist zu sagen, dass sie) be-
5 völkert ist von Kreuzesanbetern, die überall
herumlaufen und sich eines angenehmen
Lebens erfreuen. Sie behandeln die Muslime,
welche sich auf ihren Ländereien und Landgütern befinden, gut und gehen anständig mit
10 ihnen um. (…)

Schon gewusst?

Die Araber **hinterließen damals Spuren** in Europa, die bis heute sichtbar sind. Sie brachten Spiele wie das Schachspiel, Musikinstrumente wie die Gitarre oder Früchte wie Orangen nach Spanien. In die Sprachen Europas gingen damals viele arabische Lehnwörter ein (z.B. Giraffe, Zucker).

Q4 Kulturelle Einflüsse der Araber in Spanien

→**Lehnwort**

→**Kultur**

15 Die schönste Stadt der Insel ist Palermo, der
Sitz ihres Königs. In ihr wohnen die Muslime,
die schon lange auf Sizilien leben. Sie haben
hier viele Moscheen, speziell ihnen gehörende
Märkte und Vorstädte. (…)
Der König hat viel Vertrauen zu den Muslimen
und verlässt sich auf sie in seinen Angelegenheiten und wichtigen Geschäften, sodass
20 sogar der Aufseher in der Küche einer von den
Muslimen ist.

A
B

1 Wie lebten Christen, Muslime und Juden in Spanien fast 800 Jahre zusammen? Beschreibe (T1, Q1).

2 Warum bezeichnet man das mittelalterliche Spanien und Sizilien als „Schaufenster islamischer Kultur"? Begründe (T2, Q1–2).

2 Welche Fortschritte brachten die Araber nach Spanien und Sizilien? Liste auf (T2, Q1).

3 Ein Besucher aus Mitteleuropa betritt im Mittelalter die Alhambra. Beschreibe seine Eindrücke (Q1).

4 Arbeite heraus, welche Meinung der Christ in Q2 vertritt. Ist seine Haltung tolerant? Bewerte.

4 Arbeite heraus, welche Meinung der Christ in Q2 vertritt.

5 Was ist tolerantes Verhalten? Spielt eine kurze Szene nach, in der sich ein Muslim und ein Christ vor tausend Jahren treffen und sich über einen toleranten Umgang miteinander austauschen.

Inwiefern haben die Araber Spuren in Europa hinterlassen? Erkläre („Schon gewusst?") und präsentiere weitere Beispiele (digitale Lösung: V13 ▷).

6 EXTRA MB **A**

6 EXTRA MB **B**
Sammelt Nachrichten zum Thema „Toleranz in unserer heutigen Gesellschaft" und erstellt eine Collage.

Die Franken gründen ein Großreich

Das Weströmische Reich war untergegangen. Auf seinem Gebiet entstand zwischen dem 6. und 8. Jahrhundert ein neues Großreich: das Frankenreich. Nach dem Sieg in einer Schlacht fällte Frankenkönig Chlodwig eine Entscheidung – und wurde mächtiger als je zuvor.

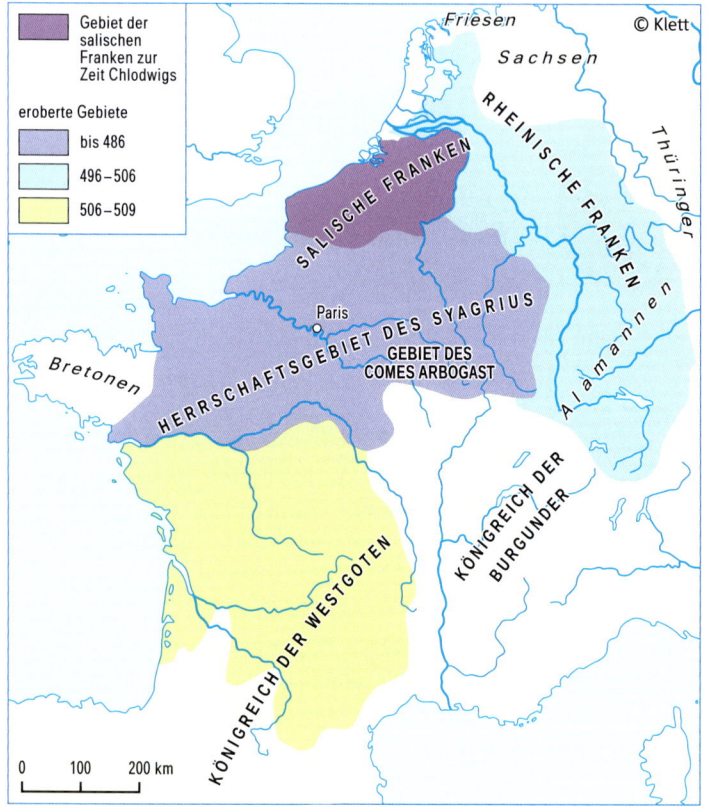

D1 **Das Frankenreich** zur Zeit Chlodwigs (481–511)

Chlodwig. Um 500 vereinte er alle Verbände. Chlodwig trat zum Christentum über. Alle Menschen im Frankenreich mussten jetzt ebenfalls Christen werden. Warum trat Chlodwig zum Christentum über? Tat er es aus Dankbarkeit, weil Gott ihm den Sieg in einer Schlacht geschenkt hatte (Q1)? Folgte er dem Rat seiner christlichen Ehefrau? Sein Schritt stärkte jedenfalls seine Macht. Ab sofort unterstützen ihn auch die christlichen Bischöfe und Äbte. Ebenso konnten die Bevölkerungsgruppen in seinem Reich besser zusammenwachsen, weil nun alle dieselbe Religion hatten.

T3 Ein Beamter wird König

Chlodwig teilte das Frankenreich unter seinen Söhnen auf. Diese führten aber ständig Kriege gegeneinander. Das schwächte ihre Macht. Mehr und mehr bestimmten die obersten Hofbeamten die Politik. Diese Männer nannte man Hausmeier. Sie verwalteten den königlichen Hof und führten das Heer an. Die Könige selbst verloren immer mehr an Einfluss. Der mächtige Hausmeier Pippin erklärte sich schließlich im Jahr 751 selbst zum König.

T4 Bündnis zwischen König und Papst

Pippin bat beim Papst um Unterstützung – und schloss mit ihm ein Bündnis. Der Papst salbte ihn zusammen mit dessen Söhnen. Eine Salbung kannte man aus der Bibel. Der Papst wollte damit zeigen, dass Pippin ein mächtiger König war, den Gott geschickt hatte. Und der Papst bestimmte, dass nach Pippins Tod nur dessen Söhne Könige werden durften. Im Gegenzug beschützte Pippin den Papst und half ihm, seine Feinde zu besiegen. Der Papst stieg zum „Königsmacher" auf: Wer im Mittelalter König werden wollte, brauchte den Segen des Papstes.

Franken
Germanischer Verband. Franken bedeutet „mutige Krieger", „Freie" oder „Adlige". Von ihnen bekam Frankreich seinen Namen.

→**Frankenreich**

T1 Die Franken

Im 4. bis 6. Jahrhundert verließen Menschen in Europa ihre Siedlungsgebiete. Sie schlossen sich zu Verbänden zusammen und wanderten ins Römische Reich ein. Dort gründeten sie neue Reiche (siehe S. 127). Einer dieser Verbände waren die Franken. Ursprünglich lebten sie im Mündungsgebiet des Rheins. Von dort aus eroberten sie die römische Provinz Gallien, das heutige Frankreich.

T2 Chlodwig eint die Franken

Die Franken setzten sich anfangs aus verschiedenen germanischen Verbänden zusammen. Einer der fränkischen Könige hieß

Q1 Chlodwig ließ sich um 500 taufen. Kurz vorher hatte er bei einer Schlacht gesiegt. Der Geschichtsschreiber, Bischof Gregor von Tours, schreibt:

Als die beiden Heere zusammenstießen, kam es zu einem gewaltigen Blutbad und Clodovechs (Chlodwigs) Heer war nahe daran, völlig vernichtet zu werden. Als er das sah,
5 erhob er seine Augen zum Himmel, (…) seine Augen füllten sich mit Tränen, und er sprach: „Jesus Christus (…) ich flehe dich demütig an um deinen mächtigen Beistand: Gewährst du mir jetzt den Sieg über diese meine Feinde
10 (…) so will ich an dich glauben und mich taufen lassen auf deinen Namen."

Q3 **Chlodwigs Taufe.** Buchmalerei, 1375/79

Q2 Ein fränkisches Geschichtsbuch (nach 788) beschreibt, wie Pippin König wurde:

Bischof Burkhard von Würzburg und der Kaplan Folrad wurden von Pippin zu Papst Zacharias gesandt, um wegen der Könige im Frankenreich zu fragen, die damals keine
5 Macht als Könige hatten, ob das gut sei oder nicht. Und Papst Zacharias gab Pippin den Bescheid, es sei besser, den als König zu bezeichnen, der die Macht habe, als den, der ohne königliche Macht blieb. Pippin wurde
10 nach der Sitte der Franken zum König gewählt und gesalbt von der Hand des Erzbischofs Bonifatius und von den Franken zum König erhoben. Hilderich aber, der Scheinkönig, wurde geschoren und ins Kloster geschickt.

„Schoo g'wussd?"

Das ist **fränkisch**. Als Franken wird eine Region in Deutschland bezeichnet, in der der fränkische Dialekt gesprochen wird. „Das" Fränkische gibt es jedoch nicht. Es besteht aus vielen unterschiedlichen Mundarten. Sprachen denn die Franken in der Spätantike fränkisch? Ganz sicher nicht. Es gibt zwar eine Ähnlichkeit im Namen, weil die heutige Region Franken zum östlichen Siedlungsgebiet der Franken gehörte. Die heutigen fränkischen Dialekte haben jedoch keine direkte sprachliche Zugehörigkeit.

Erkläre, warum Chlodwigs Übertritt zum Christentum seine Herrschaft stärkte (T2, Q3).

Finde heraus, mit welcher Begründung Pippin König werden wollte (T3, Q2).

A
B

1 Liste die Siedlungsgebiete der Franken auf (D1). Nutze dazu auch deinen Atlas.

2 Welche Gründe nennt der Geschichtsschreiber in Q1 dafür, dass Chlodwig zum Christentum übertrat? Welche Gründe werden nicht genannt (T2)?

3 Welche Folgen hatte die Aufteilung des Frankenreiches? Erkläre (T3).

4 Pippin will König werden. Er erläutert dem Papst seine Pläne. Schreibe auf, welche Gründe er nennen würde (T3, Q2).

5 „Das Bündnis von Papst und König war für beide von Vorteil." Überprüfe diese Aussage (T4).

Karl –
ein Franke wird römischer Kaiser

Auf dem Gebiet des ehemaligen Weströmischen Reiches gab es im Jahr 800 wieder einen Kaiser: Karl – genannt „der Große". Mit ihm begann etwas ganz Neues.

Q1 Karl und sein Sohn Pippin sprechen über Gesetze, der Schreiber hört zu. Buchmalerei, um 990

→**Imperator**

→**Kaisertum**

T1 Karl – der Eroberer

Karl übernahm die Herrschaft im Reich, als sein Vater Pippin starb. Er vergrößerte sein Reich in mehr als 40 Kriegen. Viele Kriege führte er gegen Völker, die nicht den christlichen Glauben hatten. Karl wollte sie zum Christentum zwingen. So führte er im Norden einen Krieg gegen die Sachsen. Doch sie leisteten erbitterten Widerstand. Im Jahr 782 besiegte Karl die Sachsen nach 30 Jahren Krieg endgültig. Er ließ Tausende Sachsen hinrichten, die Überlebenden wurden unter Zwang getauft.

T2 Karl wird römischer Kaiser

Adlige in Rom wollten um 799 Papst Leo III. absetzen. Leo floh nach Paderborn ins Frankenreich und bat König Karl um Hilfe. Karl half ihm: Seine Männer beschützten Leo auf dem Rückweg nach Rom. Karl schlichtete den Streit in Rom selbst. Leo blieb Papst. Deshalb krönte Leo an Weihnachten 800 Karl zum Kaiser. Im christlichen Europa gab es nun zwei Kaiser, Karl und den Kaiser in Konstantinopel (siehe S. 126/127).

T3 Das neue „Römische Reich"

Karl führte nun den Titel „Kaiser, der das römische Kaiserreich lenkt, und der König der Franken". Er herrschte über ein sehr großes Gebiet. Dazu brauchte er eine gute Verwaltung und viele Unterstützer. Er und seine Berater sorgten für eine einheitliche Verwaltung, ließen Abschriften der Bibel und antiker Texte verbreiten und unterstützten eine einheitliche Schrift. Karl richtete an seiner Pfalz in Aachen sogar eine Schule ein.

Q2 Münze aus der Zeit Karls um 800.
Die Umschrift lautet: „KAROLUS IMPAUG". IMP ist
die Abkürzung für Imperator (= oberster Anführer
der Armee), AUG ist die Abkürzung für Augustus
(Titel des ersten römischen Kaisers, siehe S. 109).

Q4 Bericht über Karls Krönung aus Sicht des Papstes:

Als der König gerade am heiligen Weihnachtstag sich vom Gebet vor dem Grab des seligen Apostels Petrus zur Messe erhob, setzte ihm Papst Leo eine Krone aufs Haupt und das
5 Römervolk rief: „Dem erhabenen Karl, dem von Gott gekrönten großen und friedensbringenden Kaiser der Römer Leben und Sieg!" Und nach den lobenden Zurufen wurde er vom Papst nach der Sitte der alten Kaiser
10 durch Kniefall geehrt und fortan (…) Kaiser und Augustus genannt.

Q3 Karlspreis-Medaille mit Karls Bildnis. Jedes
Jahr wird in Aachen der Karlspreis verliehen.
Den Preis erhalten Personen, die sich für den
Zusammenhalt Europas einsetzen.

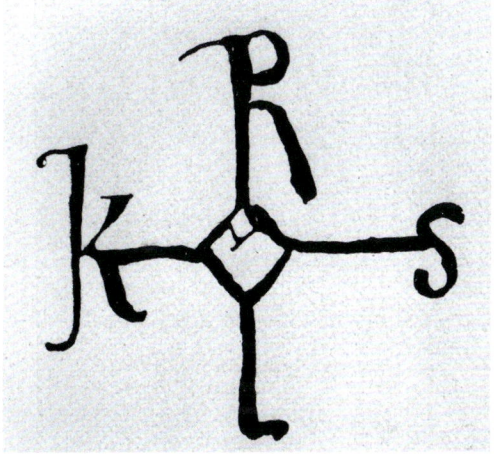

Q5 Karls Unterschrift. Karl konnte wahrscheinlich
nicht schreiben, deshalb setzte er nur einen kleinen
Haken in die Mitte der Raute. Sein Schreiber hatte
den Namenszug vorbereitet. Urkunde (Ausschnitt),
790

A Warum wurde Karl zum Kaiser gekrönt? Begründe (T2, Q4).

Wie ließ sich Karl auf der Münze darstellen? Beschreibe (Q2).

a) Suche Karls Namen in Q1.
b) Wie wird Karl in der Buchmalerei dargestellt? Beschreibe (Q1).

Karl wurde schon zu Lebzeiten „der Große" genannt – zu Recht? Diskutiert.

1 Wie vergrößerte Karl das Frankenreich? Beschreibe (T1).

2 Fertige einen Bericht von der Kaiserkrönung an (T2, Q4). Behandle darin auch die Frage aus Aufgabe A2.

3 Wie wird Karl in der Malerei und auf der Münze dargestellt? Vergleiche (Q1–2).

4 Welche Bedeutung hatte die Schrift für Karls Regierung? Vergleiche (T3, Q1, Q3, Q5).

5 Warum beginnt mit der Kaiserkrönung Karls etwas ganz Neues? Beurteile (Vorspann, T3).

6 EXTRA Gilt Karl gilt als „Vater Europas" (Q3) – zu Recht? Diskutiert (T1–3, Q1–5, S. 151: D2).

 6

Der reisende Königshof

Das Frankenreich umfasste um 800 ein sehr großes Gebiet, über das ein Kaiser herrschte. Es gab keine Hauptstadt. Der Kaiser reiste daher mit seinem Gefolge von Ort zu Ort, um seine Herrschaft ausüben zu können.

D1 **Die Aachener Kaiserpfalz.** Computerrekonstruktion (I16 👆). [MB]
① Königshalle: Hier wohnte Karl, hier sprach er Recht, hier versammelte er die Adligen zu Beratungen und Festen.
② Reiterstandbild ③ überdachte Gänge ④ Pfalzkapelle

→ **Pfalz**

→ **Reisekönigtum**

T1 Ein großes Reich ist zu regieren 📖

Es ist früh am Morgen, doch Karl ist schon wach. Zeit zum Aufstehen. Karl greift zu seinem Wollrock und schnürt die Lederbänder der Sandalen fest. Wie ein König sieht Karl an diesem Morgen nicht aus. Er kleidet sich wie die Männer seines Volkes, nur an hohen Feiertagen trägt er kostbare Kleider. Zum Frühstück gibt es Brot und Getreidebrei. Während des Essens tritt Alkuin zu ihm. Alkuin ist ein weiser Mann, ein Gelehrter, der fast ständig mit Karl zusammen ist. Karl schätzt den Rat seines Beraters, denn er muss ein großes Reich regieren. Es reicht von der Nordsee bis ans Mittelmeer. 📖

T2 Der König auf Reisen

Kaiser Karl reiste mit Alkuin und vielen anderen Beratern und Helfern durch das Reich, um seine Herrschaft auszuüben. Sie wohnten auf den verschiedenen Pfalzen (Königsgütern), manchmal auch in Klöstern oder auf Burgen. In manchen Jahren legte Karl mit seinem Gefolge über 1000 Kilometer zurück, und das auf dem Pferd und zu Fuß. Vor Ort sprach Karl Recht, überprüfte die Abgaben und erteilte neue Aufträge. So konnten viele Menschen den Kaiser auch „live" sehen.

T3 Die Pfalz in Aachen

Die Pfalz in Aachen besuchte Karl besonders oft. Dort ließ er prächtige Gebäude errichten, zum Beispiel die Königshalle, in der er Gericht hielt und mit seinen Männern Rat abhielt. Davor im Hof stand eine Statue, die den germanischen König Theoderich zeigte. Zu der Pfalz gehörte auch eine große Kapelle, in der heute noch der Thron Karls steht. Karl wurde 814 dort beigesetzt. Die Aachener Pfalzkapelle war für die Könige und Kaiser im ganzen Mittelalter ein bedeutender Ort. Oft wurden sie am Karlsthron gekrönt.

V14 ▶
Tutorial
Einen Steckbrief erstellen

I16 ✋
Animation
Aachener Kaiserpfalz

I17 ✋
interaktive Karte
Reisen Kaiser Karls 775–778

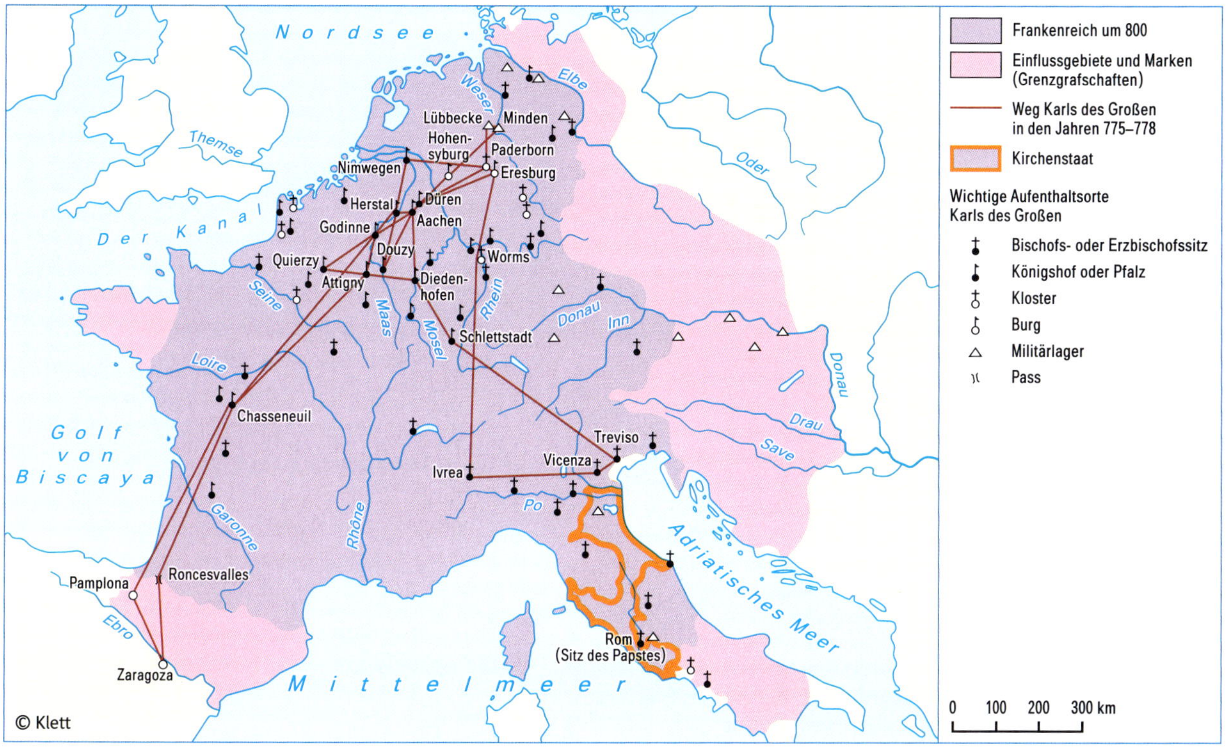

6

Legend of map:

- Frankenreich um 800
- Einflussgebiete und Marken (Grenzgrafschaften)
- Weg Karls des Großen in den Jahren 775–778
- Kirchenstaat

Wichtige Aufenthaltsorte Karls des Großen
- † Bischofs- oder Erzbischofssitz
- ● Königshof oder Pfalz
- ☩ Kloster
- ♂ Burg
- △ Militärlager
-)(Pass

0 100 200 300 km

© Klett

D2   Karls Reisen. Zwischen 775 und 778 legte Karl fast 6500 Kilometer zurück.

Q1   Reitender König.
Die Figur ist aus Bronze und soll vermutlich Karl darstellen. Sie stammt aus dem 9. Jahrhundert.

Schon gewusst?

Reisen im Mittelalter war beschwerlich. Fernstraßen gab es nur wenige. Reisende mussten auf schmalen Pfaden Wälder oder Sümpfe durchqueren, sie wurden von Räubern oder wilden Tiere bedroht. Auf Reisen waren vor allem Bettler, Pilger, Boten und Händler, aber auch Adlige und Bauern. Die meisten Menschen allerdings verließen ihre Umgebung nie.

1 Beschreibe die Ausdehnung des Frankenreiches (T1, D2).

2 a) Bearbeite A2.
b) Miss die größte Ausdehnung des Frankenreichs. Was bedeutet das für die Dauer der Reise?

Warum war der König dauernd auf Reisen? Erkläre (T2, Q1, D2, I17 ✋).

3 MB Was ist eine Pfalz (T2)? Erkläre und nutze D1–2 (siehe auch I16 ✋).

4 „Von einer zentralen Hauptstadt aus hätte Karl das Reich gar nicht regieren können." Nimm Stellung zu dieser Aussage.

Warum brauchte Karl viele Helfer? Begründe (T1–2).

5 Was sehen die Menschen von Kaiser Karl? Berichte aus Sicht a) einer Kölner Marktfrau, b) eines Bischofs in Ivrea, c) eines Grafensohnes in Schlettstadt, d) einer Adligen in Rom (D2, T2).

6 EXTRA MB Schreibe einen Steckbrief zu Karl (S. 148–151). Du kannst den Steckbrief auch digital erstellen (siehe V14 ▶).

Das „Heilige Römische Reich" entsteht

Das große Reich Karls blieb nicht lange bestehen. Erst mehr als 150 Jahre später gab es hier wieder einen römischen Kaiser, Otto. Und dieser kam ausgerechnet aus dem Gebiet, gegen das Karl so lange Krieg geführt hatte: Sachsen.

Marken
Gebiete an den Grenzen, die gerade erst erobert worden sind, Grenzbezirke

Bistümer
kirchliche Gebiete, denen ein Bischof vorstand

Heiliges Römisches Reich
Bezeichnung seit dem 13. Jahrhundert. Der Name setzt sich so zusammen: Der Kaiser musste als oberster christlicher Herrscher Reich und Kirche beschützen (HEILIGES Römisches Reich). Die Kaiser des Mittelalters orientierten sich an den römischen Kaisern und herrschten über ein Gebiet, das große Teile des alten Römischen Reiches umfasste (Heiliges RÖMISCHES Reich).

deutsch
bezeichnet zunächst nur eine gemeinsame Sprache, später dann eine Zusammengehörigkeit

T1　Zwei größere Reiche entstehen

Karls Nachkommen teilten sich das Reich im Streit untereinander auf. Es entstanden dadurch zwei größere und mehrere kleinere Gebiete: das westfränkische und das ostfränkische Reich, dazwischen lagen Lotharingien und Burgund. Aus dem Gebiet der Westfranken entwickelte sich später Frankreich. Im ostfränkischen Reich lebten verschiedene Verbände mit ihren Herzögen, z. B. die Sachsen, die Schwaben und die Bayern. Sie sprachen alle ihren eigenen Dialekt. Im Laufe der Zeit aber bildete sich eine gemeinsame Sprache heraus, das frühe Deutsch. Noch viel später entstand hier das Gebiet, das wir heute Deutschland nennen.

T2　Ein Sachse wird Kaiser

Einer der mächtigen Herzöge im ostfränkischen Reich war der Sachse Heinrich. Er wurde 911 von den anderen Großen zum König bestimmt. Nach seinem Tod 936 wurde sein Sohn Otto König. Otto, den manche später auch „den Großen" nannten, führte viele Kriege und dehnte das Reichsgebiet deutlich aus. Er ließ die Marken befestigen und besiedeln. Dazu schenkte er Grafen und besonders geistlichen Herren viel Land. Die neuen Herren durften dann über diese Gebiete verfügen. So entstanden neue Bistümer.

Das Reich unter Otto I. umfasste große Gebiete in Mitteleuropa. Otto war damit der mächtigste König im 10. Jahrhundert. Deshalb verlieh ihm der Papst 962 auch die Kaiserkrone.

T3　Das Heilige Römische Reich entsteht

Otto und seine Nachfolger herrschten über ein Gebiet, das die „deutschen" Herzogtümer und das Königreich Italien sowie weitere Gebiete umfasste. Die Königswürde war nun mit dem Kaisertitel, der von dem Papst verliehen wurde, verbunden. Die Kaiser sahen sich als Schutzherren aller Christen. Das Reich erhielt daher seit dem 13. Jahrhundert seinen vollen Namen: Heiliges Römisches Reich.

Schon gewusst?

Bei vielen mittelalterlichen Königen wurde der erstgeborene Sohn schon als Kleinkind zum Nachfolger ernannt. Starb der Vater früh, übernahmen Verwandte die Regierung, bis der Sohn mündig wurde. Im 10. Jahrhundert regierten daher öfter **Kaiserinnen**. So führte Theophanu für ihren Sohn Otto III. 985–991 die Regierung, nach ihrem Tod übernahm sie Ottos Großmutter Adelheid (991–994).

Q1　Theophanu (960–991). Stich (Datum unbekannt)

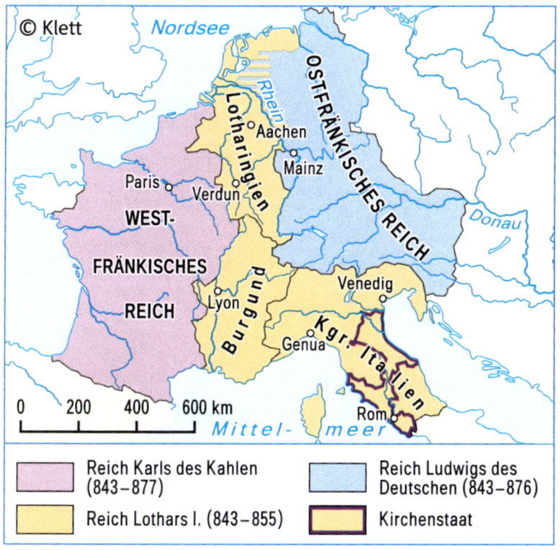

Maps:

Map 1 (top left):
© Klett

Nordsee
OSTFRÄNKISCHES REICH
Rhein
Aachen
Lotharingien
Mainz
Paris
Verdun
Donau
WEST-
FRÄNKISCHES
REICH
Lyon
Burgund
Venedig
Genua
Kgr. Italien
Rom
Mittel- meer

0 200 400 600 km

Reich Karls des Kahlen (843–877)	Reich Ludwigs des Deutschen (843–876)
Reich Lothars I. (843–855)	Kirchenstaat

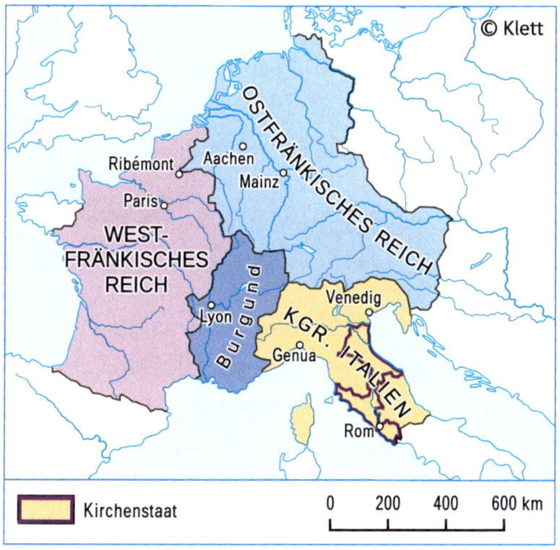

Map 2 (bottom left):
© Klett

OSTFRÄNKISCHES REICH
Aachen
Ribémont
Mainz
Paris
WEST-
FRÄNKISCHES
REICH
Burgund
Lyon
Venedig
Genua
KGR. ITALIEN
Rom

Kirchenstaat

0 200 400 600 km

Map 3 (right):
© Klett

Nordsee — Ostsee
Friesland — Bremen — Elbe
Hzm. Sachsen — Gnesen
Hzm. Maas — Magdeburg — H Z M. P O L E N
Köln — Thüringen
Weser — Oder
Reims — Mainz — Franken — Hzm. Böhmen — Mähren
Trier — Lotharingien
Sens — Seine — Hzm. Schwaben — K G R. U N G A R N
K G R. F R A N K- R E I C H
Besançon — Hzm. Bayern — Salzburg — Inn
Lyon — KGR BURGUND — Mailand — Hzm. Kärnten — Drau — Save
Vienne — Rhône — Aquileja — R E P. V E N E D I G
Arles — KÖNIGREICH ITALIEN — Romagna — Ravenna — K G R. K R O A T I E N — Spalato
Aix — Po — Adriatisches Meer
Kirchen-
Mittelmeer — Rom staat

Herzogtümer und andere Reichsgebiete im deutschen Königreich	Reichsgrenze 962	Sitz eines Erzbistums
Mark (Grenzgrafschaft)	Reichsgrenze 1033	Sitz eines Bistums

0 150 300 km

D1 **Von den Reichsteilungen 843 (links oben) und 880 (links unten) bis zum Reich 962–1033.** Anmerkung: Die Grenzlinie sieht aus wie eine festgelegte und deutliche Grenze. Das Reich hatte aber zu dieser Zeit keine solche befestigte eindeutige Grenze.

---

2 Welche Herzogtümer und anderen Gebiete gehörten zu Ottos Reich? Liste auf (D1: große Karte).

Informiere dich über Kaiserin Theophanu (Schon gewusst?).
6 EXTRA A

A
B

1 Wie ist das ostfränkische Reich entstanden? Beschreibe (T1, D1: kleine Karten).

2 Ordne die Gebiete in Ottos Reich weltlichen und geistlichen Herren zu (D1).

3 Wie haben die Ottonen ihre Herrschaft gesichert? Erkläre (T2, D1, Schon gewusst?).

4 Erkläre den Namen „Heiliges Römisches Reich". (T3, Lexikon).

5 Erklärt in Partnerarbeit in einem Schaubild den Zusammenhang von Kaiser – Reich – Papst.

6 EXTRA MB B
Suche weitere Beispiele für Kaiserinnen im Mittelalter (Internet).

Was ist ein König?

Bei einem König denken viele an einen reichen Mann mit Krone und prächtiger Kleidung in einem Schloss. Ihr kennt schon die Könige Chlodwig, Heinrich, Karl und Otto. Saßen sie in einem prächtigen Schloss? Warum waren ausgerechnet sie Könige? Und: Wann wird ein König eigentlich Kaiser?

Q1 Reichskrone. Abgebildet ist Christus, der spricht: „Durch mich regieren Könige."

Q2 Reichsapfel. Er steht für die christliche Herrschaft des Königs über die ganze Erde.

Großer
Angehöriger der Führungsschicht im Frühmittelalter

Salbung
Ein Kirchenherr bestreicht den König mit Öl und bestätigt damit die Auserwähltheit.

huldigen
dem neuen Herrscher die Treue versprechen

Reichsinsignien
Zeichen der Macht und Aufgaben der deutschen Könige und Kaiser. Dazu gehörten Reichskrone, Reichsapfel, Reichsschwert und „Heilige Lanze". Sie stammen aus dem 9. bis 12. Jahrhundert.

→**Kaisertum**

T1 Wer kann König werden?

Als einer der ersten fränkischen Könige gilt der Merowinger Chlodwig. Er wurde von den fränkischen „Großen" zu ihrem Anführer bestimmt. Dabei half ihm, dass er militärische Erfolge hatte, aus einer mächtigen Familie kam und viele Gefolgsleute hatte. Zudem galt er als Herrscher von Gott auserwählt. Oft wurden die Söhne der verstorbenen Könige zum neuen König bestimmt. Gab es keinen Sohn oder erwies er sich als schwach, wählten sich die Fürsten einen anderen Nachfolger aus einer mächtigen Familie im Reich. Oft wählten sie einen Verwandten des verstorbenen Königs, sodass manche Familien viele Generationen lang den König stellten – zum Beispiel die Ottonen (936 bis 1024) oder die Salier (1024 bis 1125). Die Wahl durch die Fürsten wurde in den nächsten Jahrhunderten so wichtig, dass Karl IV. 1356 dieses Recht in einer prächtigen Urkunde festhielt, der „Goldenen Bulle". Zur Königskrönung gehörte unbedingt die Salbung durch einen Bischof oder Erzbischof. Sie zeigte an, dass der König auch von Gott auserwählt war. Nach der Krönung huldigten die anderen dem König.

T2 Was tut ein König?

Ein mittelalterlicher König konnte das Reich nicht alleine regieren. Er hatte weder genug Land noch eigene Gefolgschaft, sodass er auf die Unterstützung anderer Großer angewiesen war. Sie stellten ihm Soldaten bei Feldzügen, berieten ihn und halfen ihm, das Gesetz durchzusetzen. Der König brauchte deshalb bei allen Entscheidungen die Zustimmung der anderen.

Seit Pippin galt der König auch als Beschützer des Papstes. Daher reiste der König mindestens einmal im Leben nach Rom. Der Papst verlieh dem König dort dann die Kaiserwürde.

T3 Vom König zum Kaiser

Karl und Otto waren die ersten Kaiser des Mittelalters in Mitteleuropa. Sie erhielten die Kaiserwürde, weil sie in besonderem Maße den Papst beschützt hatten und über mehrere Reiche herrschten. Die Kaiserkrone konnte nur vom Papst verliehen werden und zeigte an, dass dieser König über allen anderen Großen stand und als Schutzherr der gesamten Christenheit galt.

Q3   Reichsschwert.
Zeichen der Macht.

Q4   „Heilige Lanze". Sie gilt als sieg-
bringend. In die Spitze wurde angeblich
ein Nagel vom Kreuz Christi eingearbeitet.

Q5   Huldigung Ottos III. ① Sclavinia (Slawin), trägt eine
goldene Kugel (Globus) ② Germania (Germanin), trägt ein
Füllhorn ③ Gallia (Fränkin), trägt einen Palmenzweig ④ Roma
(Römerin) trägt eine Schale mit Edelsteinen. Farbdruck
19. Jahrhundert nach einer Buchmalerei, Ende 10. Jahrhundert

Q6   Huldigung Ottos III. ① Zwei geistliche Herren mit Tonsur
(Frisur, bei der das obere Kopfhaar fehlt) und Bibel ② Otto III.
③ Zwei weltliche Herren mit Schwert, Lanze und Schild.
Buchmalerei, Ende 10. Jahrhundert

A
B

1

„König gesucht!"
Schreibe eine
Stellenanzeige
für den König im
10. Jahrhundert
(T1–2).

2

Welche Rolle
hatten die Fürsten
bei der Königs-
wahl? Beschreibe
(T1).

2

Welche Rolle
hatten die Fürsten
und der Bischof bei
der Königskrönung?
Erkläre (T1, Q6).

3

Was war der
Unterschied
zwischen einem
König und einem
Kaiser im Mittel-
alter? Erkläre
(T2–3).

4

Gruppenarbeit:
a) Beschreibt je
eine der Reichs-
insignien (Q1–4).
b) Wo kommt sie in
diesem Kapitel vor?
c) Was soll sie
symbolisieren?
Erklärt.
d) Gestaltet ein
Plakat dazu.

5

Wie stellt der
Künstler Ottos
Huldigung dar?
Beschreibe
(Q5–6).

5

Woran erkennst
du, dass Otto
Kaiser ist?
Erkläre (Q6)

6   EXTRA

A
B

Du bist ein
Gesandter des
oströmischen
Kaisers und sollst
ihm anhand der
Buchmalereien
Q5–6 von der
Krönung Ottos III.
berichten. Was
schreibst Du?

Kaiser und Papst

**Der Kaiser war oberster weltlicher Herr, der Papst war höchster geistlicher Herr.
Zwei oberste Herren – konnte das im Mittelalter funktionieren?**

Q1 Zwei Mächte. Christus übergibt Kaiser und Papst zwei Symbole ihrer Herrschaft. Buchmalerei, 13. Jahrhundert

T2 Der Kaiser – Schutzherr aller Christen

Zu den Zeiten der Karolinger (S. 148–151) und der Ottonen (S. 152) galt der Kaiser als Schutzherr für alle Christen und auch für den Papst. Bis Ende des 10. Jahrhunderts bestimmten die Kaiser auch über viele kirchliche Angelegenheiten im Reich: Sie schenkten Land an Klöster, gründeten Bistümer und setzten Bischöfe ein. Kaiser und Papst galten als Einheit.

T3 Der Kaiser im Streit mit dem Papst

Das Verhältnis zwischen Kaiser und Papst geriet im 11. Jahrhundert aus dem Gleichgewicht. Die weltliche Macht nahm immer mehr Einfluss auf die kirchliche Macht. So bewirkte Kaiser Heinrich III. 1046 die Absetzung von gleich drei Päpsten. Zugleich bemühte sich der Papst um eine bessere Ordnung seiner Kirche. Die Bischöfe wurden enger an Rom gebunden, über die Besetzung von Kirchenämtern sollten fortan nur noch Geistliche entscheiden. So durften seit 1059 nur noch die Kardinäle den Papst wählen, nicht mehr die römischen Adligen.
Der Streit zwischen den beiden Mächten eskalierte um 1076: Der König (und spätere Kaiser) Heinrich IV. setzte weiterhin neue Bischöfe ein, daraufhin schloss ihn Papst Gregor VII. aus der Kirche aus. Der Streit wurde beigelegt, nachdem Heinrich IV. vor dem Papst büßte. Ein Vertrag von 1122 (das Wormser Konkordat) sicherte dem Papst dann endgültig die oberste Gewalt über Kirche und Geistliche zu. Seitdem gab es im Mittelalter zwei getrennte Mächte, die weltliche und die kirchliche, nebeneinander.

Petrus
Jünger Jesu, wohl Mitbegründer der Gemeinde in Rom

→ Papsttum

Kardinal
höchstes Amt in der Kirche nach dem Papst

Konkordat
Vertrag zwischen Papst und weltlicher Herrschaft

büßen
für eine Schuld die Strafe annehmen

Geistlicher
ein Kirchenmann

T1 Der Papst – Stellvertreter Christi

Der Papst galt und gilt in der (katholischen) Kirche als Nachfolger des Petrus und wird als Stellvertreter von Jesus Christus anerkannt. Er hat damit das höchste Amt in der Kirche und ist oberster Herr über alle Christen. Er ist zugleich auch Bischof von Rom. Bis ins 11. Jahrhundert wurde der Papst meist aus dem Kreis der römischen Adligen bestimmt. Öfter kam es zu Streitigkeiten des Papstes mit den anderen adligen Familien in Rom. Manchmal brauchte der Papst dann die militärische Hilfe des weltlichen Herrschers, um sein Amt zu behaupten. So bedurfte eine neue Papstwahl der Zustimmung des Kaisers.

Q2 Papst Gregor VII. formuliert Gedanken zum Amt des Papstes (Auszug), 1075. Er sagt,

3. dass er (der Papst) Bischöfe absetzen und auch wieder einsetzen kann

9. dass alle Fürsten allein nur des Papstes Füße küssen

5 12. dass es ihm erlaubt ist, Kaiser abzusetzen

19. dass er von niemandem gerichtet werden darf

22. dass die römische Kirche niemals in Irrtum verfallen ist und nach dem Zeugnis

10 der Schrift niemals irren wird.

> Ich, Kaiser Heinrich V., erkläre: In meinem Reich sollen die Geistlichen von der Kirche frei gewählt werden. Ich verzichte darauf, einen Geistlichen mit kirchlichen Herrschaftszeichen (Ring und Stab) ins Amt einzusetzen. Dadurch zeige ich, dass kirchliche Fragen in Zukunft Sache der Kirche sind.

Q3

Canossa. Heinrich IV. bittet Mathilde von Tuszien, im Streit mit dem Papst zu vermitteln. Er wird begleitet von seinem Paten, Abt Hugo. Das Treffen mit dem Papst findet dann in der Burg von Canossa statt, die zum Gebiet Mathildes gehört. Der Text lautet: „Der König bittet den Abt. Er fleht Mathilde an." Buchmalerei, 11. Jahrhundert

> Ich, Papst Calixt II., gestehe dem Kaiser zu, dass bei der Wahl eines Geistlichen ein kaiserlicher Abgeordneter anwesend ist. Der Kaiser darf dem gewählten Geistlichen das weltliche Herrschaftszeichen des Zepters übergeben, weil ein Geistlicher auch Herrschaft ausübt. Damit zeigt der Kaiser, dass er in weltlichen Fragen weiterhin das Sagen hat.

D1 Wormser Konkordat. Stellt euch vor, Kaiser und Papst hätten die Inhalte des Wormser Konkordats in ein paar Sätzen zusammengefasst. Vielleicht hätte das so wie in den Sprechblasen geklungen.

A
B

1 Welche Stellung hat der Papst bis zum 11. Jahrhundert? Beschreibe (T1, Q1).

2 Beschreibe die Buchmalerei und erkläre Symbole wie Schwert, und Schlüssel (Q1, T2).

2 a) Warum kommt es zum Streit zwischen Kaiser und Papst (T3)? Erkläre anhand von Q2.
b) Welche Situation zeigt Q3?

3 Wie stellt der Künstler das Verhältnis zwischen Papst und Kaiser dar? Arbeite heraus (Q1, T2).

3

4 Warum kommt es zum Streit zwischen Kaiser und Papst? Fasse zusammen (T3).

Stellt den Streit zwischen Papst und Kaiser um 1076 in einem Schaubild dar. Teilt euch dazu in zwei Gruppen und sammelt Informationen zu eurer Position (Kaiser: T2–3, Q3; Papst: T1–3 , Q2–3).

5 Was hat sich durch das Wormser Konkordat geändert? Beschreibe (Q2, T3, D1).

6 Zwei oberste Herren – konnte das im Mittelalter funktionieren? Diskutiert.

A
B

Von der Spätantike ins Mittelalter

6

D 11 📄
Arbeitsblatt
Wiederholung

D 12 📄
Arbeitsblatt
Wiederholung (Lösungen)

I 18 👆
interaktive Übungen
Von der Spätantike ins Mittelalter

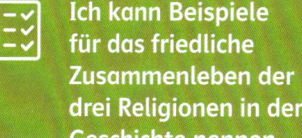

Herrschaft im Frühmittelalter

Kaiser und Papst

❓ Ich kann Fragen zur Geschichte von Judentum, Christentum und Islam stellen.

☑ Ich kann Beispiele für das friedliche Zusammenleben der drei Religionen in der Geschichte nennen.

✒ Ich kann Einflüsse der islamischen Kultur in Europa beschreiben.

⚖ Ich kann das Frankenreich als europäisches Großreich charakterisieren.

⚖ Ich kann beurteilen, inwiefern mit der Kaiserkrönung Karls des Großen etwas Neues in Europa begann.

☑ Ich kann erklären, welche Macht Kaiser und Papst hatten.

Eine Reise durch die Zeit

Seite 15

1 Schreibe zu jeder Jahreszahl in Leonies Zeitstrahl (D1) einen Satz. Beginne mit Leonies Geburt, z.B.: Leonie wurde 2013 …

2 Überlege dir, welche Ereignisse du eintragen willst. Beachte dann die Tipps in T3 (z.B. ein Jahr = 2 cm im Zeitstrahl).

3 Übertrage jedes Datum aus deinem Zeitstrahl in dein Heft und ergänze. Beispiel: 2013: Geburt, Ort: Karlsruhe, anwesende Personen: Papa und Mama

3 „wichtige geschichtliche Ereignisse" können Dinge oder Vorkommnisse sein, die z.B. in Politik, Sport oder Kultur geschehen sind und vielleicht noch Auswirkungen auf unser Leben heute haben.

4 Beispiel:

Gemeinsamkeiten	Unterschiede
gleiche Grundschule	Geburtsort
Jahr der Geburt	…
…	…

5 –

5 In Tagebüchern berichten Kinder und Erwachsene oft über ihren Alltag und ihre Probleme. Über welche Lebensbereiche haben sie wohl berichtet?

Seite 17

1 Der Sand in der unteren Gefäßhälfte ist bereits durchgelaufen, der Sand in der Mitte läuft gerade durch, der Sand oben wird noch durchlaufen. Also: …

2 An einem Tag dreht sich … einmal um … In einem Monat umkreist … einmal … Es dauert ein Jahr, bis … einmal um … läuft.

2 Tipp: Mit Beginn der christlichen Zeitrechnung waren nach jüdischer Zeitrechnung bereits 3761 Jahre vergangen.

3 Q3: Ein Gefäß wurde mit … gefüllt, das durch eine Öffnung allmählich … An einer Skala im Inneren des Gefäßes konnte am Wasserstand abgelesen werden, …

3 In deiner Skizze sollte der Lauf der Sonne an einem Tag und der Lauf des Schattens des Zeigers dargestellt werden (Pfeile können hilfreich sein).

4 Tipp: Q2 stammt aus der Zeit zwischen 1500 und 1600, Q3 von etwa 1500 v. Chr., Q4 aus der Zeit zwischen 600–500 v. Chr.

4 Nachteile Sonnenuhr: Bedenke, wo und wann die Sonne nicht oder nicht direkt scheint. Nachteile Auslaufuhr: Kann eine Auslaufuhr über einen längeren Zeitraum ungestört laufen? Was müsste man beachten? Kann man mithilfe der Auslaufuhr die genaue Uhrzeit angeben?

5 Überlege dir, wie der Alltag der Kinder früher aussah, z.B. als deine Großeltern jung waren oder noch viel früher, als die Menschen in Höhlen lebten … Welche Vorteile bietet dein Leben heute? Was war früher besser oder nicht so gut? Was könnte in der Zukunft besser oder schlechter werden?

6 –

Seite 19

1 Tipp: Die großgeschriebenen, farbigen Wörter auf dem Zeitstrahl benennen die einzelnen Epochen.

2 Tipp: Die Farbwechsel am Zeitstrahl zeigen, wann eine neue Epoche beginnt. Lies die angegebene Jahreszahl ab.

2 Tipp: Die Farbwechsel am Zeitstrahl zeigen, wann eine neue Epoche beginnt. Lies die angegebene Jahreszahl ab. Die Bilder auf dem Zeitstrahl können dir Hinweise zu Merkmalen der Epochen geben.

3 Beispiel: 1 cm = 100 Jahre – dein Zeitstrahl wird mindestens 70 cm lang. Du benötigst drei DIN-A4-Blätter quer aneinandergeklebt. Tipp: Anregungen für die Beschriftung findest du in D1.

3 Beispiel: Lies die Tipps zu Aufgabe A3 (grün). Ideen für weitere Eintragungen in den Epochen Ur- und Frühgeschichte, Altertum und Mittelalter findest du auch in diesem Buch, z.B. auf den Auftakt- und Wegweiserseiten.

4 –

4 Tipp: Suche das Jahr 1000 auf dem Zeitstrahl. Du findest es zweimal.

5 Tipp: Die Neuzeit leiteten folgende Ereignisse ein: 1450 Erfindung des Buchdrucks, 1492 Kolumbus „entdeckt" Amerika, 1517 Reformation.

6 –

6 –

Seite 21

1 Benutze bei der Antwort die Wörter: Wissenschaftler, Fundstücke, ausgraben, Alter bestimmen, rekonstruieren

2 Nutze als Hilfe den Zeitstrahl auf Seite 18. Das oberste Fundstück ist von etwa 1520 und stammt aus der Epoche der … Das zweite Fundstück ist ca. von 1320 und … Das dritte Fundstück … Insgesamt liegen dort Fundstücke aus … verschiedenen Epochen.

2 Benutze folgende Wörter: Sand, Erde, Eis, überbaut, Schichttorte.

3 Tipp: Speerspitzen sind z.B. auf Seite 35 abgebildet. Mögliche Fragewörter: Wer …? Wozu …?, Woraus …?

3 Speerspitzen sind z.B. auf Seite 35 abgebildet. Tipp: Wozu nutzten die Steinzeitmenschen diesen Gegenstand? Woraus besteht er? Wie wurde er hergestellt?

4 Siehe D1, Tipp: Suche dir einen Alltagsgegenstand aus. Wie würde er in 500 Jahren aussehen? Welche Frage könnte ein Archäologe in 500 Jahren stellen, wenn er den Gegenstand findet? Welche Antwort könnte ihm der Gegenstand auf seine Frage geben?

5 –

Seite 23

1 Akten, Briefe, …
2 Der Stein mit der Inschrift ist eine S…quelle. …
3 Quellen sind Texte oder Gegenstände, die aus vergangenen Zeiten … Im Unterschied dazu sind Darstellungen … von heutigen Forschern …
4 Verwende in deiner Antwort folgende Wörter: Spuren, Schlüsse ziehen, einzelne Teile zu einem Puzzle zusammensetzen.
4 Vergleiche T2, S. 20 und T2, S. 22. Stelle dir zur Unterscheidung der beiden Berufe folgende Fragen: Wo und wie arbeitet ein Archäologe/eine Historikerin? Welche Ziele verfolgt ein Archäologe/eine Historikerin bei seiner/ihrer Arbeit? Wie sind beide Berufsgruppen voneinander abhängig?
5 Verschiedene Historiker können die gleiche Quelle … Das kann dazu führen, dass es unterschiedliche …
6 –
6 Bei dem linken Teil der „villa rustica" handelt es sich um …, weil … Bei dem rechten Teil der der „villa rustica" handelt es sich um …, weil …

Seite 25

1 a) –; b) Ordne deine Erinnerungen. Bilde Überschriften (z. B. Gefühle bei der Einschulung, Schulgebäude, erste Kontakte, Familie, Feier). Vergleiche dann.
2 Es kann Zufall sein, da … Es kann aber auch …
2 Beispiel: Ein Kind erinnert sich an die Rede der Rektorin, ein anderes nicht. Vielleicht waren beide Kinder sogar auf derselben Einschulungsfeier. Dem einen Kind hat sie etwas bedeutet, das andere Kind fand sie langweilig und hat den Inhalt vergessen.
3 Bedenke, dass West- und Ostdeutsche lange Zeit in zwei sehr unterschiedlichen Staaten gelebt haben.
3 Vielleicht hast du schon mal vom Mauerfall 1989 und der Vereinigung von BRD und DDR 1990 gehört. Für viele Menschen im Westen änderte sich fast nichts. Für viele Menschen im Osten dagegen änderte sich fast alles, weil die DDR das politische System der BRD übernahm.
4 Ältere Deutsche könnten bei dem Wort „Grenze" an … denken. Geflüchtete Menschen, die heute in Deutschland leben, könnten beim Wort „Grenze" an …
5 –
6 Beziehe die Ergebnisse aus Aufgaben 3–4 ein.

Vom Leben der frühen Menschen

Seite 33

1 Im Vordergrund …, im Hintergrund …, in der Mitte … Die Frühmenschen wohnten in …
2 Sie sammelten Beeren, Früchte, …, sie jagten …
2 Überlege, welche Nahrung sich einfach beschaffen lässt und wann es Schwierigkeiten geben kann.
3 Überlege, was das Umherziehen mit dem Sammeln und Jagen zu tun hatte.
4 Stell dir vor, wie es war, als die Menschen noch kein Feuer hatten.
4 Welche Gefahren drohen nun?
5 Der Faustkeil war so wichtig, weil …
6 Benutze dabei die folgenden Wörter: Speere, Tal, Fackeln, Schrei, Versteck, Flucht, Beute, Bäume, Felsen, Jäger, Treiber. Du kannst so beginnen: Heute ist der große Tag. Zum ersten Mal dürfen Raulf und Surana mit auf die Jagd. Sie sind gut vorbereitet und haben ihre Speere aus Holz noch einmal gespitzt. Dann geht es los: …
6

	Frühmensch
Name	
Alter	
Größe	
Gewicht	
Wohnort	
Ernährung	
Kennzeichen	
Fortbewegung	
Werkzeuge	

Seite 35

1 Schaue in der Zeichenerklärung (Kartenlegende) auf die Erklärung der Linien und Farben. Schlage im Atlas die heutigen Länder nach. Aus dem Erdkundeunterricht kennst du den Begriff der Tundra.
2 Schreibe über Kleidung, Behausungen, Feuer, Nahrung, Wanderwege der Tiere.
2 Stelle eine Verbindung her zwischen der Anpassung an das Klima und neuen Erfindungen.
3 Denke an Nahrung, Kleidung und Werkzeuge.
3 Heute gibt es alles im Überfluss. In der Steinzeit dagegen … Deshalb …
4 Beachte die Kleidung der Menschen in der Kälte. Du kannst die Menschen z. B. auch mit den Werkzeugen (D3) darstellen. Überlege auch, wozu sie dienten.
4 Zeige die Menschen damals und heute in ähnlichen Situationen und vergleiche z. B. die Werkzeuge.
5 Du kannst so anfangen: Die Menschen mussten sich an die niedrigen Temperaturen anpassen …
6 Du kannst folgende Stichworte verwenden: Mammutherde, Fallgrube, Speere, …

Seite 37

1 Die Sammler und Jäger haben zunächst nur Getreide-körner als Nahrung gesammelt. Später lernten sie, einen Teil dieser Körner …

2 Zeige auf der Karte dorthin, wo ungefähr das heutige Baden-Württemberg liegt. Orientiere dich an den Flüssen. Schau, wie die Karte an dieser Stelle eingefärbt ist, und lies die Kartenlegende.

2 Suche in der Legende die Farbe für die ältesten Gebiete. Suche mithilfe des Atlas die Namen der heutigen Länder heraus.

3 Aufgaben: Felder bearbeiten, Zäune bauen, …

4 a) Schlage noch einmal die Zeichnung auf S. 32 (D1) auf und fülle die linke Spalte aus.
b) Fülle dann die rechte Spalte mit deinen Beobachtungen auf dem Bild oben (D2) aus.

	Sammler und Jäger (Altsteinzeit)	Bauern und Viehzüchter (Jungsteinzeit)
Wohnen		
Ernährung		
Werkzeuge/ Geräte		
Kleidung		
Werkzeug		

5 „Mensch, ziehst du immer noch als Jägerin umher? Das wäre mir zu anstrengend!" – „Ich liebe die Jagd. Mir wäre es zu langweilig, immer nur …" „Langweilig? Hast du eine Ahnung! …"

5 Überlege, wie die Landschaft in D2 wahrscheinlich ausgesehen hat, bevor die Menschen dorthin kamen.

6 Lies noch einmal deine Ergebnisse zu Aufgabe 1, 3 und 5 durch. Bewerte, wie bedeutend und folgenreich die Änderungen waren.

Seite 39

1

	Gerät	Wozu gebraucht?
D1	Haus auf Pfählen	
D2	Sichel	Ernten von Getreide
D3		
D4		
D5		
D6		
Q1	Ofen	

2 Schau dir noch einmal das Bild auf S. 37 (D2) an. Beil: Zwei Männer bearbeiten damit die Holzstämme für den Hausbau. Hacke: Ein Mann befreit mit einer Hacke den Boden von Gras und …

2 Wähle eine Erfindung aus Aufgabe 1 und überlege, was mit diesem Werkzeug leichter geht als vorher.

3 Du kannst dir auch eine Person aus dem Bild D2 auf S. 37 aussuchen und aus ihrer Sicht berichten. Wähle z.B. die Töpferin, Weberin oder Korbflechterin aus. Nicht alle dar-gestellten Personen eignen sich für die Lösung der Aufgabe.

3 Überlege, was auf deinen Feldern wächst und was nicht.

4 Tipp zur damaligen Bedeutung der Arbeitsteilung: Beurteile, ob sich durch die Arbeitsteilung die Werkzeuge und Geräte verbesserten.
Tipp zur heutigen Bedeutung von Arbeitsteilung: Überlege, wie Produkte heute hergestellt werden, z.B. ein Fahrrad.
Tipp zur damaligen Bedeutung der Tauschwirtschaft: Wenn ein Dorf keinen Töpfer hatte, gab es keine guten Töpferwaren.
Tipp zur heutigen Bedeutung von Tauschwirtschaft: Wenn Menschen heute etwas brauchen, tauschen sie es nicht, sondern kaufen es.

5 –

Seite 41

1 Als Erstes mache ich ein Feuer ganz nah am Fels. Dann …

2 Zähle Beispiele für Werkzeuge, Geräte, Schmuck, Waffen auf.

2 Prüfe, ob eine Metallsorte für bestimmte Dinge genutzt wurde.

3 Bedenke, welche Eigenschaften und welchen Wert Metall hatte.

3 Vergleiche die Eigenschaften der drei Metalle.

4 Hunderttausende von Jahren stellten die Menschen Werkzeuge und Waffen aus Stein her. Daher sprechen wir von der Steinzeit. Doch mit der Erfindung des Metalls …

Dem alten Ägypten auf der Spur

Seite 49

1 Auffällig ist die Nähe der Städte zum … Eine Erklärung dafür könnte sein, dass fast ganz Ägypten aus …

2 Mit einem Schaduf ist es möglich, Wasser auf eine höhere Ebene zu transportieren. Und das funktionierte so: … Mit einem Kanal wurde das Wasser …

2 Schaduf: siehe Lösungshilfe Aufgabe A2 (grün); Kanäle: Sie leiten das Wasser …

3 Bedenke, was Wasser inmitten der Wüste für die Menschen bedeutete. Beachte auch die Überschrift von T3.

3 „Mühelos" war die Ernte am Nil nicht, sie war vielmehr harte Arbeit: …

4 Zeichne eine Tabelle mit zwei Spalten.

Berufe	Tätigkeiten
Schreiber	führt Buch über …
Scheunenverwalter	
hoher Beamter	
…	

5 Die Ägypter konnten ihre Aufgaben nur gemeinsam …

6 Nutze das Inhaltsverzeichnis im Atlas, um die richtige Karte zu finden. Suche dann auf der Karte zunächst den Nil in Ägypten und verfolge den Weg bis zu seinen Quellen zurück. Tipp: Quellflüsse des Nils sind der Kagera, der Blaue Nil und der Atbara.

6 Benutze folgende Wörter: Sirius, Horizont, Hochwasser, neues „Niljahr", 365 Tage, Kalender

Seite 51

1 Suche im Text die Begriffe und lies ihre Übersetzung. Vergleiche sie mit den Bildern.

2 Achet: Zeit der Überschwemmung (Juli–November), das ganze Ackerland ist …; Peret: …

2 1 = archimedische Schraube, 2 = …

3 Schau dir das mittlere Bild genau an – hier findest du die Erklärung.

3 Die Begriffe „faul" und „habgierig" beziehen sich auf den Wasserstand des Nils (zu niedrig/zu hoch).

4 Überlege, wozu die Ägypter ihre Felder gebrauchten. Welche Rolle hatte dabei der Nil?

5 Lies auf Seite 49 nach. Hier sagt Herodot etwas über den Nil als Strom. Überlege, ob die Ägypter ihren Reichtum geschenkt bekamen oder hart dafür arbeiten mussten.

Seite 53

1 Eine Schrift wurde notwendig, weil
- Listen über Lebensmittelvorräte und Abgaben der Bauern erstellt werden mussten.
- …

2 Benutze bei der Antwort folgende Wörter: Text, Hieroglyphen, Griechisch, Name des Königs.

2 Der Name „Hieroglyphen" stammt von den … Auf Deutsch heißt das … Nutze für den letzten Teil der Frage die Lösungshilfe zu Aufgabe A2 (grün).

Schreiberschule	Schule heute
Die Schreiberschule besuchen mehr … als …	Jeder darf in die Schule.
Unterrichtsfächer: …	Unterrichtsfächer: …
Lehrer:	Lehrer:
Die Kinder leben in der Schule.	Die Kinder …
Der Unterricht besteht daraus, dass …	Der Unterricht …

4

andere Berufe	Nachteile
Steinmetz	anstrengend, ihm wird befohlen
Töpfer	
Weber	
…	

4 Benutze folgende Begriffe: Achtung – Beruf – Schreiber.

5 Wäge die Vorteile (hohes Ansehen, Befehle geben, „Nutzen bringender" Beruf, …) gegen die Nachteile (harte Ausbildung, strenger Gehorsam, …) ab.

6 –

Seite 55

1 Der Sarg besteht aus Gold, … und … Er hat die Form … Wenn die Ägypter ihren Pharaonen so wertvolle Särge anfertigten, dann müssen die Pharaonen für die Ägypter …

Pharao = Gott	Pharao = König
Sohn des Sonnengottes	Herrscher über Land und Menschen
…	

Name	Gestalt	verehrt als …
Horus	Falke	Himmels- oder Königsgott
…		

3 Achte im Text besonders auf alle Verben (sie beschreiben die Taten eines gerechten Herrschers) und auf alle Adjektive (sie beschreiben die Eigenschaften eines gerechten Herrschers).

4 Schau dir die Darstellung und die Quellen genau an. Überlege, welche Eigenschaft das Tier hat.

4 Meiner Ansicht nach sollte der Sohn die Ratschläge seines Vaters befolgen (oder: nicht befolgen). Folgende Gründe haben mich zu dieser Einschätzung gebracht: …

⑤ –

⑤ Lege eine Tabelle an:

Eigenschaft	Begründung
geschickt im Reden	…
…	…

⑥ Wenn die Macht eines einzelnen Menschen über alle anderen Menschen grenzenlos ist, dann ergeben sich daraus auch Gefahren für …

Seite 57

① Überlege, in welche Stufe des Schaubildes die Personen und Gruppen eingeordnet werden können. Beachte, was sie tun. Beginne so:
D2 Händler = orange, weil …; D3 Schreiber = …

②

	Familie Wesir	Familie Parfüm-herstellerin
Besitz	Palast	„Wir leben ganz gut."
Bildung		
Rechte und Pflichten		

③ D2 (Händler): Wir vermehren den Reichtum unseres Landes, indem wir in Ägypten hergestellte Waren in ferne Länder bringen und dafür aus diesen Ländern …

③ Benutze bei der Antwort folgende Wörter: Wohlstand, Ägypten, landwirtschaftliche Erträge.

④ Um zu einer Entscheidung zu gelangen, solltest du die einzelnen Personengruppen unter folgenden Fragestellungen betrachten: Ist die Personengruppe arm oder reich? Besitzt sie eine hohe oder niedrige Bildung? Hat sie viele oder wenige Rechte? Steht sie in der Hierarchie (siehe Schaubild D1) oben oder unten?

④ Wenn Rechte, Pflichten und Aufgaben in einer festgelegten Ordnung klar zugewiesen sind, ist das ein Vorteil, weil … Wenn Menschen aufgrund einer festgelegten Ordnung ungleiche Rechte und Möglichkeiten haben, ist das ein Nachteil, weil …

⑤ 1. Das Thema des Schaubildes lautet: …
2. Zeit: … Ort: …
3. Bestandteile des Schaubilds:

Bestandteile	Bedeutung
roter Pfeil	zeigt an, wer wem etwas befiehlt/wer wen überwacht
blauer Pfeil	
schwarzer Pfeil nach oben	
…	

4. Das Schaubild ist in der Form einer … gezeichnet. Sie ist unten breit und verläuft nach oben hin spitz. Diese Form lässt sich auf die ägyptische Gesellschaft übertragen, weil …
5. Das Schaubild gibt Auskunft darüber, …

⑥ –

Seite 59

① Länge: …, Höhe: …, Alter: …, Bauzeit: …

② Die Steinblöcke wurden in einem Steinbruch hergestellt. Von dort aus …

② Wann wurde die Cheops-Pyramide gebaut? In welchem zeitlichen Abstand berichtet Herodot über diesen Bau?

③ Cheops musste die Pyramidenbauer nicht zur Arbeit zwingen, denn …

③ Benutze bei der Antwort folgende Wörter: Außenrampe, 43 m, Gänge innerhalb der Pyramide, Steine, Drehung um 90 Grad, Endpunkte nach außen offen.

④ Die Überschrift erklärt, welchem Zweck die Pyramiden dienten: Sie waren … für die Pharaonen.

⑤ Nutze ein Lexikon oder gib in eine Internet-Suchmaschine die Wörter „Weltwunder Antike" ein.

Seite 61

① Grabräubertunnel: Ziffer 2; Gangsystem: Folge dem Grabräubertunnel, bis er auf den aufsteigenden und absteigenden Gang trifft …

② mögliche Punkte: Größe, Baukunst, Geheimnisse

② Lies dazu noch einmal den „Schon gewusst?"-Kasten auf S. 59 im Schulbuch.

③ Die Erbauer versteckten …

③ Dafür spricht das Vorhandensein von … und …, dagegen spricht, dass weder … noch … jemals gefunden wurden.

④ Liebe Hörerinnen und Hörer, heute melde ich mich aus der weltberühmten Cheops-Pyramide. Ich stehe mitten im sogenannten Grabräubertunnel …

⑤ Aus der Größe und Bauweise der Pyramide lässt sich schließen, dass die Ägypter fähige Baumeister hatten. Nur so war es möglich, …

⑥ Du kannst z. B. in einer Internet-Suchmaschine nach einer Liste der deutschen Hochhäuser suchen.

Seite 63

① Q1 zeigt die Mumie einer … aus der Stadt Theben. Sie liegt in einem … Die Mumie ist mit … umwickelt und bandagiert. Der Sarg ist … und hat die Gestalt eines …

② Die Ägypter waren überzeugt, dass … Der Körper musste erhalten bleiben, damit …

② Die Überschrift gibt einen Hinweis darauf, warum die Ägypter ihre Toten mumifizierten. Sie waren nämlich davon überzeugt, dass …

③ Dauer: bis zu 70 Tage; Entfernung aller Organe (Aufbewahrung in Gefäßen), …

③ Mumifizierung: siehe Lösungshilfe zu Aufgabe A3 (grün); Totenzeremonie: Mumie, Sarg, Trauerzug zum Nil …

④ 1c (Verteidigungsrede vor den Göttern), 2d (Auf dem Weg zum Totengericht), …

⑤ Der Gott Anubis, der Wächter der Toten, führt mich zum Totengericht. Hier …

⑤ Du kannst dabei auch wie in Q2 vorgehen: „Das Totengericht" zeigt fünf Szenen in einem Bild und ist wie ein Comic zu lesen.

⑥ Wer fest daran glaubt, dass er nur dann im Jenseits weiterleben darf, wenn er im Diesseits ausschließlich Gutes getan hat, der …

1 –

2

Landwirtschaft Mitteleuropa	Landwirtschaft Ägypten
Sesshaftigkeit	Sesshaftigkeit
alle 15 bis 20 Jahre Umzug, da Böden erschöpft	
…	

3 Allgemeine Hilfen zur Plakatgestaltung findest du auf der hinteren Umschlagseite unter „Handlungsorientierte Arbeitsaufträge: Gestalte ein Flugblatt/ein Plakat".

4 –

5 Im Unterschied zu Mitteleuropa hatten die Ägypter eine Schrift …

Seite 67

1 Achte auch auf Einzelheiten. Beginne dann so: Zu sehen sind zwei Personen. Links … Rechts …

2 Formuliere in einem Wort, worum es in den Paragrafen jeweils geht.

2 a) siehe Lösungshilfe zu Aufgabe A2 (grün)
b) §1: Tod; §6 …

3 Die Menschen im Zweistromland lebten vom Getreideanbau. Dabei spielten die Flüsse eine große Rolle …

3 Lies nochmal auf den Seiten 48–51 nach.

4 Lies T2–3 mehrfach: Beim ersten Lesen achtest du auf die Vorteile schriftlicher Gesetze, beim zweiten Lesen auf ihre Nachteile. Überlege dann, welche Vor- und Nachteile mündlich überlieferte Gesetze haben, und schreibe sie ebenfalls auf.

	Vorteile	Nachteile
schriftliche Gesetze		
mündlich überlieferte Gesetze		

5 Lies dazu nochmal auf den Lexikonbegriff „Hochkultur" (S. 46) und T2 „Eine Schrift wird notwendig" (S. 52).

5 Prüfe, welche Merkmale von Hochkulturen (Schrift, Religion, festgelegte Ordnung, Arbeitsteilung, Kunst, Architektur auf das babylonische Reich unter Hammurapi zutreffen.

6 mögliche Lösung: Als wichtiges schriftliches Gesetz fällt mir z. B. das Grundgesetz in Deutschland ein. Darin …

Die Welt der Griechen

Seite 75

1 Besorge dir einen DIN-A3-Bogen.

2 Ein paar mögliche Themen sind in T2 genannt.

2 Ein paar mögliche Themen sind in T2 genannt.

3 –

4 Beginne rechtzeitig, damit du abschätzen kannst, wie viel Zeit du für deinen Portfolio-Bogen benötigst.

Seite 77

1 Q1 So könnt ihr beginnen: Das Bild befindet sich auf einer Vase. Auf dem Bild erkennt man Männer, die …
Q2 So könnt ihr beginnen: Das Bild befindet sich auf einer Amphore. Auf dem Bild erkennt man ein Pferd mit …

2 Die meisten Siedlungen der Griechen lagen … oder sie waren … Die Poleis wurden durch … getrennt.

2 Beschreibung: siehe Hilfe zu Aufgabe A2 (grün). Vergleich: Überlege, wie sich die Landschaft in Griechenland von der in Ägypten unterschied.

3 Das Wort Polis bedeutete eigentlich … Eine Polis war …

3 Siehe Hilfe zu Aufgabe A3 (grün). Tipp: Dass so viele Poleis entstanden, hing mit der Landschaft zusammen.

4 Diese Quellen sind Bildquellen aus der Zeit … Sie befinden sich auf … Daher wissen wir …

4 Schau noch einmal nach, welche Aufgaben Archäologen haben (S. 20: T2) und welche Historiker (S. 22: T2).

5 Unser Wissen über die Griechen ist gut abgesichert, weil … Es ist ungenau, weil …

6 Überschrift: Das Leben der antiken Griechen; Die Griechen siedelten in Städten rund um das Mittelmeer und auf Inseln im Mittelmeer. Sie lebten von …

Seite 79

1 Hast du vielleicht Hermes, den Götterboten in einem Film gesehen? Oder in der Werbung? Was bedeuten seine Flügel an den Sandalen?

2

Name der Göttin/des Gottes	Aufgabe
Zeus	schickt Gewitter und Stürme
Hera	beschützt Ehe und …
…	

Name der Göttin/ des Gottes	Eigenschaften	Aufgaben
Zeus =1	Göttervater, Himmelsgott, Wettergott, hat einen Adler	schickt Gewitter und Stürme
Hera =2	…	…
…	…	…

3 Du kannst jede Göttin oder jeden Gott auswählen. Athene wird zum Beispiel als Göttin der Weisheit und als Lieblingstochter des Zeus dargestellt (6). Sie war für die Menschen wichtig, weil sie Athen …

3 Euer Gespräch könnt ihr frei gestalten. Es muss aber zu den Aufgaben der Göttinnen und Göttern passen, z.B.:
Siedler: In der alten Heimat waren die Götter sehr wichtig für uns. Sie bestimmten unser Leben.
Nachbar: Wie meinst du das?
Siedler: Nimm doch mal das Gewitter gestern Abend. Das war Zeus, der Göttervater …
Siedler: …

4 Durch die Sagen und Göttergeschichten erklärten sich die Menschen Beobachtungen, die …

5 Tipp: Achtet auf die Aufgaben, die der Gott Hermes hatte, und auf seine Bekleidung.

5 –

Seite 81

1 So kannst du die Disziplinen (Sportarten) auflisten:
– Wettkämpfe der Knaben
– …

2 Kleiton besucht … Er beobachtet … Plötzlich …

2 Sie fanden zu Ehren … statt. Sie dienten auch … Sie förderten …

3 Kleiton könnte zum Beispiel auch zum Ringkampf gehen. Er nimmt in der Arena Platz. Der Schiedsrichter stellt die beiden ersten Ringer vor …

3 a) Benutze bei deiner Antwort die Ausdrücke Frieden, Freundschaft und b) körperliche Kraft, Wissen und Weisheit sowie Ordnung des Staates.

4 der Athlet selber, seine …, …

4 Siehe Lösung zu Aufgabe B3 (blau). Beurteilung: Ich stimme dem Redner … zu/nicht zu, weil …

5 Die Olympischen Spiele waren wichtig für die Griechen, weil … Sie waren gut, weil … Ich meine, dass sie nicht so wichtig waren, denn …

6 Die nächsten Sommerspiele finden im Jahr … in … statt. Die nächsten Winterspiele finden im Jahr … in … statt. Im Zusammenhang damit werden folgende Probleme diskutiert: …

Seite 83

1 Bürger: attische Männer, die alle demokratischen Rechte hatten, Metöken: …

2 So kannst du beginnen: Die Schale ist von schräg unten fotografiert. Das linke Schiff hat einen Mast und trägt ein zusammengefaltetes Segel. Hinten sitzt …

2 Nenne die Arbeiten und Aufgaben, die die Frau im Haus und in der Familie hatte.

3 Die Schiffe waren für die Athener sehr wichtig, weil …

3 Das Verhältnis von Mann und Frau wird von … bestimmt. Sie sollen gemeinsam …

4 Jungen mussten Lesen … lernen. Sie mussten … Mädchen lernten …

5 Ich finde, dass Xenophons Überlegungen aus heutiger Sicht …

Seite 85

1 Wir beginnen unseren Rundgang an der Eingangstür, zu der eine Treppe führt. Sosibros führt mich in den Innenhof …

2 Sosibros: Schön, dass ich die Nachbarn treffe, wir wollen uns noch für die Volksversammlung beraten.
Nachbar: …
Kalliope: …
Sklavin: …

2

Name	Tätigkeiten
Sosibros	Keine Tätigkeiten im Haus, da nur selten da; Teilnahme an der Vollversammlung
Kalliope	…
…	…

3 Guten Tag, Skythos, hallo Hermione! Darf ich euch mal fragen, wie euer Tagesablauf aussieht?
Skythos: Gerne. Wir arbeiten im Haus von Sosibros, unserem Herrn. Er hat uns gekauft. Wir werden überwacht von … Hermione: …

3 Sosibros steht an der Spitze. Kalliope ist von ihm abhängig. Die Kinder sind … Die Sklaven …

4 Hier ist deine Meinung gefragt: a) Ich hätte gerne/nicht gerne in Athen als Sosibros gelebt, weil … b) … c) …

5

Haushalt damals	Haushalt heute
Sklaven für die Hausarbeit	Maschinen für die Hausarbeit
Kein Mann darf die oberen Stockwerke betreten	…
…	

Seite 87

1 Volk heißt auf Griechisch … Die Herrschaft des Volkes heißt … Die politischen Rechte in der Polis Athen hatten die … In Athen gab es eine … Demokratie.

2 Aufgaben der Volksversammlung: 500 Bürger für den Rat der 500 auslosen, 6000 …

2 Lies die Bezeichnung des Schaubildes: Das Schaubild zeigt … Unten sind die Bevölkerungsgruppen … Sie haben keine … In der Mitte ist die … Sie besteht aus … Die Volksversammlung wählt … und lost … für ein Jahr aus. Der Rat der 500 kontrolliert …

3 Perikles war ein Adliger, der …

4 Sosibros ist ein Bürger Athens und findet Perikles' Aussage richtig. Ich meine, dass …

4 Beachte bei deiner Antwort, wie viele Menschen in einer Monarchie, Aristokratie und Demokratie regieren und durch Wahl mitentscheiden.

5 Die Demokratie der Athener war … Unsere Demokratie ist …

Rom – vom Stadtstaat zum Weltreich

Seite 97

1 Verwende bei deiner Beschreibung die folgenden Begriffe: Hügel, Ebene, Fluss Tiber, Insel, Furt, überqueren

2 Suche nach Vorteilen, die Landschaft und Fluss hier boten.

2 Siedler A argumentiert für Siedlung auf der Höhe: Betone den besseren Schutz, die gesündere Luft. Siedler B argumentiert für Siedlung in der Ebene: Betone die Vorteile von Handel und Versorgung, die leichtere Erreichbarkeit.

3 Beachte, welche Zeitspanne dein Zeitstrahl umfassen soll und wie viele Daten du eintragen willst. Lege dann fest, wie viele Zentimeter du für ein Jahrhundert einplanen willst. Tipp: Du musst Platz für sieben Jahrhunderte einplanen.

4 Überlege dir zunächst die Proportionen. Miss dazu mit deinem Lineal das Verhältnis der Breite zur Höhe. Lege auch den Winkel des Giebels fest, damit dein Dach nicht zu flach oder zu steil wird. Übertrage das Ganze jetzt auf die gewünschte Größe des Tempels in deinem Heft oder in deinem Portfolio.

4 Wähle zunächst einen Standort aus, von dem aus du auf das Forum blickst. Beschreibe dann die Bauten in ihrem Aussehen. Gehe auch auf Menschen und ihr Tun ein.

5 Rom soll der Sage nach seinem ersten König … benannt worden sein. Und das kam so: …

5 Denke an den unglaublichen Aufstieg Roms vom Stadtstaat zur Weltmacht. Wer konnte da nur mitgewirkt haben?

6 Denke daran, wie sich Menschen früher gerne Dinge erklärten, von denen sie nichts wussten. Überlege dann, wie Geschichtsforscher und Archäologen heute vorgehen.

Seite 99

1 a) Beginne mit dem Erdteil, auf dem wir selbst leben.
b) Drei Meere sind mit ihrem Namen in der Karte zu finden. Ein Meer im Südosten kannst du auch nennen. Es liegt zwischen den heutigen Staaten Ägypten und Saudi-Arabien. Sein Name enthält eine Farbe.

2 Verwende zur Bezeichnung der Grenzen vor allem die Namen von Meeren, Flüssen und Wüsten. Zum Teil musst du im Atlas auch die Namen heutiger Staaten suchen.

2 Der gesuchte Zeitraum beginnt mit der ältesten und endet mit der jüngsten Zahl in der Legende der Karte. Es gibt vier Flächenfarben, die von Rot bis Gelb abgestuft sind. Jede Flächenfarbe steht für einen bestimmten Zeitpunkt oder Zeitraum.

3 Miss zunächst die Entfernung auf der Karte in Zentimetern. Beachte dann den Maßstab der Karte.

3 Natürliche Grenzen sind durch die Natur vorgegeben: Das kann ein Meer, ein Fluss, ein Gebirge, ein Sumpfgebiet oder eine Wüste sein.

4 Tipp: Du legst über die Karte durchsichtiges Papier. Dann ziehst du die Grenzen des Mittelmeeres und die Außengrenzen des Römischen Reiches nach. Markiere mit Punkten die Position wichtiger Städte. Am Ende solltest du Meere und Flüsse durch blaue Farbe von den Landflächen abheben. Denke an eine Legende zu deiner Karte.

4 Beurteile dazu die Lage des Mittelmeeres in Bezug zu den meisten Provinzen des Reiches. Denke auch daran, was Transporte zu Land in der Römerzeit bedeuteten.

5 Unterscheide den Norden und den Süden der Provinz Germania. Sprich von einer natürlichen Grenze und einer offenen Landgrenze. Beurteile, wo die Grenze leicht, wo sie schwer zu verteidigen war.

5 Berücksichtige die folgenden Punkte: Entfernungen von Rom, schwer erreichbare Gebiete, Verteidigung der Grenzen.

6 Denke an die schnelle Verlegung von Legionen und an die Übermittlung von Nachrichten. Bedenke die Kosten des Transports zu Lande und zur See. Beachte auch, wem alle Küsten des Mittelmeeres gehörten.

Seite 101

1 Für die eine Gruppe kannst du folgende Verben verwenden: regieren, leiten, lenken, führen, besitzen, haben, teilnehmen, erhalten. Du musst nicht alle Verben verwenden.

2 Als Adlige hatten sie sich Vorrechte gesichert. Außerdem beschäftigten sie auf ihren Landgütern …

2 Hier musst du rechnen: Du musst die Stimmenzahl der Reichen ermitteln und dann den Stimmen der einfachen Bürger gegenüberstellen.

3 Frage dich: Welche Bedeutung hatten die Plebejer in Friedenszeiten, welche im Krieg?

4 Wer stand an der Spitze des Staates? Welche besonderen Aufgaben mussten von anderen Beamten erledigt werden? Wer sorgte dafür, dass die Rechte der Plebejer beachtet wurden?

4 Ergänze: Wenn ein Politiker Jahr für Jahr Konsul geworden wäre, hätte er am Ende auf die Idee kommen können …

5 Vergleiche mit der Monarchie, also der Herrschaft eines Königs, was ist besser? Denke vor allem auch daran, wie lange man ein politisches Amt haben durfte. Beurteile aber auch, ob alle Bürger gleiche Chancen hatten. Was war mit den Frauen?

6 Tipp: Lege dünnes Papier über die Personen in D3. Dann kannst du die Umrisse einer Person zeichnen. Schreibe auf jeden Fall dazu, ob es sich um einen Patrizier, einen Ritter oder einen einfachen Plebejer handelt.

Seite 103

1 a) Wenn ein adliger Grundbesitzer in den Krieg zog, gab es auf seinen Gütern noch …
b) Wenn ein einfacher Bauer in den Krieg zog, mussten seine Frau und seine Kinder …

2 Mache Aussagen zu Besitz, Beruf, Wohnung und Lebensunterhalt der Proletarier.

2 Stelle dir die folgenden Fragen: Wie leben die Proletarier in Rom? Welche Perspektiven haben sie? Wer ist schuld an dieser Situation?

3 Die beiden Römer sind Brüder. Ihr Programm soll den Armen auf eine bestimmte Weise Hilfe bringen.

3 Du trittst als Anwalt der einfachen Menschen auf. Du willst möglichst viele Anhänger für deine Sache gewinnen: Du appellierst an Gefühle, vergleichst die Situation früher und heute, stellst Leistungen der ehemaligen Bauern für Staat und Familie heraus, stellst die Proletarier als schuldlos in Not Geratene hin, suchst die Schuldigen für das Problem und klagst diese öffentlich an.

4 Denke darüber nach, was die Bauernsoldaten für den römischen Staat taten. Überlege, welche Folgen es für den römischen Staat hatte, wenn es immer weniger Bauern gab.

5 Cornelia wurde von einem griechischen Privatlehrer …
Das war ungewöhnlich, denn … Sie wechselte mit …
Zu ihren Ehren …

Seite 105

1 Schau dir in der Bildunterschrift zu D1 und D2 den jeweiligen Begriff an, der das Haus kennzeichnet. Setze dann zwei Wörter aus der Überschrift in Beziehung zu den Häusern.

2 a) Das Mietshaus hat drei Geschosse mit normaler Raumhöhe und ein … Die gesamte Höhe des Hauses dürfte bei etwa … Metern liegen. (Tipp: Zur Berechnung der Höhe: Nimm die Größe eines Mannes mit etwa 1,70 Meter an.)
b) Beginne mit den Mietern im Erdgeschoss. Was arbeiten sie? Wo wohnte man schön, wo schlecht? Bedenke, dass die Mieter Treppen steigen mussten.

2 a) Ergänze: Das Erdgeschoss ist zur Straße hin gelegen. Da gehen den ganzen Tag unzählige Menschen vorbei. Das ist ideal für … Warum lassen sich die Wohnungen in der ersten Etage am teuersten vermieten? Erläutere die Nachteile der beiden oberen Geschosse. Welche Folgen wird das bei der Vermietung haben?
b) Wenn der Besitzer des Hauses für alle Räume die passenden Mieter findet, kann er …

3 Denke daran, dass die beiden Eingänge zur Villa von unterschiedlichen Personengruppen genutzt wurden. Es gab also auch zwei Personengruppen, die in der Villa lebten beziehungsweise arbeiteten.

4 Überlege dir zunächst, wie lang und wie breit der Raum war. Standen Möbel darin? Wozu dienten sie?

5 a) Denke an die heißen Sommer im Mittelmeergebiet. Denke aber auch an Gefahren.
b) Es gibt Räume, in denen sich im Sommer die heiße Luft staute, die außerdem niedrig und dunkel waren.

5 Für deine Entscheidung ist wichtig, dass es in Italien über die längste Zeit des Jahres warm oder heiß ist. Welche Teile des Hauses und welche Geschossebene eignen sich somit bestens für ein Leben im Mittelmeerklima?

6 Denke daran, dass man im Hochhaus heute keine Treppen mehr steigen muss.

Seite 107

1 a) Tipp: Die Zahl der Bauern ist entscheidend.
b) Denke an die vielen Arbeitslosen in Rom.
c) Mache Aussagen zu seiner Bewaffnung und Ausrüstung.

2 Lege durchsichtiges Papier auf die Zeichnung D1 und fertige eine Bleistiftskizze an. Nimm Farbstifte und male deine Zeichnung bunt an. Werte deine Zeichnung auf, indem du Linien zu den einzelnen Teilen der Ausrüstung ziehst und die Gegenstände benennst.

2 Pro: Halte dem Leben in der Legion die täglichen Sorgen eines Proletariers entgegen. Was ist bei einem Legionär gesichert? Was macht sein Leben interessanter?
Kontra: Betone die Härten des militärischen Drills, den Druck durch Vorgesetzte, Gefahren.

3 Beginne mit den Kämpfen der adligen Politiker um die Macht, ihre Parteien und ihre Ziele.

4 Caesar eroberte viele Gebiete für Rom. Dann …

4 Hier musst du zunächst Caesars Machtfülle beschreiben, dann die Folgen für die römische Politik beurteilen. Wie wird der Bürgerkrieg beendet? Mit welchem Ziel vergrößert Caesar den Senat? Was bedeutet der Titel Diktator?

5 In Q1 findest du Begriffe, die Bewunderung und Anerkennung ausdrücken, die positive Eigenschaften hervorheben.
In Q2 findest du Begriffe, die Ablehnung ausdrücken.

5 Was könntest du bewundern (z. B. Fähigkeiten, Erfolge)? Was könntest du ablehnen (z. B. Folgen des Krieges, Streben nach Macht, Vorrechte)?

6 Tipp: In welchen Punkten hebt sich Caesar von anderen Spitzenpolitikern der römischen Republik ab? Denke an seine Macht und an äußere Dinge, die ihn über andere Menschen erheben. Beachte auch, wie er sich öffentlich über die Staatsform der Republik äußerte.

Seite 109

1 Beginne mit dem Geburtsdatum und ende mit dem Todesdatum. Beachte den Namenswechsel von Octavian zu Augustus.

2 Stell dir vor, du willst bei einer Abstimmung gewinnen und kannst ganz viele Freunde mitnehmen. Octavian machte es genauso:
Er ernannte seine Freunde und Anhänger zu … Dadurch fiel jede Abstimmung im … so aus, wie er es …

2 Wie/mit welchem Ziel veränderte Octavian den Senat? Worin bestand der politische Trick des Jahres 27 v. Chr.?

③ Die Überschriften in den Kästchen zeigen dir den Weg.

③ Den direkten Einfluss kannst du in D2 in der linken Spalte ablesen, den indirekten in der rechten.

④ Mache dir in Q1a) und b) den Sinn der Satzanfänge klar.

④ Octavian/Augustus war ein sehr geschickter Politiker und wollte die Macht für sich. Aber er hat aus dem Schicksal Caesars gelernt. Daher …

⑤ Caesar war Alleinherrscher und er zeigte es auch mit einem Titel, den er sich vom Senat verleihen ließ. Das wurde ihm zum Verhängnis. Augustus dagegen …

Seite 111

① Die Kinder biegen in die … Straße ein. …

②

Gebäude	Zweck
Tempel des Jupiter	Verehrung des höchsten Gottes
…	

② Der Platz ist dir bekannt, dort haben schon die Politiker der Republik zum Volk gesprochen, wenn sie sich um ein Staatsamt bewarben. Nenne Gebäude, die mit dem Staat zu tun haben, und solche, die zur Religion gehörten.

③ Achte bei der Beschreibung von D1 z. B. auf die unterschiedliche Bewaffnung und Kleidung der Gladiatoren. Die Zuschauer (D1) lockt vor allem das …, das die Kämpfer eingingen. In D3 sind die Zuschauer Fans einer Rennpartei.

③ Was findest du aufregend, erstaunlich, abstoßend? Beschreibe das Nebeneinander von Pracht und Armut. Erzähle von Dingen, die deine Freunde sich kaum vorstellen könnten.

④ Hättest du in Rom interessante Dinge erleben können? Gab es Veranstaltungen/„Events", die dir gefallen hätten? Was hätte dich in Rom genervt, was hätte dir gefehlt?

⑤ Gib im Internet die Suchbegriffe „Rom" und „Sehenswürdigkeiten" ein. Dann bekommst du einen Überblick darüber, was die Stadt heute zu bieten hat. Dort findest du auch gute Fotos für dein Werbeplakat. Vergleiche, wie es die Profis machen.

Seite 113

① a) Lies die Bildlegenden.
b) Nutze T1 und T2 sowie S. 110: D1.
c) Orientiere dich an der Kaiserloge. Sie ist in der Ruine noch erkennbar.

② Du kannst die Gladiatoren auf Seite 110 (D1) als Vorbild nehmen. Beachte, dass sie unterschiedlich bewaffnet sind.

② Beachte, dass die Kampfbahn nicht kreisrund ist, sondern die Form einer Ellipse hat, also eiförmig ist. Zeichne zuerst die Loge des Kaisers, teile dann die Plätze für andere Zuschauergruppen ein.

③ Die Wirkung der Sonnensegel kannst du in D1 beobachten.

③ Nenne den Zweck der Sonnensegel. Gehe dann auf die Materialien und die Art der Befestigung ein. Beschreibe eventuell auch, wie sie aufgezogen wurden und warum man sie „Segel" nannte.

④ Ort des Staunens: Denke an die Größe des Gebäudes, an die Zahl der Eingänge, an die Anordnung der Zuschauerplätze, an die Sonnensegel, an die Bühnentechnik.
Ort des Schreckens: Argumentiere mit den folgenden Adjektiven und Verben: kämpfen, töten, roh, brutal, unmenschlich.

⑤ Beachte die Tipps zur Internetrecherche auf der hinteren Umschlagseite.

Seite 115

① Warum brauchten die Römer gute Straßen? Suche nach Gründen in den Bereichen Verteidigung, Verwaltung, Handel, Reisen und vervollständige die Tabelle:

Bereich	Zweck
Verteidigung	• Marschwege für Legionen • Versorgung der Soldaten
…	

② Pferde: Beginne im Westen in Portugal, gehe dann nach Afrika, Asien und Europa.
Wilde Tiere: Raubkatzen kamen auch aus Gebieten, die außerhalb des Imperiums lagen!

② Erläutere zunächst die Land- und Seewege, die alle Provinzen mit Italien verbanden. Liste dann auf, die aus den einzelnen Teilen des Reiches ins Zentrum gelangten. Überlege zum Schluss, was das für den Lebensstandard der römischen Bevölkerung bedeutete.

③ Beginne mit der untersten Schicht. Dabei hilft dir die Bildlegende D1. Verwende bei der Beschreibung des Straßenaufbaus auch die folgenden Begriffe: Straßenbett (= Vertiefung im Erdreich für die Straße), Straßendecke (= oberste Schicht), Randsteine.

③ Beschreibe zunächst den Aufbau einer römischen Straße von der Sohle (unten) bis zur Fahrbahndecke. Beurteile dann die Befahrbarkeit bei unterschiedlichem Wetter und zu verschiedenen Jahreszeiten.

④ Benutze die folgenden Wortgruppen: Waren austauschen, Reisen in entfernte Gebiete erleichtern, Verkehrsnetz moderner machen, schnelle Bahnverbindungen innerhalb Europas schaffen.

⑤ Denke an die Kosten des Geldwechselns und an den Warenaustausch, aber auch an deine eigene Situation, wenn du als Tourist in einem fremden Land wissen willst, ob die angebotenen Waren billiger als zu Hause sind.

SP Lösungshilfen zu den Aufgaben

Seite 117

1. Zwei Begriffe findest du in den Überschriften.
2. Diese Begriffe kannst du verwenden: Abwasserkanal, unterirdisch, aus Stein gemauert, mündet in einen Fluss, gewölbter Gang, stinkende Brühe.
2. Denke an die Zahl der Menschen, an die Dichte der Besiedlung, an mögliche Gerüche, an Krankheitserreger.
3. Ergänze die Lücken im Text: Die Römer wussten, dass unsauberes … Krankheiten verursacht. Daher versorgten sie die Städte mit …wasser. Zahlreiche Krankheiten kommen aber auch von verschmutztem …, vor allem wenn es in die Brunnen eindringt. Daher muss es vollständig … werden.
4. Betretet die Therme durch den Haupteingang. Nebenan legt man die Kleider ab. Nun müsst ihr euch entscheiden: Wollt ihr euch erst an der frischen Luft bewegen oder ins Wasser gehen?
4. Ihr könnt euch an D2 orientieren. Es reicht aus, wenn ihr einen Grundriss zeichnet. Zu den einzelnen Abteilungen könnt ihr kurze Bemerkungen schreiben, die euer Projekt interessant erscheinen lässt.
5. Was gefällt euch besonders im modernen Spaßbad? Was hätte euch in einer Therme der Römerzeit gefallen?
6. Fertige eine Skizze mit einem Wasserbecken an. Zeichne verschieden hohe Abflüsse ein. Beschrifte sie. Jetzt kannst du besser erklären, wie ein Wasserschloss funktionierte.

Seite 119

1. Schau durch das Dach des großen Hauses in D1 und vergleiche mit D2. Beachte den Eingang zum Haus in beiden Rekonstruktionen und orientiere dich daran.
2. a) Achte auf Einzelheiten: Woraus besteht die Konstruktion des Daches? Woraus die Dachdeckung, die Wand, der Fußboden?
   b) Hausbau: Beachte die Aufteilung in Wohn- und Wirtschaftsbereich. Gegenstände: Unterscheide sie nach dem Verwendungszweck. Menschen und Tiere: Bewerte Nähe oder Ferne.
3. Benutze die folgenden Begriffe: Umhang, langes Kleid, Leder, gewebte Wolle, Leinen, Gürtel, Metallschnalle, Hemdkittel, Schuhe.
3. Achte auf die Bauweise des Getreidespeichers und des Grubenhauses. Sie boten Schutz vor …
4. Wie empfindest du dieses Wohnen und Leben? Wie würdest du dich fühlen, wenn du über längere Zeit bei dieser germanischen Familie leben müsstest?
4. Beachte die Notwendigkeit, sich täglich mehrmals um die Tiere zu kümmern. Denke dabei auch an die vielen Tage des Jahres mit schlechtem Wetter, dem man möglichst ausweichen wollte. Denke auch daran, dass Brennmaterial knapp und wertvoll war. Man musste also in den kalten Wintertagen jede verfügbare Wärme ausnutzen, auch die der …
5. Vergleiche das Wohnen, die Kleidung, das Essen, das Zusammenleben. Dazu kannst du auch eine Tabelle anfertigen.

6. Beachte, dass es sich um Computerrekonstruktionen handelt. Zeigt eine solche Darstellung die Dinge genauso wie sie waren oder so wie man sie sich vorstellt? Was können moderne Archäologen in D1 mit großer Sicherheit sagen, weil sie im Boden Spuren gefunden haben?

Seite 121

1. a) Publius Cornelius Tacitus lebte von … bis … Er stammte aus einer alten römischen Patrizierfamilie …
   b) Das Buch von Tacitus hieß … Darin …
2. Lösungshilfen zu den Schritten 3–5 findest du im Buch direkt im/am Text. Sie haben die gleiche Farbe wie der Arbeitsschritt. Zu Schritt 6 findest du im Steckbrief viele Hinweise, die etwas darüber aussagen, woher Tacitus Informationen über Land und Leute in „Germanien" bekommen haben könnte. Außerdem: Tacitus kannte sicher alle wichtigen Texte, die es damals über die Germanen gab.
2. 1–6 Verwende die Hilfen zu Aufgabe A2 (grün).
   7 Du kennst schon viele Einzelheiten zum Leben und zur Bauweise der Germanen.
   8 Die blau unterlegten Stellen im Quellentext und die Erklärung darunter helfen dir weiter.
   9 Überlege: Tacitus schreibt aus der Perspektive des gebildeten Römers, der selbst nur die hoch entwickelte Kultur des Mittelmeerraumes kennt. Wie könnte das sein Urteil beeinflussen? Wie sieht es dagegen bei der Wiedergabe reiner Tatsachen aus, z. B. beim geschilderten Kinderreichtum der Germanen?
3. Beurteile auf Basis deiner Ergebnisse zu Schritt 6.
3. Überlege dir als mögliche Wirkungen: Römer fürchten die Germanen; Römer fasziniert die exotische Welt der Germanen; Römer stellen ihre eigene Lebensweise infrage.
4. Wenn jemand etwas über dich sagt, kann das richtig oder falsch sein. Was ist, wenn du dich selbst dazu nicht äußern kannst?

Seite 123

1. a) Kaiser Augustus will die Grenze des Imperiums nach Osten verlegen. Nenne die Namen von zwei Flüssen: Der eine ist die alte Grenze, der andere soll die neue Grenze des Imperiums werden.
   b) Die Germanen waren bisher freie Menschen. Jetzt werden sie zu Bewohnern einer römischen Provinz. Daher müssen sie …
2. Die Römer wurden in ein unwegsames … gelockt. Das war eine … Dort konnten sie nicht …
2. Gehe den folgenden Fragen nach: Warum kannte Arminius die römische Kriegführung gut? In welcher Weise konnte er seine Kenntnisse nutzen? Wie verhielt sich Arminius gegenüber Varus?

③ Zeichne auch einen Wachturm ein. Eine hölzerne „Mauer" nennt man eine Palisade. Die Pfähle werden oben angespitzt, damit sie nicht so leicht zu übersteigen sind. Setze auch die folgenden Begriffe ein: Graben, Erdhügel, Beobachtungsfenster, Balkon, Eingangstür.

③ Beschreibe den Limes in seinem Verlauf und in der Art, wie er ausgebaut war. Erkläre die unterschiedlichen Aufgaben der Soldaten in den Kastellen und in den Legionslagern.

④ Die heutigen Namen stehen in Klammern.

④ Du findest die Legionslager in den heutigen Niederlanden, in Deutschland und in Frankreich. Sie lagen aus römischer Sicht gut geschützt hinter den großen Flüssen Rhein und Donau.

⑤ Beachte vor allem die Länge der neuen Grenze gegenüber der alten. Denke auch an die zusätzliche Stärke des Imperiums.

Seite 125

① Vergleiche die Häuser, die Straßen, den Komfort einer römischen Stadt mit einer germanischen Siedlung.

② Den „bicarium" findest du in D1 auf dem Tisch, die „tegula" auf dem Dach, …

② Schreibe in die linke Spalte „emplastrum", in die rechte Spalte daneben „Pflaster" oder „Straßenpflaster", …

③ Der Germane wird nicht nur von der Straßendecke sprechen. Interessant sind für ihn sicher auch die Ableitung des Wassers und die Tatsache, dass es einen eigenen Weg für Fußgänger gibt.

③ Du kannst vom Begriff selbst ausgehen. Das Wort „entlehnen" bedeutet „etwas übernehmen und gegebenenfalls anpassen". Gemeint ist die Übernahme aus einer anderen Sprache oder auch die Übernahme eines Gedankens aus einem Text.

④ Denke an viele Begriffe des Alltags und der Computersprache: Hi, OK, shoppen, Software, mailen, …

⑤ Gehe der Reihe nach vor. Beginne am Tor und gehe dann nach rechts. Das Wirtschaften auf dem Hof bezog sich auf Menschen: Sklaven, Sklavinnen, Knechte, Mägde; Tiere: Hühner, Pferde, Milchkühe, Bienen, Gänse; Pflanzen: Obstbäume, Weinstöcke, Gras (Wiese), Getreide; Gegenstände: Amphoren (Behälter aus gebranntem Ton), Wagen, Körbe, Leitern, Bienenstöcke, Spaten, Herrenhaus (Villa), Stall, Scheune, Schuppen.

⑤ Der Besitzer des Landgutes ist an der wirtschaftlichen Situation des Hofes interessiert: Er will also wissen, wie viele Menschen dort arbeiten, was das kostet, was angebaut wird, wie viel Vieh gehalten wird, welche Erträge erwirtschaftet werden, wie die Gebäude erhalten sind und in welchem Zustand sich die Arbeitsgeräte befinden.

⑥ –

⑥ Vorschlag für das Rollenspiel: Der Besitzer des Landgutes und sein Verwalter werden mit unterschiedlichen Charakteren besetzt: herrisch auftretender Besitzer, unterwürfiger Verwalter; oder: wohlwollend auftretender Besitzer, hilfsbereiter Verwalter; oder: herablassend auftretender Besitzer, selbstbewusster Verwalter.

Seite 127

① Achtet auf die schraffierten Flächen.

② Verwende folgende Wörter und Formulierungen: mehrere Kaiser, zweite Hauptstadt, Armee, Bürgerkriege, Grenzen sichern.

③ Verwende die Jahreszahlen 375, 410, 395, 476 und 1453.

③ Die Bildlegende zur Karte D2 gibt dir einen Hinweis.

④ Tipp: T2 beschreibt die inneren Gründe, T3 und T4 die äußeren Gründe.

⑤ Wir stellen uns unter „Volk" in der Regel Menschen vor, die in einem Staat zusammenleben. Kann man diese Vorstellung auf „die" Vandalen, Burgunder und Goten übertragen? Wie veränderten sich Gruppen während der jahrelangen Züge durch weit entfernte Gebiete?

Von der Spätantike ins Mittelalter

Seite 137

1. Moses erhält von Gott … Verwende die Wörter: Gottes Gesetze, „ewiger Bund", Land Israel
2. Beachte als Maßstab: 100 Jahre = 1 cm. Daten: ca. 1000 v. Chr., 597 v. Chr., 70 und 135
2. a) Siehe Lösungshilfe zu Aufgabe A2 (grün).
   b) Die Situation änderte sich für die Juden, weil … Passende Begriffe: Babylonier, fremde Herrscher, Eroberung
3. Hilfreiche Wörter: Eroberung durch die Babylonier, fremde Herrscher, Aufstände, Vertreibung durch die Römer, wohnen verstreut
3. Mögliche Inhalte des Gesprächs: Wünsche und Sorgen der Juden. Fragen: Warum wurden wir vertrieben? Gibt es eine Rückkehr? …
4. Tipp: Lies die Legende zur Karte genau, achte auf die jeweiligen Zeitangaben und beschreibe, wo die unterschiedlich grün eingefärbten Bereiche liegen und wie groß sie sind.
4. Beachte den Tipp in der Lösungshilfe zu Aufgabe A4 (grün). Lies T3 und verwende für deine Antwort folgende Begriffe: Judentum beibehalten, Gesetze der Thora, Synagoge, Rabbiner.
5. Wo kannst du die Zehn Gebote und die Erzählungen über Moses außer in der Thora noch finden? Beginne so: Die „Heilige Schrift" der Juden entspricht …
6. Die Erinnerung zeigt sich im Bereich des Sports, dazu findest du Infos im „Schon gewusst"-Kasten. Beachte ansonsten die Tipps zur Internetrecherche im Anhang.
6. Beachte die Tipps zur Internetrecherche im Anhang.

Seite 139

1. Jesus wurde zwischen … geboren. Er war ein jüdischer … und wirkte auch als … Er … für Arme und Außenseiter. Es kam zum Streit mit … und einer Anklage. Der romische Statthalter ließ Jesus …
2. Wie: Was befal der römische Kaiser Diokletian? Warum: Was lehnten die frühen Christen ab?
2. Siehe Lösungshilfe zu Aufgabe A2 (grün). Schreibe z.B.: Kaiser Nero handelte …, denn er schob die Verantwortung für die Katastrophe …
3. Stichworte: Verfolgung, heimlich, Fisch, Anfangsbuchstaben
3. a) Siehe Lösungshilfe zu Aufgabe A3 (grün).
   b) Was wollen Christen heute mit dem Tragen dieses Symbols (oder eines Kreuzes) z.B. als Schmuck zeigen?
4. Plinius fragte: „Seid ihr Christen?" Antworteten sie mit „ja", wurden sie hingerichtet. Also war die einzige Möglichkeit, nicht getötet zu werden, …
4. Aus heutiger Sicht würde man Plinius sicherlich auf die Religionsfreiheit hinweisen. Aus damaliger Sicht könnte man argumentieren, dass Christen für den römischen Staat keine Bedrohung darstellen.
5. Die Lage der Christen verbesserte sich. Was aber passierte mit den Menschen, die keine Christen wurden? Beachtet den letzten Satz von T3.

Seite 141

1. Schau dir die Bedeutung der einzelnen Farben in der Karte genau an (Legende lesen). Je dunkler die Farbtöne, desto früher die Ausbreitung. Nutze ggf. zusätzlich den Atlas (Europakarte), um die Ländernamen für die Beschreibung der Ausbreitung nachzulesen.
2. Satzbausteine: lebten für den Glauben, zogen in ferne Gegenden, gründeten Klöster, tauften Andersgläubige
2. Siehe Lösungshilfe zu Aufgabe A2 (grün).
   b) Mögliche Denkansätze: Missionare mussten viel reisen. Reisen war gefährlich … Wie war die Stellung der Frau im Mittelalter? Wer hatte meist das Sagen? Hörte man grundsätzlich auf das, was Frauen sagten?
3. Finde in T2 heraus, wer die Mission unterstützte.
3. Ergänze: Viele Friesen haben vielleicht das Christentum …, aber Bonifatius … trotzdem. Aus diesem Grund …
4.

Mittel der Mission früher	Mittel der Mission heute
Überzeugung (Missionsbefehl Q1, Q2)	…
Zerstörung von Götterbildern (Q2)	…
…	…
…	…

5. Tipp: Verwendet die Ergebnisse von Aufgabe 4 und bezieht auch Q1 mit ein.

Seite 143

1. wichtige Daten: ca. 610, 622, 632
2. Beachte die Legende der Karte, die Farben und die Pfeile. Je dunkler das grün, desto früher die Ausbreitung. Nutze zusätzlich einen Atlas, falls du die heutige Länderbezeichnungen für deine Beschreibungen nachschlagen willst.
2. a) Siehe Lösungshilfe zu Aufgabe A2 (grün).
   b) heutige Verbreitung: Die Gebiete findest du vor allem auf den Kontinenten Afrika und Asien.
3. Arbeite heraus, wie sich die Lehre vom „Dschihad" entwickelte.
4. Stichworte zur Behandlung: rücksichtsvoll, unterwerfen – nicht bekehren
4. Siehe Lösungshilfe zu Aufgabe A2 (grün). In Q2 werden auch Bedingungen genannt! Passende Stichworte: Kirchen und Klöster, reisende Muslime, öffentliche Ausübung der Religion, Unterscheidung von Muslimen
5. Einerseits: Christen dürfen ihre Religion behalten und praktizieren (T3). Andererseits: Sie dürfen sie nicht öffentlich ausüben (Q2). Zu welchem Urteil kommst du? Tipp: Beachte zum Vergleich auch, wie Nicht-Christen gewaltsam zum Übertritt zum Christentum gezwungen wurden (Alternative: „Taufe oder Tod", siehe auch Massentaufen, S.140: T2).

Seite 145

❶ Die islamischen Eroberer ließen Christen und Juden …
Es kam immer wieder zu …, aber sie lebten lange Zeit …
miteinander.

❷ Liste die verschiedenen Bereiche auf, in denen die Araber
führend waren.

❷ In einem Schaufenster kann man besonders schöne
Dinge bewundern.

❸ mögliche Begriffe: prunkvoll, prachtvolle Säulen, kunstvolle Handarbeit, …

❹ Die Christen aus Córdoba sind der arabischen Wissenschaft … eingestellt. Sie kennen nur die … der Araber.
Der Christ aus Q2 bedauert, dass …

❹ Ergänze: Dieser Christ ist lernbegierig … Die Schriften
und die Sprache der Araber …
Weitere Impulse: Was bedauert er in Bezug auf die
jungen Christen? tolerant = aufgeschlossen, großzügig
gegenüber Andersdenkenden

❺ Impulse: Respekt für die Meinung anderer, Religionsfreiheit, gemeinsames Studieren und Arbeiten, Gefühl
der Zusammengehörigkeit

❻ Beachte die Tipps zur Internetrecherche im Anhang.

❻ Beachte die Tipps zur Internetrecherche im Anhang.

Seite 147

❶ Schlage im Atlas die Karte von Europa auf. Lege die Karte
D1 aus dem Kapitel daneben.

❷ Überlege, wen er als mächtigen Partner gewann.

❷ Verwende bei deiner Antwort auf die erste Frage das
Wort „Dankbarkeit", auf die zweite Frage das Wort
„Macht".

❸ Ergänze: Das Frankenreich wurde unter Chlodwigs Söhnen
aufgeteilt. Die Söhne führten aber untereinander …
Das … ihre Macht. Mehr und mehr bestimmten die …
die Politik. Am Ende wurde ein mächtiger … selbst …

❹ Beachte in Q2 die Zeilen 6–9 und die Tatsache, dass
Pippin das Heer anführte.

❹ Mögliche Argumente: Der König ist …, ich bin … als er.
Ich mache seine Arbeit, dann ist es doch besser, wenn ich
selbst …

❺ Hier könnte das Sprichwort „Hilfst du mir, so helfe ich dir"
zur Anwendung kommen. Die Krönung war vorteilhaft für
Pippin, weil … Die Krönung war vorteilhaft für den Papst,
weil …

Seite 149

❶ Karl vergrößerte sein Reich in über 40 … Karl führte vor
allem Krieg gegen Völker, die … Er zwang sie …

❷ Karl hatte dem Papst geholfen, als …

❷ Rom, Weihnachten 800. Papst Leo III. krönt den fränkischen
König Karl zum Kaiser. Die Krönungszeremonie soll
folgendermaßen abgelaufen sein: …

❸ Beschreibe zunächst genau, wie Karl dargestellt wird:
Er trägt auf dem Kopf einen … Er ist gekleidet in …
Überlege dann, an wen das erinnert.

❸ Q1: von vorne, der ganze Mensch, sitzt auf … sieht aus
wie …
Q2: von der Seite, nur der Kopf, … sieht aus wie …

❹ Tipp: er steht in der linken Hälfte. Beschreibe wie Karl
gekleidet ist, welche Dinge er bei sich hat, wie und wo er
sitzt und was er tut.

❹ Liste auf, wofür Karl die Schrift braucht (Tipp: Q1 und T3)
und was er dafür tut.

❺ Nenne aus T3 alle fünf Neuerungen, die Karl während
seiner Regierung durchsetzt.

❻ Mögliche Argumente dafür: erfolgreicher Krieger, Gründer
eines großen Reiches, förderte Bildung, wichtig für die
spätere Geschichte Europas; mögliche Argumente
dagegen: zwingt Andersgläubige mit Gewalt zum
Christentum, stellt sich in die Tradition des Allein-
herrschers Augustus

❻ Mögliche Argumente dafür: herrschte über ein großes
Reich mitten in Europa – war Verbündeter des Papstes –
unterstütze eine einheitliche Schrift, mit der sich alle
Gelehrten verständigen konnten/ mögliche Argumente
dagegen: herrschte nur über einen Teil von Europa –
unterwarf gewaltsam andere Nachbarn

Seite 151

❶ Das Frankenreich erstreckte sich von … im Norden bis …
im Süden.

❷ Überlege, was der König vor Ort alles machte (T2).
Bedenke auch, was das für die Menschen vor Ort
bedeutete.

❷ Tipp: am Tag legte Karl mit seinem Gefolge zwischen
25 und 45 km zurück, nun kannst du ausrechnen, wie
lange er unterwegs war. Denke auch an die Tätigkeiten
vor Ort.

❸ Zu einer Pfalz gehört eine Kapelle, ein Gebäude für …
und … Karl übernachtete auf den Pfalzen und … Überall
im Reich gab es Pfalzen, besonders im …

❹ Liste auf, für welche Aufgaben Karl Helfer brauchte.

❹ Überlege, welche Aufgaben Karl auf seinen Reisen
erledigt hat (das hast du in Aufgabe 2 schon herausgefunden). Welche davon könnte er nicht zentral
erledigen (von einer Hauptstadt aus)?

❺ Tipps: in Köln gibt es keine Pfalz, Karl übernachtet auch in
Bischofsburgen, in Schlettstadt gibt es eine Pfalz, schau
nochmal auf S. 150 in T2

❺ Name: …; Vater: …; Familie: …; Beruf: … (45 Jahre lang);
Titel: …, seit 800 …, … usw.

Seite 153

5 Das Reich wurde nach Tod von Karl geteilt: im Westen …, in der Mitte …, im Osten … Später wurden daraus …

1 D1 rechte große Karte: Hzm. ist die Abkürzung für Herzogtümer. Achte auf die Reichsgrenzen.

2 Du kannst eine Liste erstellen, in der du weltliche und geistliche Gebiete einträgst. Tipp: weltliche Herren waren Könige, Herzöge und Grafen, geistliche Herren waren der Papst, Erzbischöfe und Bischöfe.

3 Du kannst etwas zu dem Erbe und der Familie schreiben (T2, „Schon gewusst?"), zu den Bistümern (T2) und den Eroberungen (T2, D1).

4 Heiliges = … (Christen/Kaiser/Schutz); Römisches = … (Herrscher/Antike)

5 In einem Schaubild steht der mächtigste Herrscher oben oder in der Mitte, ein Bündnis kann durch einen Doppelpfeil ↔ gezeigt werden.

6 Beachte die Tipps zur Internetrecherche im Anhang.

6 mögliche weitere Namen: Adelheid, Kunigunde, Gisela, Beatrix, Agnes

Seite 155

1 Die Stellenanzeige sollte folgende Informationen erhalten: Wer ist geeignet (Alter, Geschlecht, Herkunft)? Was sind die Tätigkeiten? Was bietet die Stelle (Bezahlung, Vorteile)?

2 Die Fürsten wählten sich einen neuen König, wenn … Nach der Wahl … Die Fürsten wurden immer … Wie bedeutend die Fürsten waren, zeigt …

2 Beschreibe zunächst: Was taten die Fürsten? Was taten die Bischöfe? Nutze die Wörter salben/huldigen/wählen. Erkläre dann die Bedeutung: Wenn der Bischof den neuen König salbt, zeigt er, dass …

3 Liste auf: König (T2) = … Kaiser (T3) = … Tipp: Kaiser = König + …

4 a) Achtet auf Aussehen, Funktion, Gestaltung.
b) Schaut vor allem auf den Seiten 148/149, 151, 156.
c) Siehe Texte (T1–3) und Bildunterschriften (Q1–4).
d) Tipp: Welche Infos sind wichtig, welche können wegfallen? Schrift: groß genug, nicht zu viel Text, Bilder: groß genug; Gestaltung des Plakats vorher skizzieren

5 Beschreibe: Wer ist in der Mitte, wer an den Seiten? Welche Haltung haben die Personen? Was haben sie bei sich? Wie stehen sie zueinander?

5 In Aufgabe 3 hast du beschrieben, was ein Kaiser ist. Was davon erkennst du im Bild wieder?

5 Oh großer Basileius, heute durfte ich untertänigst an der Krönung Ottos im fernen Westen teilnehmen. Welch eine Pracht! Der Herrscher saß … Um ihn herum … Sie trugen … Dabei standen auch …

Seite 157

1 Der Papst ist Nachfolger … und … Christi. Er hat das … Amt. Seine Macht erhält er …

2 Wer sitzt in der Mitte? Wie sitzen Papst und Kaiser zueinander?

2 Siehe Lösungshilfe Aufgabe A2 (grün). Zusätzlich Tipp: Schau auf S. 155: Q3 nach, welche Bedeutung das Schwert hat.

3 Heinrich setzt Bischöfe …, der Papst möchte … Als Heinrich …, exkommuniziert der Papst …

3 a) Siehe Lösungshilfe Aufgabe A3 (grün). Zusätzlich: Papst Gregor VII. stärkt seine Macht. Er will, dass …
b) Wo treffen sich die Personen? Wer ist abgebildet, wer nicht? Weitere Infos sind in T3.

4 Überlegt dabei, wie die Stellung des Kaisers/Papstes ist, welche Ziele sie verfolgen und über welche Mittel sie verfügen. Schaut auch nochmal auf S. 154 in T2–3 nach.

5 Du kannst eine Liste vorher – nachher erstellen: Wer darf was?

6 Argumente dafür: zwei Mächte als Schutz für alle Christen – hat bis ins 11. Jahrhundert funktioniert – „von Gott gewollt"; Argumente dagegen: das Verhältnis der beiden ist ungleich – Gang nach Canossa – ungleiche Mittel: militärischer Schutz für den Papst gegenüber Exkommunikation

Methodenglossar

Einen Zeitstrahl erstellen

1 Überlege dir, welche Zeitspanne dein Zeitstrahl umfassen soll. In unserem Beispiel D1 haben wir mit dem Jahr 5500 v.Chr. begonnen.

2 Lege fest, wie viel Platz du für ein Jahr, ein Jahrzehnt, ein Jahrhundert brauchst (Vorschlag für einen Zeitstrahl der Menschheitsgeschichte: 1cm = 1 Jahrhundert).

3 Beschaffe dir ein genügend breites Blatt Papier oder klebe mehrere Blätter aneinander. Du kannst das entstandene, breite Papierband dann so falten, dass es in dein Heft oder deinen Ordner passt.

4 Zeichne mit einem langen Lineal dem Zeitstrahl ein.

5 Trage die Zeitabschnitte bzw. Epochen auf dem Zeitstrahl – am besten mit unterschiedlichen Farben – ein.

6 Trage die Ereignisse auf dem Zeitstrahl ein. Überlege auch, wie du die gewählten Ereignisse veranschaulichen kannst. Der Zeitstrahl wird übersichtlicher und schöner, wenn du auch passende Bilder darauf malst oder aufklebst.

Ein Schaubild verstehen

Beschreiben

1 Welches Thema behandelt das Schaubild? Die Bildunterschrift hilft dir weiter.

2 Welche Angaben zu Ort und Zeit werden gemacht?

Untersuchen

3 Welche Bestandteile enthält das Schaubild (z.B. Kästchen, Pfeile, Farben, Begriffe) und was bedeuten sie?

4 Welchen Zusammenhang zwischen dem Thema und der Form des Schaubildes gibt es?

Deuten

5 Was ist die Aussage des Schaubildes?

Geschichtskarten auswerten

Beschreiben

1 Lies dir die Überschrift und die Legende genau durch.

2 Beschreibe das Thema der Karte.

3 Nenne den Zeitpunkt oder den Zeitraum, über den die Karte etwas aussagt.

Untersuchen

4 Untersuche, welchen Raum die Karte zeigt. Ordne den Kartenausschnitt in einer größeren Übersichtskarte ein. Dein Atlas hilft dir dabei.

5 Kläre die Bedeutung von Farben, Pfeilen oder anderer Symbole. Schreibe dir stichwortartig Informationen der Karte auf.

Deuten

6 Fasse die Aussagen der Karte in wenigen Sätzen zusammen.

Einen Portfolio-Bogen erstellen

Wahrnehmen

1 Beschaffe dir Material zu deinem Thema (Schulbuch, Bücherei, Internet).

2 Verschaffe dir einen Überblick über dein Material. Wähle die genaue Frage/das genaue Thema aus. Je mehr dich die Frage/das Thema interessiert, desto leichter wird dir die Arbeit fallen.

Untersuchen

3 Werte deine Informationen aus. Lies wichtige Texte genau. Mach dir Stichpunkte und gliedere sie. Wähle aus, welche drei Aspekte du auf deinem Bogen darstellen möchtest.

4 Halte die Informationen auf dem Portfolio-Bogen fest. Tipp: Lege zunächst eine grobe Skizze an. Beachte folgenden Aufbau:
– Seite 1: Titelseite mit Bild und Zeitstrahl
– Seiten 2 und 3 (Innenseiten): Hier behandelst du dein Thema. Mit passenden Bildern oder Zeichnungen kannst du deine Texte ergänzen.

Deuten

5 Beantworte deine Frage oder fasse dein Ergebnis zusammen. Nutze dazu die obere Hälfte der Rückseite (Seite 4).

6 Reflektiere kurz, warum du dieses Thema ausgewählt hast, wie du es bearbeitet hast und wie du deine Arbeit beurteilst (mit Begründung). Nutze dazu die untere Hälfte der Rückseite.

7 Gib den fertigen Portfolio-Bogen jemandem zum Lesen. Sind deine Texte richtig und verständlich? Hast du dein Thema ansprechend präsentiert? Mithilfe der Rückmeldungen verbesserst du deinen Portfolio-Bogen. Gib ihn abschließend bei deiner Lehrerin/deinem Lehrer ab.

Schriftliche Quellen auswerten

Beschreiben

1 Lies den Text mindestens zweimal und erkläre, was das Thema ist.

2 Überprüfe, ob Personen- und Ortsnamen genannt oder Zeitangaben gemacht werden.

3 Kläre unbekannte Begriffe mithilfe eines (Online-) Lexikons.

Untersuchen

4 Gliedere den Inhalt in Sinnabschnitte.

5 Formuliere für jeden neuen Gedanken eine Überschrift.

6 Stelle fest, wer den Text geschrieben hat. Schreibt der Verfasser über Dinge, die er selbst erlebt hat? Wenn nicht, woher kann er seine Kenntnisse haben?

Deuten

7 Ordne den Text in den geschichtlichen Zusammenhang ein. Was ist dir bekannt, was ist neu für dich?

8 Mit welcher Absicht könnte der Verfasser den Text geschrieben haben?

9 In welchen Aussagen scheint der Verfasser glaubwürdig zu sein?

Kooperative Lernformen

Gruppenpuzzle

1 Stammgruppen bilden und Experten bestimmen: Mindestens vier Mitglieder je Gruppe; jedes Gruppenmitglied bearbeitet einen anderen Auftrag.

2 Arbeit in den Expertengruppen: Arbeitet anschließend mit den Experten aus den anderen Gruppen, die den gleichen Auftrag hatten wie ihr. Löst gemeinsam die Aufträge für euer Spezialthema. Haltet die Ergebnisse schriftlich fest. Löst dann die Expertengruppen auf und trefft euch wieder in euren ursprünglichen Stammgruppen.

3 Experten vermitteln ihr Wissen: Jeder Experte trägt in seiner Stammgruppe die Ergebnisse aus der Expertengruppe vor. Die anderen Gruppenmitglieder hören aufmerksam zu und stellen Fragen. Löst nun den übergeordneten Arbeitsauftrag als Stammgruppe.

4 Präsentation der Ergebnisse

Lerntempoduett

1 Aufgaben lösen

2 Vergleich mit einem Mitschüler/einer Mitschülerin: Stellt die erste gelöste Aufgabe an einem vereinbarten Platz einem Mitschüler/einer Mitschülerin vor, der die Aufgabe etwa im selben Tempo gelöst hat, und besprecht sie kurz.

3 Weiteres Vorgehen: Bearbeitet die weiteren Aufgaben individuell. Wiederholt Schritt 2 nach jeder gelösten Aufgabe.

4 Lösungen prüfen: Besprecht die Ergebnisse in der Klasse.

Museumsgang

1 Gruppenarbeit: Thema erarbeiten, Ergebnis festhalten

2 Vergleich und Präsentation: Neue Gruppen bilden: In jeder Gruppe ist ein Experte aus Schritt 1. Jede Gruppe betrachtet die verschiedenen Ergebnisse der ersten Gruppenarbeiten. Aus jeder dieser Gruppen präsentiert ein Schüler/eine Schülerin das Ergebnis seiner/ihrer ursprünglichen Gruppe.

Partnerpuzzle

1 **Aufgaben lösen:**
Jeder löst eine Aufgabe
für sich.

2 **Vergleiche mit dem Partner:**
Ergebnisse überprüfen mit
einem Partner, der auch diese
Aufgabe gelöst hat. (Schüler 1
mit Schüler 2 der auch
Aufgabe A gelöst hat, Schüler
3 mit Schüler 4, der die
Aufgabe B gelöst hat.)

3 **Expertenpräsentation:**
Nun stellen diejenigen, die
unterschiedliche Aufgaben
gelöst haben, die Ergebnisse
vor (Schüler 1 mit Schüler 3,
Schüler 2 mit Schüler 4).
So findet eine Experten-
präsentation statt.

4 **Austausch und Sicherung:**
Abschließend tauschen sich
noch einmal die Schüler 1 und
2, sowie 3 und 4 über die
neuen Informationen der
anderen aus. Das Gelernte
wird kurz im Plenum
gesichert.

Placemat

1 **Vorbereitung:**
Tische zusammenstellen

2 **Verlauf:**
Auf jedem Gruppentisch liegt
ein Placemat (engl. für Platz-
deckchen). Das Placemat hat
in der Mitte ein Quadrat und
vier Dreiecke an den Ecken. In
diese werden Ideen zum
Thema oder die Lösung der
Fragestellung eingetragen.
Dreht das Placemat im
Uhrzeigersinn weiter, wenn
jeder etwas eingetragen hat.
Die Ideen oder Lösungen
werden nun schriftlich
kommentiert oder ergänzt.
Ist das Placemat wieder in
der Ausgangsposition, kann
jeder die Eintragungen der
Mitschüler/Mitschülerinnen
zu seiner/ihrer eigenen Idee
sehen. In das leere Feld in der
Mitte werden nun drei Gemeinsamkeiten aller Felder eingetragen. Vergleicht ab-
schließend die Ergebnisse
mehrerer Gruppen.

Think-Pair-Share

1 **Think:**
Notiere zuerst deine Ideen,
Gedanken und Lösungen zur
Aufgabe in Einzelarbeit
(Stillarbeit).

2 **Pair:**
Vergleiche deine Ergebnisse
mit einem Mitschüler oder
einer Mitschülerin und
ergänze ggf. deine Ergebnisse
(Lautstärke 30-cm-Abstand).

3 **Share:**
Präsentiere die Ergebnisse
einem anderen Partner oder
der Klasse.

Begriffe aus dem Bildungsplan

○ G-Niveau (grundlegendes Niveau)

Altsteinzeit
Bewässerungssystem
Brot und Spiele
Christentum
Demokratie
Epoche
Fernstraße
Frankenreich
Freie

Götterwelt
Große Mauer/Limes
Hierarchie
Hochkultur
Imperium Romanum
Islam
Judentum
Jungsteinzeit

Kaiser
Kaiserreich (Rom)
Kaisertum (Mittelalter)
Kirche
Kultur
Lehnwort
Limes
Mumie
Nilschwemme

Olympische Spiele
Papsttum
Pfalz
Pharao
Provinzstadt
Pyramiden
Quelle
Republik

Schrift
Sklave/Sklavin
Staatsreligion
Stadtstadt
villa rustica
Volksversammlung
Vorratshaltung
Wissenschaft

◑ M-Niveau (mittleres Niveau)

Altsteinzeit
Arbeitsteilung
Bewässerungssystem
Brot und Spiele
Christentum
Demokratie
Epoche
Expansion
Fernstraße
Frankenreich
Freie

Gesellschaft
Götterwelt
Große Mauer/Limes
Gründungsmythos
Hierarchie
Hochkultur
Imperium
Imperium Romanum
Islam
Judentum
Jungsteinzeit

Kaiser
Kaiserkult
Kaiserreich (Rom)
Kaisertum (Mittelalter)
Kalender
Kirche
Kultur
Lehnwort
Limes
Neolithische Revolution
Nilschwemme

Olympische Spiele
Papsttum
Pharao
Polis/Poleis
Provinzstadt
Pyramiden
Quelle
Quelle (schriftlich/
nichtschriftlich)
Reisekönigtum
Republik

Schrift
Sklave/Sklavin
Staatsreligion
Totenkult
villa rustica
Volksversammlung
Vorratshaltung
Wahl
Wissenschaft
Zeitrechnung

● E-Niveau (erweitertes Niveau)

Adliger
Agora
Altsteinzeit
Amphitheater
Aquädukt
Arbeitsteilung
Aristokratie
Bewässerungssystem
Brot und Spiele
Bürger
Bürgerrecht
Byzantinisches Reich
Chinesisches Reich
Christentum
Demokratie
Epoche
Erster Erhabener
Kaiser/Imperator Augustus
Expansion

Fernstraße
Forum Romanum
Frankenreich
Freie
Geometrie
Gesellschaft
Götterwelt
Große Mauer/Limes
Gründungsmythos
Gymnasion
Herrschaft
Hierarchie
Hochkultur
Imperator
Imperium
Imperium Romanum
Islam
islamische Reiche
Judentum
Jungsteinzeit

Kaiserkult
Kaisertum (Mittelalter)
Kaisertum (Rom)
Kalender
Kirche
Konstantinische Wende
Kultur
Lehnwort
Limes
Losverfahren
Missionierung
Monarchie
Monotheismus
Neolithische Revolution
Nilschwemme
Oikos
Olympische Spiele
Papsttum
Perspektive
Pharao

Philosophie
Polis/Poleis
Polytheismus
Prinzipat
Provinz
Pyramiden
Quelle
Quelle (schriftlich/
nichtschriftlich)
Recht
Reisekönigtum
Religion
religiöse Vielfalt
Republik
romanische Sprache
Romanisierung
Schrift
Seidenstraße
Sklave/Sklavin
Staat

Staatsreligion
Stadt
Statthalter
Technik
Theater
Therme
Totenkult
Vernetzung (Kultur)
villa rustica
Volksversammlung
Vorratshaltung
Wahl
Wissenschaft
Zeitrechnung

Adliger ●
Mensch, der sich durch „edle" Geburt, Besitz und politischen Einfluss auszeichnete. (S. 86)

Agora ●
Ort der Volksversammlungen im Zentrum der griechischen → Poleis (S. 84)

Altsteinzeit ○●●
In Europa dauerte die Altsteinzeit 800 000 Jahre und endete ungefähr vor 12 000 Jahren. Die Menschen stellten Steinwerkzeuge her. (S. 32)

Amphitheater ●
ovale Arena mit vielen Zuschauerplätzen, in der Gladiatoren (= Schwertkämpfer) mit scharfen Waffen gegeneinander kämpften (S. 110)

Aquädukt ●
Wasserleitung aus Stein, die größere Städte mit Frischwasser versorgte (siehe auch S. 124). Man fand sie in Rom, aber auch in den Provinzen. (S. 116, S. 124)

Arbeitsteilung ●●
Sie begann in Ansätzen schon in der Jungsteinzeit. Unterschiedliche Spezialisten arbeiteten als Bauern, stellten Werkzeuge her, bauten Feuerstein in Bergwerken ab oder trieben Handel.
(S. 38) In Ägypten mussten Aufgaben wie die → Bewässerung, die → Vorratshaltung und die Aufteilung der Felder erledigt werden. So entstanden Berufe wie Schreiber, Scheunenverwalter oder Feldvermesser. (S. 48, S. 64/65)

Aristokratie ●
heißt Herrschaft der → Adligen/ der Wenigen. (S. 86)

Bewässerungssystem ○●●
Durch ein System von Dämmen, Kanälen und Schöpfgeräten konnten die Ägypter die höher gelegenen Felder am Nil bewässern. (S. 48–51)

Brot und Spiele ○●●
Ein römischer Dichter kritisierte mit diesen Worten, dass sich die Römer durch Vergnügungen von der Politik ablenken ließen. (S. 112)

Bürger ●
Alle Bewohner Athens, die in der → Volksversammlung mitbestimmen durften: Das waren alle Männer ab 18 Jahren, deren Eltern beide Bürger Athens waren. (S. 82 zu Rom: S. 100, S. 124)

Bürgerrecht ●
Wer es besaß, durfte wählen und hatte andere Vorrechte. Das Bürgerrecht war zunächst auf Einwohner der Stadt Rom beschränkt, wurde aber später auch an Einwohner in den römischen → Provinzen verliehen. (S. 124)

Byzantinisches Reich ●
auch Ostrom, benannt nach der Hauptstadt Byzanz (Konstantinopel) (S. 126)

Chinesisches Reich ●
221 v. Chr. schuf der spätere Kaiser Shiuang ein chinesisches Großreich. Das chinesische Kaiserreich bestand bis 1912. (S. 128 f.)

Christentum ○●●
Das Christentum entstand aus den Lehren des jüdischen Predigers Jesus von Nazareth und kennt als Heilige Schrift die Bibel, bestehend aus Altem Testament (den jüdischen Büchern) und Neuem Testament. Es verehrt wie → Judentum und → Islam den einen Gott, allerdings in drei Gestalten als Vater, Sohn (Jesus Christus) und Heiliger Geist. (S. 138–141)

Demokratie ○●●
heißt Volksherrschaft. Die → Bürger entschieden in ihrer Polis. In Athen gab es eine direkte Demokratie, da jeder Bürger Mitglied der → Volksversammlung war. Bei uns gibt es heute eine indirekte Demokratie, da die Bürgerinnen und Bürger durch Abgeordnete im Parlament vertreten werden. (S. 86)

Epoche ○●●
Das griechische Wort bezeichnet einen langen Zeitabschnitt, der von wichtigen Ereignissen geprägt ist. (S. 18)

Erster Erhabener Kaiser/ Imperator Augustus ●
Die Titel der chinesischen und der römischen Kaiser betonen den Vorrang vor anderen Fürsten und den Anspruch auf die Weltherrschaft. Beide werden als „Erhabene" verehrt. (S. 128 f.)

Expansion ●●
meist kriegerische Ausbreitung eines Volkes bzw. seiner Herrschaft. Die Römer eroberten von Italien aus immer weitere Gebiete und gründeten so das → Imperium Romanum (S. 98). Ab dem 7. Jahrhundert drangen islamische Herrscher über Nordafrika bis nach Spanien vor und beeinflussten die eroberten Gebiete durch ihre Kultur. (S. 142)

Fernstraße ○●●
Straße, die über viele hundert Kilometer Städte und sogar Provinzen miteinander verband. Heute sind Autobahnen Fernstraßen. (S. 114 f.)

Forum Romanum ●
Als Forum bezeichnete man in römischen Städten den Marktplatz, auf dem öffentliche Versammlungen abgehalten wurden. Bis heute sind die Überreste des wichtigsten Platzes im antiken Rom (Forum Romanum) erhalten. (S. 96)

Frankenreich ○●●
Um 500 einte der König Chlodwig die germanischen Verbände der Franken und begründete so ein Großreich in Westeuropa. (S. 146)

Freie ○●●
So bezeichnete man in Athen die Menschen, die in ihren persönlichen Angelegenheiten (Beruf, Besitz, Ehe) von niemandem abhängig waren, also die Bürger und Metöken. (S. 82)

Geometrie ●
Die Ägypter nutzten bereits Formeln für die Flächenberechnung, um Felder zu vermessen. (vgl. S. 48)

Gesellschaft ●●
Bezeichnung für Menschen, die als Gemeinschaft zusammenleben. Eine Gesellschaft unterteilt sich in unterschiedliche Gruppen. (S. 56/57, 82, 100)

Götterwelt ○●●
Vorstellung, dass die Götter in einer eigenen Welt leben und von dort das Geschehen in der Natur und die Geschicke der Menschen bestimmen. Die Ägypter glaubten, dass nur der Pharao zwischen Göttern und Menschen vermitteln könne. (S. 55) Die Griechen stellten sich vor, dass ihre Hauptgötter auf dem Olymp wohnten. Sie wollten die Götter mit Opfern beeinflussen und durch Orakel von ihnen die Zukunft erfahren. (S. 78)

Große Mauer/Limes ○●●
Diese Befestigungsanlagen schützten die Reiche der Chinesen bzw. der Römer vor den Überfällen kriegerischer Nachbarn. (S. 122 f., 128 f.)

Gründungsmythos ●●
Ein Mythos ist eine Erzählung, die das Geschehen in der Welt mit dem Wirken der Götter erklärt. Die Sage von Romulus und Remus ist der „Gründungsmythos" der Stadt Rom. (S. 96)

Begriffsglossar

Gymnasion ●
In Griechenland schickten reiche Väter ihre Söhne auf ein „Gymnasion", wo sie vor allem Sport trieben. (S. 82)

Herrschaft ●
Ein Herrscher oder eine Herrscherin bestimmen über andere.
Es gibt verschiedene Formen der Herrschaft, z. B. die Alleinherrschaft
(→ Monarchie, → Kaisertum), die → Aristokratie oder die → Demokratie
(→ Republik). (S. 54, 86, 100, 108, 154–157)

Hierarchie ○◔●
Jeder Mensch nahm in einer Gesellschaft einen bestimmten Platz ein. Oft gab es dafür feste Regeln. Der Platz konnte abhängen von der Stellung der Eltern, vom Vermögen, von der Bildung oder vom Geschlecht. So entstand eine Rangordnung. Die Griechen nannten sie „Hierarchie" (heilige Ordnung). (S. 56)

Hochkultur ○◔●
Der Begriff wird verwendet, wenn ein Volk schon früh hoch entwickelt ist. Merkmale sind eine Schrift, eine Religion, Städte und besondere Leistungen in Kunst und Architektur. Die Menschen leben nach festen Regeln. Sie haben unterschiedliche Aufgaben und Berufe. (S. 46, 53, 66f.)

Imperator ●
(lat. Befehlshaber, Gebieter). Im Römischen Reich zunächst Bezeichnung für einen militärischen Kommandeur. Seit Augustus bis in die Spätantike hinein gaben sich viele → Kaiser den Beinamen „Imperator" (S. 108, S. 128, 148).

Imperium ◔●
Weltreich/Großreich (→ Imperium Romanum) (S. 98, 128)

Imperium Romanum ○◔●
So nannten die Römer ihr Weltreich. Es umfasste um 117 n. Chr. den gesamten Mittelmeerraum und große Teile Westeuropas. (S. 96)

Islam ○◔●
arab. = „Hingabe an Gott". Die Religion verehrt den einen Gott (arabisch: „Allah"). Sie geht auf den religiösen und politischen Führer Mohammed zurück, der als Prophet (Verkünder göttlicher Botschaften) verehrt wird. Mohammed verbreitete ab 610 vom arabischen Mekka aus den Islam. Angehörige des Islam heißen Muslime. Heute ist der Islam die zweitgrößte Weltreligion. (S. 142)

islamische Reiche ●
Durch die → Expansion des → Islam von Arabien entstand ein islamischer Machtbereich, der sich im Westen bis nach Spanien und im Osten bis fast nach China erstreckte. (S. 143)

Judentum ○◔●
Das Judentum ist etwa 2000 Jahre v. Chr. entstanden und damit die älteste der drei Weltreligionen, die nur einen Gott verehren. Die Heilige Schrift der Juden beschreibt, wie Gott mit dem Volk Israel einen ewigen Bund geschlossen und ihm seine Gesetze, die Zehn Gebote, gegeben habe. (S. 136)

Jungsteinzeit ○◔●
In Mitteleuropa begann die Jungsteinzeit um 5500 v.Chr. und endete um 2200 v.Chr. Die Menschen lebten jetzt überwiegend von Ackerbau und Viehzucht. (S. 36)

Kaiser ○◔
Herrscher über ein Großreich, der oft auch religiös verehrt wurde. Die Bezeichnung geht auf das römische Kaisertum zurück (→ Kaisertum Rom). (S. 108, 126, 128, 148, 154–157)

Kaiserkult ◔●
Seit der Errichtung des → Kaiserreiches wurden Augustus und vor allem seine Nachfolger wie Götter verehrt. (S. 108)

Kaiserreich (Rom) ○◔
politische Bezeichnung für das Römische Reich seit der → Herrschaft des Augustus. Octavian fügte seinem Namen den seines Adoptivvaters Caesar hinzu. Später wurde das Wort zu einem Titel. Damals sprach man das Wort wie „Kaisar" aus. (S. 108)

Kaisertum (Mittelalter) ○◔●
Die → Kaiser im Mittelalter beriefen sich auf das römische → Kaisertum, auf ihren christlichen Auftrag und ihre Wurzeln als germanische Könige. (S. 148, 154)

Kaisertum (Rom) ●
→ Herrschaft eines → Kaisers. Seit Augustus trugen die römischen Herrscher den Titel Caesar (gesprochen Kaisar). (S. 108)

Kalender ◔●
Die Ägypter erkannten, dass das Hochwasser des Nil mit dem ersten Erscheinen des Sterns Sirius einsetzte. An diesem Tag begann für sie das Niljahr mit seinen 365 Tagen. Damit hatten sie einen Kalender erfunden. (S. 48)

Kirche ○◔●
Mit der Ausbreitung und Anerkennung des → Christentums gaben sich die Gemeinden eine festere Organisation: mit einem Bischof in jeder Provinz und dem → Papst in Rom als erstem Bischof. (S. 140)

Konstantinische Wende ●
Unter Kaiser Konstantin I. wurde das Christentum von einer verfolgten Minderheit zur bevorzugten Religion. Später wurde das Christentum zur römischen → Staatsreligion. (S. 138)

Kultur ○◔●
Was nicht in der Natur vorhanden ist, sondern vom Menschen geschaffen wurde (Sprache, Bauwerke, → Religion, Wissenschaft, …), nennt man Kultur (→ Hochkultur). (vgl. S. 52, 118, 145)

Lehnwort ○◔●
Wörter, die aus einer anderen Sprache übernommen wurden. In der deutschen Sprache gibt es z.B. lateinische (S. 124) oder arabische (S. 145) Lehnwörter.

Limes ○◔●
Das Wort bedeutet in der lateinischen Sprache ursprünglich „Weg" bzw. „Grenzweg". Später bezeichnete man so einen befestigten Grenzwall. (S. 122f., 128)

Losverfahren ●
Die Mitglieder des Rates der 500 als Regierung und die Richter Athens wurden jedes Jahr unter den Bürgern ausgelost. (S. 86)

Missionierung ●
Verbreitung des christlichen Glaubens durch reisende Missionare, die die Lehren der Bibel verkündeten und die Menschen tauften (S. 140)

Monarchie ●
An der Spitze des → Staates steht ein Alleinherrscher (S. 86), z.B. ein König (S. 96), ein → Pharao (S. 54) oder ein → Kaiser (S. 108).

Monotheismus ●
(griech. monos=einzig und theos=Gott) Glaube an einen einzigen Gott. Es gibt drei monotheistische → Religionen: → Judentum (S. 136), → Christentum (S. 138) und → Islam (S. 142).

Mumie ○
Die Ägypter behandelten die Körper der Verstorbenen so, dass sie erhalten blieben. Sie beerdigten diese Mumien in einem Sarg. (S. 62)

neolithische Revolution ●
Sesshaftwerdung des Menschen (in Mitteleuropa um 5500 v.Chr.) Weil der Übergang zur bäuerlichen Lebensweise einer der wichtigsten Schritte der Menschheitsgeschichte war, wird er von manchen Forschern auch als Revolution bezeichnet. (S. 36)

Nilschwemme ○●●
Zeit zwischen Mitte Juli und Mitte November, in der der Nil regelmäßig seine Ufer überschwemmte und fruchtbaren Schlamm zurückließ (S. 48–51)

Oikos ●
(griech.: das Haus) Gemeinschaft derjenigen, die in einem Haus lebten und wirtschafteten (Hausherr, Ehefrau, Kinder, Sklaven) samt der dazugehörigen Gebäude und Geräte (S. 84)

Olympische Spiele ○●●
Die Olympischen Spiele waren sportliche Wettkämpfe junger Männer zu Ehren des Göttervaters Zeus. Sie fanden alle vier Jahre in der → Polis Olympia statt. (S. 80)

Papsttum ○●●
Petrus war ein Jünger von Jesus und der erste Bischof von Rom. Seit dem 5. Jahrhundert trägt der Bischof von Rom den Titel „Papst". Der Papst steht bis heute an der Spitze der katholischen Kirche. (S. 138, 156)

Perspektive ●
Wenn ein Historiker eine Quelle auswertet, muss er auf die Sichtweise des Verfassers – auf dessen Perspektive – achten. Ein deutscher General wird z. B. den Ersten Weltkrieg anders beurteilt haben als ein französischer, denn beide Länder waren verfeindet. (S. 24)

Pfalz ○
So bezeichnete man einen befestigten Wohnort des Königs. Kaiser Karl besaß solche Pfalzen im gesamten Frankenreich, weil er ständig mit seinem Gefolge herumreiste, um das Reich zu regieren. (S. 150)

Pharao ○●●
Der Pharao war der mächtigste Mensch in Ägypten. Er regierte das Land und wurde von den Ägyptern als König und als Gott verehrt. Meist waren standen Männer an der Spitze des Staates. Es regierten insgesamt 15 Pharaoninnen. (S. 54/55)

Philosophie ●
(griech.: Liebe zur Weisheit) Griechische Philosophen wie Sokrates, Platon und Aristoteles diskutierten bereits grundlegende Fragen des Lebens, die uns noch heute beschäftigen. (vgl. S. 73)

Polis ●●
So nannten sich die griechischen Stadtstaaten mit einem eigenen Gebiet, einer eigenen Bevölkerung und eigenen politischen Einrichtungen. Von „Polis" leitet sich unser Wort „Politik" ab: das, was alle angeht. Die Mehrzahl von „Polis" lautet „Poleis". (S. 76)

Polytheismus ●
So wird die gleichzeitige Verehrung einer Vielzahl von Göttern bezeichnet. Die Ägypter stellten sich ihre Gottheiten häufig als Menschen mit Tierköpfen vor. Der → Pharao war Vermittler zwischen ihnen und den Menschen. (S. 55)

Prinzipat ●
(von lat. princeps=die erste Stelle) von Augustus errichtete Form der → Herrschaft, die später als → Kaisertum bezeichnet wurde (S. 108)

Provinz ●
Besitzung außerhalb Italiens, die von römischen Beamten verwaltet wurde (S. 96, 114)

Provinzstadt ○●
In den → Provinzen wurden Städte nach römischem Vorbild gegründet. Sie besaßen Häuser aus Stein, gepflasterte Straßen, Thermen, Tempel und Theater. (S. 125)

Pyramiden ○●●
Bauwerke in Ägypten, die als Grabkammern für → Pharaonen dienten (S. 58)

Quelle ○●●
So werden alle Texte und Gegenstände genannt, die aus vergangenen Zeiten übrig geblieben oder überliefert sind. Quellen, die in diesem Buch abgedruckt sind, sind mit einem Q gekennzeichnet. (S. 22)

Quelle (schriftlich/nichtschriftlich) ●●
So werden alle Texte und Gegenstände genannt, die aus vergangenen Zeiten übrig geblieben oder überliefert sind. Wir unterscheiden mündliche und schriftliche Quellen, Bild- und Tonquellen sowie Sachquellen. Quellen, die in diesem Buch abgedruckt sind, sind mit einem Q gekennzeichnet. (S. 22)

Recht ●
Sammlung von Gesetzen und Regeln für das Zusammenleben der Menschen. Eine der ältesten aufgeschriebenen Gesetzessammlungen stammt von König Hammurapi aus dem babylonischen Reich. (S. 66)

Reisekönigtum ●●
Kaiser Karl beherrschte das Frankenreich, indem er von → Pfalz zu Pfalz reiste. Nur so konnte er seine Gefolgsleute und Bischöfe persönlich kontrollieren. (S. 150)

Religion ●
Glaube an einen Gott/mehrere Götter. Die großen Religionen, die an einen Gott glauben, sind das → Judentum, das → Christentum und der → Islam. In Ägypten, Griechenland und Rom wurden mehrere Götter verehrt (→ Polytheismus). (S. 54, 58, 62, 78–81, 134–143, 156)

religiöse Vielfalt ●
Durch die Ausbreitung ihrer Herrschaft kamen die Römer mit vielen Religionen in Berührung (vgl. S. 118), bevor sich in der Spätantike das → Christentum durchsetzte (S. 140). Unter den islamischen Herrschern in Spanien durften Juden und Christen nach ihrer Religion leben und ihre eigenen Gotteshäuser bauen (S. 144). So entwickelte sich an vielen Orten eine religiöse Vielfalt.

Republik ○●●
(von lat. res publica=die gemeinsame Sache) So nannten die Römer ihre Staatsform nach der Königszeit. In der Republik durften auch die ärmeren Bürger, die Plebejer, mitbestimmen. (S. 100)

romanische Sprache ●
Als romanische Sprachen bezeichnet man die Sprachen, die vom Latein abstammen: Spanisch, Italienisch, Französisch, Rumänisch. (vgl. S. 124)

Romanisierung ●
„römisch machen" oder „römisch werden". In allen Provinzen des Reiches veränderte das römische Vorbild das Leben und die Einstellung der Menschen. (S. 124)

Schrift ○●●
Schrift ist ein System von Zeichen, mit dem die gesprochene Sprache festgehalten und weitergegeben wird. Sie ist Voraussetzung für eine → Hochkultur, weil mit ihr Traditionen, Gesetze und Wissen bewahrt werden können. (S. 52, 66)

Seidenstraße ●
bedeutender Handelsweg zwischen Asien und Europa, der das Mittelmeer mit China verband. Über die Seidenstraße wurden Waren wie Gewürze oder Seide transportiert, sie sorgte für einen Austausch zwischen Ost und West. (S. 129)

Sklave/Sklavin ○●●
(in Athen:) Menschen, die ihrem Herrn als Eigentum gehörten, oft Kriegsgefangene oder Kinder von Sklaven (S. 82)

Staat ●
In den → Hochkulturen bildeten sich erste Merkmale eines Staates heraus. So regierte der → Pharao in Ägypten mithilfe einer Verwaltung aus vielen spezialisierten Beamten und einem Wesir an der Spitze. (S. 48, 54, 56)

Staatsreligion ○●●
Das Christentum wurde 380 zur römischen Staatsreligion. Kaiser Theodosius verbot im Jahr 391 die Verehrung der alten römischen Götter. (S. 138)

Stadt ●
Im Römischen Reich gab es schon früh weit entwickelte Städte: mit Häusern aus Stein, Tempeln, gepflasterten Straßen, Wasserversorgung (→ Aquädukten), → Thermen und Theatern. Größere Städte hatten sogar → Amphitheater oder Pferderennbahnen. Mit der → Romanisierung entstanden auch in den römischen → Provinzen Städte nach diesem Vorbild. (S. 110, 125)

Stadtstaat ○
siehe → Polis

Statthalter ●
römische Beamte, die die Verwaltung der → Provinzen leiteten (vgl. S. 114)

Technik ●
Die Römer brachten viele technische Neuerungen hervor, z.B. → Aquädukte, Thermen oder → Fernstraßen. (S. 112)

Theater ●
Einmal im Jahr fanden in Athen zum Fest des Gottes Dionysus Aufführungen statt. Schauspieler mit Masken spielten tragische und heitere Stücke vor, in denen Probleme des Lebens gezeigt wurden. Die Römer, die vieles aus der griechischen Kultur übernahmen, bauten in ihren Städten ebenfalls Theater. (S. 73)

Therme ●
So bezeichnete man eine römische Badeanstalt mit Kalt- und Warmwasserbecken. (S. 116)

Totenkult ●●
Die Ägypter glaubten an ein Weiterleben der Menschen nach dem Tod. Deshalb erhielten sie die Körper der Verstorbenen und gaben ihnen alles für das Leben Nötige mit ins Grab. (S. 62)

Vernetzung (Kultur) ●
Durch die Ausbreitung des Islam wurde die arabische Kultur nach Europa gebracht. Jüdische, christliche und islamische Gelehrte arbeiteten im Mittelalter in Spanien zusammen. So kam es zum Austausch von Wissen und zur gegenseitigen Bereicherung der Kulturen. (S. 144)

villa rustica ○●●
Bezeichnung für einen Gutshof auf dem Land im Römischen Reich. Eine villa rustica bildete den Mittelpunkt eines landwirtschaftlichen Betriebes. Sie bestand aus einem Haupt- sowie Wirtschafts- und Nebengebäuden. Oft waren alle Gebäude von einer Mauer umgeben. Die Gutshöfe gehörten oft ehemaligen römischen Soldaten. (S. 23, 125)

Volksversammlung ○○●
Versammlung der Bürger, die über die Angelegenheiten der → Polis beriet. Die Mehrheit entschied. (S. 84, 86)

Vorratshaltung ○●●
In guten Zeiten lagerten die Ägypter Getreide in Kornkammern ein, das sie in schlechten Zeiten an die Bevölkerung verteilten. (S. 48)

Wahl ●●
In der Athener → Demokratie wurden nur die höchsten Beamten und Befehlshaber gewählt, während alle anderen Regierungsämter durch das → Losverfahren bestimmt wurden. (S. 86)

Wissenschaft ○○●
Wissenschaften wie die Mathematik, Biologie, Geographie oder die → Philosophie haben ihre Namen aus der griechischen Sprache. Im Mittelalter waren arabische Gelehrten führend. Durch die Ausbreitung des Islam gelangte ihr Wissen nach Europa. (S. 144 f.)

Zeitrechnung ●●
Die Zeitrechnung (Chronologie) ordnet die Vergangenheit durch eine Jahreszählung. Die meisten Zeitrechnungen zählen die Jahre von einem bestimmten Ereignis aus vor und zurück. Chronos war im alten Griechenland der Gott der Zeit. (S. 16)

Verwendete Abkürzungen:
Abb. = Abbildung/Übersicht/Karte;
ägypt. = ägyptisch;
athen. = athenisch;
babylon. = babylonisch;
brit. = britisch;
chin. = chinesisch;
dt. = deutsch;
fränk. = fränkisch;
frz. = französisch;
germ. = germanisch;

griech. = griechisch;
HRR = Heiliges Römisches Reich;
Jh. = Jahrhundert;
jüd. = jüdisch;
kelt. = keltisch;
mittelalterl. = mittelalterlich;
n. Chr. = nach Christi Geburt;
ostgot. = ostgotisch;
röm. = römisch; v. Chr. =
vor Christi Geburt

Hinweise:
→ Verweis auf ein Stichwort
~ ersetzt das Stichwort bei Wiederholung
Halbfett gesetzt sind die Begriffe, die im Mini-Lexikon des Buches erläutert werden und im Begriffsglossar stehen. Bei Herrschern und kirchlichen Amtsträgern werden die Regierungs-/Amtsdaten, bei allen anderen Personen die Lebensdaten angegeben.

Register

Register

Textquellen

49.Q1 Herodot, Historien II: 4, 5, 19, übers. v. Josef Feix, 2. durchges. Aufl., (Heimeran) München 1977, S. 203ff.; **53.Q1** Friedrich Wilhelm Freiherr von Bissing, Altägyptische Lebensweisheit, Zürich/Stuttgart 1955, S. 57 (bearb. v. Verf.), zit. nach: Wolfgang Lautemann/Manfred Schlenke (Hg.), Geschichte in Quellen, Bd. 1, 3. Aufl., (Bayerischer Schulbuch Verlag) München 1978, S. 29f. (bearb. der Verfasser); **53.Q2** zit. nach: Emma Brunner-Traut, Die alten Ägypter. Verborgenes Leben unter Pharaonen, 4. korr. Aufl., (Kohlhammer) Stuttgart u.a. 1987, S. 76f.; **55.Q2** Friedrich Wilhelm Freiherr von Bissing, Altägyptische Lebensweisheit, Zürich/Stuttgart 1955, S. 54f., zit. nach: Wolfgang Lautemann/Manfred Schlenke (Hg.), Geschichte in Quellen, Bd. 1, 3. Aufl., (Bayerischer Schulbuch Verlag) München 1978, S. 29f. (bearb. v. Verf.); **59.Q2** Herodot 2, 124, In: August Horneffer, Herodot, Historien, (Kröner) Stuttgart 1955 (bearb. v. Verf.), zit. nach: Wolfgang Lautemann/Manfred Schlenke (Hg.), Geschichte in Quellen Bd. 1, (Bayerischer Schulbuch Verlag) München 1965, S. 15 (bearb. v. Verf.); **67.Q1** Codex Hammurabi. Die Gesetzesstele Hammurabis, Wiesbaden (Marixverlag) 2009. Übers. Wilhelm Eilers. Überarbeitete Version nach der 5. Aufl. der Ausgabe Leipzig 1932. S. 31ff.; **81.Q2 a** Festrede des griechischen Redners Isokrates, zit. nach: George Norlin (Übers.), Isocrates. With an English Translation, Bd. 1, Harvard University Press, London 1966, S. 145 (übers. v. Peter Offergeld); **81.Q2 b** Xenophanes, Frg. 2D, in: Fritz Taeger, Das Altertum, 4. Aufl., (Kohlhammer) Stuttgart 1950, S. 257, zit. nach: Wolfgang Lautemann/Manfred Schlenke (Hg.), Geschichte in Quellen, Bd. 1, (Bayerischer Schulbuch Verlag) München 1965, S. 126 (bearb. v. Verf.); **83.Q2** Xenophon, Die sokratischen Schriften: Memorabilien, Symposion, Oikononoimikus, Apologie, übertr. u. hg. v. Ernst Bux, Kröner, Stuttgart 1956, S. 258f. (bearb. v. Verf.); **103.Q1** Tiberius Gracchus, 9, zit. nach: Wilhelm Ax, Plutarch. Römische Heldenleben, Coriolan, Die Gracchen, Sulla, Pompeius, Caesar, Cicero, 5., durchges. u. verm. Aufl., (Kröner) Stuttgart 1953, S. 47 (bearb. v. Verf.); **107.Q1** Cicero, Philippische Reden gegen M. Antonius, Erste und zweite Rede, übers. u. hg. v. Marion Giebel, (Reclam) Stuttgart 2008 (Erstauflage: 1983), II, 116, S. 153 f.; **107.Q2** Sueton, Caesar 76 f., zit. nach: Sueton, Caesar, übers. und hg. v. Dietmar Schmitz, (Reclam) Stuttgart 1999, S. 97f. (bearb. v. Verf.); **109.Q1** Tacitus, Annalen, 1, 9 f., in: August Horneffer, Tacitus, Annalen, Kröner, Stuttgart 1957, S. 9, zit. nach: Wolfgang Lautemann/Manfred Schlenke (Hg.), Geschichte in Quellen, Bd. 1, (Bayerischer Schulbuch Verlag) München 1965, S. 585f. (bearb. v. Verf.); **111.Q1** Martial, Epigramme XII, 57. nach: Christiane Kunst (Hg.), Römische Wohn- und Lebenswelten, Wiss. Buchges. Darmstadt 2000, S. 264 f. (bearb. v. Verf.); **120.Q1** Tacitus, Germania, Lateinisch und Deutsch, hg. u. übers. v. Manfred Fuhrmann, Reclam, Stuttgart 1972, S. 877-883.; **125.Q1** Lampridius, c. 56, in: Damals und Heute F7, übers. v. Hermann Burkhardt, Klett, Stuttgart 1979, S. 66.; **139.Q2** Zit. nach: Aus dem alten Rom: Ausgewählte Briefe, übers. v. Mauriz Schuster, (Reclam) Stuttgart 1953; **139.Q3** Helmut Angermeyer (Hg.), Dokumente der Kirchengeschichte, Bd.1, (J. P. Peter) Rothenburg 1966, S. 172; **141.Q2** Zit. nach: Wilhelm Wattenbach/ Georg H. Pertz (Hg.), Die Geschichtsschreiber der deutschen Vorzeit, (Dyk) Leipzig 1884, S. 49 f. (bearb. v. Verf.); **141.Q3** Evangelische Kirche in Deutschland (EKD), Mission, unter: https://www.ekd.de/Mission-11237.htm (Zugriff: 26.6.20); **143.Q2** Bernard Lewis (Hg.), Der Islam von den Anfängen bis zur Eroberung von Konstantinopel, Bd. 2, (Artemis) Zürich/München 1982, S. 272 f., übers. v. Hartmut Fähndrich; **145.Q2** Bischof Alvaro von Cordoba, zit. nach Sigrid Hunke, Allahs Sonne über dem Abendland. Unser arabisches Erbe, (Fischer TB 3543), Frankfurt/M 1990, S. 338; **145.Q3** Altarabische Prosa, hg. von Manfred Fleischhammer, (Reclam 1250) Leipzig 1991, S. 192-194 (bearb. v. Verf.); **147.Q1** Gregor von Tours, Zehn Bücher Geschichten. Bd. 2. Buch 6-10. in: Ausgewählte Quellen zur deutschen Geschichte des Mittelalters. Auf Grund der Übers. von Wilhelm Giesebrecht neubearbeitet von Rudolf Buchner, mit einem Nachtrag von Steffen Patzold, (Wissenschaftliche Buchgesellschaft) Darmstadt: 2000 .S. 117.; **147.Q2** zit. nach: Wilfried Hartmann (Hg.), Deutsche Geschichte in Quellen und Darstellung. Bd. 1: Frühes und hohes Mittelalter, (Reclam) Stuttgart 1995, S. 31f.; Originalquelle: Quellen zur karolingischen Reichsgeschichte. Erster Teil. Unter Benützung der Übersetzungen von O. Abel und J. v. Jasmund neu bearb. von Reinhold Rau, (WBG) Darmstadt 1958, Nachdruck 1993, S. 15; **149.Q4** Zit. nach: Wilfried Hartmann (Hg.), Deutsche Geschichte in Quellen und Darstellung. Bd. 1: Frühes und hohes Mittelalter, (Reclam) Stuttgart 1995, S. 54; Originalquelle: Quellen zur karolingischen Reichsgeschichte. Erster Teil. Unter Benützung der Übersetzungen von O. Abel und J. v. Jasmund neu bearb. von Reinhold Rau, (WBG) Darmstadt 1958, Nachdruck 1993, S. 75; **157.Q2** Ausgewählte Quellen zur deutschen Geschichte des Mittelalters, Freiherr-vom-Stein-Gedächtnisausgabe, hg von Rudolf Buchner/Franz-Josef Schmale, Band XIIa, WBG Darmstadt 1978, S. 150/151

Abbildungen

Umschlag Mohsen Mahfouz, Giza; **5–8** Wieland, Tobias, Celle; **10** creanovo – motion & media design GmbH, Axel Kempf, Hannover; **12** Wieland, Tobias, Celle; **14** Loth, Carsten, Leipzig; **15.Baumeister** © PLAYMOBIL/geobra Brandstätter GmbH & Co. KG; **15.Flöte** iStockphoto, Calgary, Alberta (ajma_pl); **15.Kinderfahrrad** iStockphoto, Calgary, Alberta (Achim Prill); **15.Polizist** ©PLAYMOBIL/geobra Brandstätter GmbH & Co. KG, Foto: Michael Bührke; **15.Teddy** iStockphoto, Calgary, Alberta (RF/Bradley Mason); **15.Zahnfeedose** stock.adobe.com, Dublin (Anne Katrin Figge); **15.Zuckertüte** MEV Verlag GmbH, Augsburg; **16.Q1** ShutterStock.com RF, New York (Agb); **17.Q2** Picture-Alliance, Frankfurt/M. (dpa/Daniel Karmann); **17.Q3** BPK, Berlin; **17.Q4** akg-images, Berlin (Erich Lessing); **17.Q5** dreamstime.com, Brentwood, TN (Ifeelstock); **18** Lutz-Erich Müller, Leipzig; **18.D1** Ernst Klett Verlag GmbH, Stuttgart; **19** Lohß, Sandy, Chemnitz; **19** Lutz-Erich Müller, Leipzig; **19** Hungreder, Rudolf, Leinfelden-Echterdingen; **19** Wehner, Katja, Leipzig; **20** Wieland, Tobias, Celle; **22.D1** creanovo – motion & media design GmbH, Axel Kempf, Hannover; **23.1** Grohe, Manfred, Kirchentellinsfurt; **23.D2** creanovo – motion & media design GmbH, Axel Kempf, Hannover; **24** Wieland, Tobias, Celle; **26** Wieland, Tobias, Celle; **28** Besucher im Ötzi-Dorf Umhausen, Österreich lernen vom Mitarbeiter „Ötzi", wie das Leben vor etwa 5000 Jahren aussah (c) Ötzi-Dorf, Umhausen / Ötztal; **30-31** Wieland, Tobias, Celle; **32.D1** Wieland, Tobias, Celle; **33.D2** akg-images, Berlin; **33.D3** Ernst Klett Verlag GmbH, Stuttgart; **33.Q1** IMAGO, Berlin (Steffen Schellhorn); **34.D1** Ernst Klett Verlag GmbH, Stuttgart; **35.D2** Mauritius Images, Mittenwald (Mint Images Limited/Alamy/Alamy Stock Photos); **35.D3** Lutz-Erich Müller, Leipzig;

Hinweise zum Recherchieren im Internet

Das Internet bietet eine fast grenzenlose Menge an Informationen – auch zu geschichtlichen Themen.
Doch das Aufspüren von richtigen und verständlichen Inhalten ist nicht einfach.
Die folgenden Schritte können dir dabei helfen.

Schritt 1: Vorbereitung

- Thema: Wie heißt das Thema, zu dem du etwas suchst? Fasse es nicht zu weit (nicht „Steinzeit", sondern z. B. „Erfindungen der Jungsteinzeit").

- Fragestellung: Nachdem du dein Thema eingegrenzt hast, formuliere jetzt eine Forschungsfrage, die du beantworten willst (z. B. „Welche wichtigen Erfindungen gab es in der Jungsteinzeit?").

- Suchbegriffe: Überlege dir nun Suchbegriffe, die gut zu dieser Forschungsfrage passen (z. B. „Jungsteinzeit Erfindungen" oder „jungsteinzeitliche Werkzeuge").

Schritt 2: Suche und Auswahl

- Mit Suchmaschinen: Gib deine Suchbegriffe in eine oder besser mehrere Suchmaschinen ein (z. B. „blinde-kuh" oder „helles-koepfchen" oder „fragfinn").

- Mit Wissens-Webseiten: Besuche auch Webseiten, die geschichtliches Wissen gut verständlich darstellen (z. B. „Kinderzeitmaschine" oder „Klexikon"). Gib deine Suchbegriffe dort in die Suchleiste ein.

- Vorsicht mit Wikipedia: Die Texte dort sind oft kompliziert und sehr lang. Außerdem kann man sich nicht immer auf ihre Richtigkeit verlassen.

💡 *WICHTIG: Nimm dir für diesen Schritt Zeit – mit geeigneten Suchbegriffen erzielst du ein besseres Ergebnis.*

💡 *WICHTIG: Schaue dir die Suchergebnisse genau an – nicht immer sind die ersten Treffer die besten!*

Schritt 3: Bewerten

- Passen die Ergebnisse jeweils zu deiner Forschungsfrage?

- Sind die Inhalte überhaupt verständlich?

- Sind die Informationen glaubwürdig? Die folgende Checkliste hilft dir dabei, das herauszufinden:

  - Nutze und vergleiche mehrere Internetseiten: Stimmen die Informationen überein? Dann ist die Wahrscheinlichkeit höher, dass die Informationen stimmen.

  - Überprüfe, wer hinter der Internetseite steckt (Diese Information findest du z. B. im „Impressum" oder unter „Wir über uns"): Will der Betreiber der Seite nur etwas verkaufen (= Werbung) oder falsche und einseitige Informationen verbreiten?

  - Versuche herauszufinden, ob die Informationen aktuell und nicht veraltet sind (evtl. Datum).

💡 *WICHTIG: Diesen Schritt ernst nehmen – nicht alle Informationen im Internet sind vertrauenswürdig!*

Schritt 4: Verarbeiten der Informationen

- Nutze die Informationen, die du ausgewählt hast, und erstelle damit ein eigenes Produkt (z. B. Text, Präsentation, Plakat, …).

- Dabei reicht es nicht aus, die Inhalte aus dem Internet einfach nur zu kopieren. Du musst sie bearbeiten und einen sinnvollen Zusammenhang zwischen ihnen herstellen.

- Wenn du Inhalte aus dem Internet übernimmst, musst du immer die Herkunft angeben. Dazu gehören die Internetadresse und das Datum, an dem du die Seite aufgerufen hast.

💡 *TIPP: Auf der Seite „internet-abc" findest du weitere Hinweise, wie du im Internet verlässliche Informationen finden kannst.*

Hinweise für das Lösen der Aufgaben

SP *Sprachtipps, die dir beim Formulieren der Antworten helfen, sind hier blau hervorgehoben.*

Anforderungsbereich I

Arbeite heraus 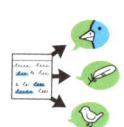	Du liest einen Text oder schaust ein Material unter einer bestimmten Fragestellung an. Du gibst die wichtigsten Gedanken dazu mit deinen Worten wieder. • *In dem Text/Bild geht es um ...* • *Der Maler stellt dar, wie ...* • *Die Autorin ist der Ansicht, dass ...*
Beschreibe 	Du sagst/schreibst auf, was du in einem Material zu einem Thema erkennst. • *Ich sehe/erkenne ...* • *Das Material/Bild zeigt ...* • *Im Vordergrund befindet sich ...* • *Davor/dahinter/neben ...* • *Zuerst ..., dann ..., danach ...*
Fasse zusammen 	Du liest einen Text und schreibst das Wichtigste kurz auf. • *... lässt sich so zusammenfassen: ...* • *Die wichtigsten Aspekte sind: ...* • *Die Kernbotschaft lautet: ...*
Gib wieder 	Du suchst aus einem oder mehreren Texten nach wichtigen Aussagen/Informationen und wiederholst diese. • *Die wichtigste Aussage lautet: „..."* • *Der Autor schreibt, dass ...* • *Die Rednerin spricht von ...*
Liste auf/Stelle zusammen	Du schreibst Informationen in Kurzform auf: z.B. in kurzen Sätzen, nach Oberbegriffen geordnet, in Stichworten oder in einer Tabelle. *Beispiel Ötzis Ausrüstung:* • *Kleidung: Grasmantel, Bärenfellmütze, ...* • *Waffen: Pfeile, ...* • *Werkzeuge: ...*
Nenne/ Zähle auf 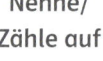	Du entnimmst einem Text oder einem anderen Material einzelne Aussagen und ordnest sie sinnvoll. *1. Folgende Punkte kann ich nennen: ...* *2. ... heißt ...* *3. ... wird ... genannt.*
Ordne zu	Du sortierst Informationen unter Überschriften oder Oberbegriffe. • *... passt zu/gehört zu ...* • *... lässt sich einteilen in ...*
Stelle gegenüber 	Du beschreibst die Unterschiede zwischen zwei Bildern, Aussagen oder Sachverhalten, ohne sie zu kommentieren oder zu bewerten. • *Autor A behauptet, ...* *Autorin B dagegen spricht von ...* • *Im Bild links ist ... zu sehen.* *Ganz anders im Bild rechts: ...*

Anforderungsbereich II

Analysiere	Du untersuchst ein Material oder einen Sachverhalt umfassend nach vorgegebenen oder selbst gewählten Aspekten und stellst deine Ergebnisse begründet dar. • *Betrachtet man ..., dann ...* • *Folgende Merkmale lese ich ab: ...* • *Daraus geht hervor, dass ...* • *Besonders wichtig ist ...*
Erkläre/ Begründe 	Du äußerst dich ausführlich zu Abläufen, Ereignissen, Zuständen oder Handlungen von Personen und suchst nach Gründen dafür. Diese Zusammenhänge formulierst du dann mit eigenen Worten. • *Dies kann man erklären mit ...* • *Es bedeutet, dass .../Das heißt, ...* • *Da/Weil/Aufgrund von ...*
Erläutere	Du stellst Sachverhalte oder Handlungen ausführlich dar. Dabei entscheidest du selbst, was du für besonders wichtig hältst und du demzufolge sehr genau darlegst, was du nur kurz erwähnst oder was du weglassen willst. • *Infolge von ..., sodass ...* • *Zum Beispiel ...*
Finde heraus	Du suchst in verschiedenen Materialien eine Antwort auf eine Frage oder die Lösung eines Problems. Du formulierst das Ergebnis mit deinen Worten. • *Folgende Informationen konnte ich finden: ...* • *Ich habe herausgefunden, dass ...*
Ordne ein 	Du stellst Sachverhalte oder Positionen in einen größeren thematischen Zusammenhang. • *... hängt zusammen mit ...* • *Man kann ... diesem Aspekt zuordnen.*
Prüfe	Du vergleichst Informationen aus den Materialien mit dem, was du schon weißt. Du stellst fest, ob beides übereinstimmt oder sich widerspricht. • *Anhand der Informationen kann ich (nicht) bestätigen, dass ...*
Vergleiche 	Du stellst unterschiedliche Aussagen/ Informationen gegenüber und findest heraus, worin sie sich gleichen, ähnlich sind oder sich völlig unterscheiden. • *Im Vergleich zu ...* • *Es gibt viele Ähnlichkeiten: ...* • *Im Gegensatz zu ...*